新・社会福祉原論

大正大学社会福祉学会 編

大正大学出版会

刊行にあたって

　本書『新・社会福祉原論』は、社会事業研究室（以下、研究室）開室90周年を迎える記念日（2007年5月21日）に大正大学出版会が発行した前書『人間っていいな　社会福祉原論Ⅰ』の全訂版である。

　大正大学社会福祉学科（以下、本学科）の社会福祉教育は、前書を刊行した後も教育体制やカリキュラムの再編が続いていた。そこで新たな教育展開を期待していた大正大学社会福祉学会（以下、本学会）では、前書の改訂版を待ち望んでいた。その機縁から本書の編集を担う本学会は、大正大学の前身・宗教大学が日本初の研究室開室に向けた理念をルーツとしている。そして、1937（昭和12）年に研究室開室20周年を期した「鴨台社会事業研究会」の結成に始まり、2027年には「学会設立90周年」を迎える。そうした経緯により社会福祉学を初めて学ぶ学生に向けた本書・全訂版の編集を手掛けることになったわけである。

　本学科の社会福祉教育では、研究室の開室当時における近代社会事業の大正デモクラシーや共生・共済思想などの実践原理を体現できる"大正福祉マインド"の醸成を継承してきた。その後の社会変動による福祉課題が増大しても、新たな福祉実践を切り拓きながら、果敢に挑戦する姿勢を保ち、自ら内実化できる福祉人財の輩出に取り組んできた。

本書のねらいは、大正大学の教育理念をTSR（Taisho University Social Responsibility）に掲げる“学風の醸成”を育むとともに、国家資格の社会福祉士・精神保健福祉士の養成カリキュラムに加え、本学科“独自”の社会福祉学を学修するための基礎的な教科書にすること。とりわけ初めて専門的に学ぶ「社会福祉原論」の基本図書に位置づけながら「仏教社会福祉論」「社会福祉入門」「ソーシャルワーク論」などの副読本にもなるよう考慮している。その編集構成は、社会福祉学の学修体系を「原理・思想」「社会福祉政策」「ソーシャルワーク」の三部門で編成している。そして、社会福祉教育の学修過程における“基礎的な問いに答える方式”を採用することで双方向の学びが深まるよう意図している。

　本書の刊行にあたって、大正大学の社会福祉学を学修する次世代に期待されている仏教学科の先生方が寄稿くださる協力とともに、本学会の会員諸氏の絶大なる尽力に感謝の意を表しておきたい。

2023（令和5）年11月5日
学会設立90周年に向けて大正大学創立記念日に
『新・社会福祉原論』編集委員会　石川到覚

第 2 部
社会福祉政策

第3部
ソーシャルワーク

COLUMN

第1部
原理・思想

　現代社会における社会福祉の原理や思想を理解するためには、まず、日本の源流を学ぶ必要がある。その源流を紐解くとブッタ（釈迦）の仏教経典にあり、その教えは、日本の福祉思想や福祉施設のルーツであることを第1部では理解する。

　さらに、日本仏教の祖師とりわけ大正大学の設立宗派である四宗派（天台宗、真言宗豊山派、真言宗智山派、浄土宗）と時宗に焦点をあて、それぞれの祖師の実践が、どのような福祉思想を生み出しているかを学修することが重要な意味をもつ。

　こうして生み出された福祉思想が、日本で初めての社会事業家養成を行う大正大学社会事業研究室であり、大正学派の福祉思想へと発展、継承していることを具体的に学ぶ。

　今日の社会福祉の原理や思想に、仏教の教えが位置づけられていることを意識化できるように学修を深める。

1／日本の仏教福祉原理の源流

Q 01 日本的な福祉実践の ルーツは どこにあるのか

日本の福祉思想の源流

　日本的な福祉実践の思想は、どこに源流があるかを探れば、ブッタ（釈迦）が説いた多くの仏教経典のなかで最も古いとされる原始経典を訳した中村元『ブッタのことば—スッタニパータ』（1983）にたどり着く。その経典「第一蛇の章、八慈しみ」にはブッタが「一切の生きとし生きるものは幸せであれ」と願い、どんなときも「慈しみの心を保ちなさい」と説いている。その慈しみの心から「慈悲思想」が形成されて「慈・悲・喜・捨」の4つを「四無量心」の実践思想にまで高められたとする中村元『慈悲』（2010）には「呻きの共感」と意訳された。うめきとは言葉にならない苦しい心身からの表出と受け止め、うめきを共感する態度による姿勢を保つ大切さを論じている。そもそもブッダは根本命題とした人生には必ず出合う煩悩の「四苦（生・老・病・死）」と向き合うとき、慈悲の心構えを説いたことから始まった。

　日本は古代より中国から学び、南アジアの**上座部仏教**と異なる「大乗仏教」は、僧侶でない人が煩悩から解放される「さとり」への道筋を説いた『六波羅蜜』の実践指針を大切にした。その指針は「布施→持戒→忍辱→精進→禅定→智慧（般若）」という6段階の歩みとなり、その道筋をソーシャルワーク実践の指針に意訳すれば、「他者を利する実践より戒め（**五戒**）を保ちつつ、心を清めることを繰り返し努力して静かに振り返る。すべての独断から離れ、自分が感じたこと、思ったこと、行動したことを反省する。そうした自分の奥にある心を見ることができれば、それが気づきにつながる。そこでの気づきが得られると、見極める智慧が深まる。その心が浄化されることから誰とでも分かち合える好循環が生まれる」と読み替えられる。

　そうした実践指針には慈悲思想による「布施：利他行（当事者主体の姿勢と行為）」に始まる段階を経てから「深められた智慧」を得ることによ

上座部仏教
インド仏教が二派に分かれ東南アジアに広がる教団であり、スリランカからミャンマー、タイ、カンボジア等に伝わり南伝仏教ともいう。一方の大乗仏教は、中央アジアから中国、朝鮮、日本等に伝わる北伝仏教と呼ぶ。

五戒
戒は仏教信者が自律的に守るべき事項であり、その基本が、①不殺生（生物を殺さない）、②不偸盗（盗みをしない）、③不邪婬（邪悪な性行為をしない）、④不妄語（嘘をつかない）、⑤不飲酒（酒を飲まない）の5つであり、一般的な戒律の「律」が仏教僧団の定める規律。

り、「新たな布施」の段階に戻り、さらに実践場面で活かされていく。まさしく慈悲による布施の実践行為が深まっていくわけである。

日本の福祉思想と福祉施設のルーツ

　日本古代の聖徳太子（厩戸王：574〜622）がまとめたとされる『十七条憲法』とともに『三経義疏』は、数多い仏典から選び出した3つの経典『法華経』『維摩経』『勝鬘経』が福祉思想と深くかかわっている。

　まずは、『法華経』が永遠なる「縁起（妙法）」による世界観から「衆生（生きとし生けるすべてのもの）」は人間だけではない生命観を説いている。まさに現代の「SDGs」が目指す生物多様性を尊重する思想としてすでに示された「すべての衆生は誰でも平等に仏になれる『仏性』がある」との生命・人間観にはソーシャルワークが重視している「エンパワメント」の考え方に通じている。

　次の『維摩経』は、僧侶でない維摩居士（維摩詰）が根本的な問いから「空（執着の解放）」を説く言説である。いくら勉強して修行を積んでいる菩薩でも維摩にやり込められた。その維摩が病気になったとき、しかたなく文殊菩薩が見舞に出向く。そこで維摩は「衆生が病むとき私もまた病み、衆生が癒えるとき私もまた癒える」と文殊に答える対話が福祉実践の神髄を体現している重要な意味をもち、ソーシャルワークにおける対等性や**共時性**の認識とも重なってくる。

　さらには『勝鬘経』の尼僧でない女性（勝鬘夫人）が誓願する経典は、夫人が「衆生の役に立ちたい」とブッタに宣誓し、そこで10の大きな願いを掲げ、その第7番目を意訳すれば、「世尊（ブッタ）よ、私は4つの人を引きつける「四摂法（布施・愛語・利行・同事）」によって衆生たちの役に立ちたいと望みます。決して自分のために利益を求めて衆生たちを引きつけるのではありません。雑念や倦怠もなく、不退転の心をもって、衆生たちを温かく包摂したいと望みます。この第7の誓いを、私は**菩提（さとり）**に到達するまで厳守します」と誓う。まさに性差別があった古代社会で勝鬘夫人という女性がブッタに「利他の誓願」を立てる姿勢は、対人支援の大切な意味になる。

　そうした仏教福祉思想を聖徳太子が創建した四天王寺には中国仏教の「福田思想」のもとで病院や福祉施設を設置したと伝わる。この福田思想は「幸福を生む田んぼ」に由来し、種を蒔けば実が得られる、命をつなげられる、暮らしが豊かになる、という福祉思想を施策化した『四箇院の制』に

共時性
共時性は同じ時空の変化や差異に注目する。曼陀羅で心の「集合無意識」を示した心理学者のC.G.ユング（1875〜1961）が提唱した共時性（synchronicity）の概念にもみられる。その対語の「通時性」は対象の歴史的変化に着目する。

菩提（さとり）
煩悩から解放されるさとりの智慧であり、真理に目覚めること。涅槃がさとりの状態を指し、菩提はさとりの内容を示す。

よって「敬田院」「悲田院」「施薬院」「療病院」の４つの機能をもつ施設がつくられた。

その「敬田院」は、僧侶を養成する役割を果たして学びを広げて福祉実践の知恵も深める施設。また「悲田院」は、病気になって生活に苦しんでいる人をケアする総合福祉施設。さらにケアするためには薬や治療が欠かせず、「施薬院」が製薬・薬局、「療病院」が医療機関の病院になる。

日本の福祉思想の流れと歩み

聖徳太子没後の約100年の奈良時代には行基（668〜749）が太子を追慕して活躍した。行基を菩薩と呼ぶのは、晩年に聖武天皇の命を受けて奈良・大仏（東大寺）の建立に向けた大規模な勧進の功績による。行基の社会的な業績は、公共財の道や橋または溜池などをつくり、なかでも「布施屋」という布施行を実践する救護の施設を各地に創設した。これらの取組みは、行基集団と呼ばれた約1000人の弟子たちが土木知識などの専門的な技能をもち、行基のもとで修行しながら近畿圏域を中心に活躍した。

この時代には天然痘が蔓延するパンデミックが起こり、日本の人口の3分の1の人が死亡したとされ、大地震も加わる社会不安が募る状況下、聖武天皇の苦肉の策が東大寺（総国分寺）と光明皇后（701〜760）による法華寺（総国分尼寺）の建立となり、全国に国分寺と国分尼寺を配置する展開は、国家統一の一環でもあったという。また、奈良仏教の興福寺には施薬院・悲田院の設置（723）や聖徳太子信仰の篤い光明皇后（光明子）が法華寺に付設した四箇院の伝説（光明子による入浴介助の病者が如来に化身）として地方の国分尼寺に伝承された。その100年後の鎌倉時代には先の維摩経や勝鬘経に説かれた教えを拠り所にした「文殊会」（828）の法要と併せた癩（ハンセン病の廃語）患者への慈善・救済活動を展開していった忍性らによる鎌倉・極楽寺における実践へと継承された。

次項より詳解する平安時代、中国仏教を学んだ弘法大師空海の真言宗、同時期には伝教大師最澄の天台宗の教えから、さらに日本仏教への展開では、比叡山で修行した法然・親鸞・栄西・道元・日蓮など鎌倉仏教の弟子たちによって慈善・救済活動が継承されていった。

そうした日本的な福祉実践の特長は、吉田久一『日本社会福祉思想史』（1989）には行基に始まる各地へ出向く「遊行」的福祉思想を見出し、近世・近代の展開では、長谷川匡俊「近世・近代浄土宗における仏教福祉思想の系譜」（1997）の実践事例に無能（1683〜1719）から颯田本真

「遊行」的福祉思想
遊行は原始仏教の時代から重視され、各地を巡り歩いて仏道の修行に励むこと。また、民衆を救済する遊行僧を「聖」と呼び、それら知足（貪らず足るを知る）と慈悲による救済活動が日本的な福祉思想とする。

尼（1845〜1928）や矢吹慶輝（1879〜1939）に影響を与えたとする。

明治仏教の危機を仏教福祉思想で近代化させた仏教宗派では、福祉系大学や多くの社会事業施設を創設し、大戦後の仏教系大学でも社会福祉教育やソーシャルワーカー養成を展開していることこそ証左になる。

社会福祉思想の原理と展開

大戦後の社会福祉思想を打出した糸賀一雄（1914〜1968）は、比叡山麓の琵琶湖畔に日本で最初の重症心身障害児施設を創設した。キリスト教徒の糸賀が京都帝国大学で仏教思想を深く学び、天台宗僧侶とも親しく『無財の七施（雑宝蔵経）』を解説した講演中に倒れて天国に逝かれた。そのテーマ「布施行」は、財が無くても実践できる次の7つである。

①眼施（慈眼施）：慈しみに満ちた優しい眼差しですべての場面で接する温かい心が自らの目を通して相手に伝わること。

②和顔施（和顔悦色施）：いつも和やかで穏やかな顔つきで人やものに接する行為の喜びを素直に顔の表情に表すこと。

③愛語施（言辞施）：優しく思いやりのある態度で言葉を交わすこと。

④身施（捨身施）：自分の身体で奉仕し、自ら進んで他者のために尽くす気持ちの大切さをいう。

⑤心施（心慮施）：つねに心を配り、心底から共に喜び悲しむことから、その痛みや苦しみを自らのものとして感じ取れる心持ちをいう。

⑥牀座施：場所を譲ること。例えば、疲れていても電車の中で喜んで席を譲る。または競争相手にさえも譲って悔いなく過ごせること。

⑦房舎施：風や雨露をしのぐ所を与えること。例えば、雨で自分が半身濡れながらも相手に傘を差しかける思いやりの行為のこと。

そうした日常的な生活場面の基本姿勢は、ボランティアの基礎的態度になるだけでなく、専門的なソーシャルワーク実践でも「当たり前」に行動化できるよう求めている。糸賀が紹介した布施の実践は、第3部で詳解する日本的な障がい観を提唱する社会福祉思想へと昇華させた。

これまで述べた日本仏教の福祉思想や実践原理にある慈悲の「布施行」では、古くは鎌倉時代の**日蓮と忍性が論争**した。現代も宗教を学べない人の疑義には「布教のために慈善活動を行うのか？」「ボランティア活動と専門職の福祉実践はどこが違うのか？」と問われる。その問いに答えるための「構図」をまとめに示しておきたい。

日蓮と忍性の論争
日蓮は、忍性の文殊信仰による救済活動が布教そのものだという批判に加え、その活動資金を援助する鎌倉幕府も非難した論争。

第1部／原理・思想 ■ 1／日本の仏教福祉原理の源流

仏教福祉思想の継承

多様な福祉実践は、グローカル（Glocal）な視座で俯瞰すれば、有史以来、世界の各地で人が人を支える営みとして展開されてきた。その営みを図に示す「宗教の**実践原理**が基底的な価値を形成する」根源が宗教と哲学の大きな潮流として拡がったルーツ（Roots）にあり、共通した実践原理を深めてきた歴史にもある。図式化した多様な活動や実践は、宗教とかかわりの深い位置づけや重なり合う相関関係にある。

多くの教科書が解説するソーシャルワーク実践のルーツは、イギリスにおけるキリスト教会所属のボランティアによる福祉活動に始まる。アメリカではM.E.リッチモンドによりケースワーカーと命名された後、現在のソーシャルワーカーとして定着していった。その理念を継承したワーカーたちは、寄って立つ根幹（Backbone）にある基底的な価値が宗教の実践原理によって揺るぎない姿勢を堅持してきた。

日本における福祉思想のルーツを概観してきたように仏教福祉思想史を振り返れば、現在の新たな福祉課題を乗り超える視座が見出せよう。そして、第3節の日本の福祉実践史「Q07」に概説しているように仏教と儒教に加え、キリスト教の伝来によって形成されてきた歩みにも示されている。そのなかでも、近代仏教社会事業から100年を超える本学の福祉実践と研究活動が仏教福祉理念を根幹とし、その実践と研究と教育の循環を現在に至るまで継承してきた証にほかならない。

実践原理
物事の根源に依拠する本質的な要素。福祉実践では支え合う行為と能力が変わらないもともと存在する根本的な要素であり、実践者の信念対立を退けて底通する法則や原則が普遍的な原理として認識される。

福祉実践と宗教活動の領域

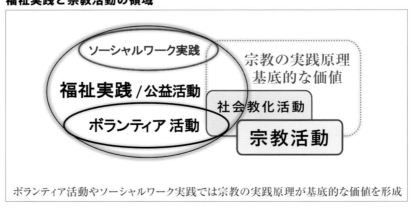

ボランティア活動やソーシャルワーク実践では宗教の実践原理が基底的な価値を形成

（石川到覚）

2／日本仏教の祖師の福祉思想

Q 02 伝教大師最澄の福祉思想とはどのようなものか

　伝教大師最澄が生きた時代には、近代的意味での「福祉」の概念はなかったであろうが、本質的にそれに通じる思想があり実践も行われていた。大乗仏教の慈悲の精神と菩薩行である。仏教者として最澄は、それをどのように表現し実行したのであろうか。

伝教大師最澄

　伝教大師最澄（767、一節に766〜822）は中国の天台大師智顗（538〜597）の教学を日本に伝え、平安時代初期に比叡山を根本道場とし日本仏教の礎を築いた僧である。東大寺で戒律を授かり公式な僧侶となったが、その直後に比叡山に籠りもっぱら修学の生活を送る。その後、桓武天皇の命により中国に渡り、天台山で天台教学を学びさらに密教や禅の伝授を受けた。帰国後は天皇の帰依も篤く、806年に日本天台宗が公認された。九州や東国での教化活動、会津の徳一法師との仏教論争、伝統的な戒律ではなく大乗仏教の戒律を授けるための道場設立運動等を通して、真の大乗仏教を日本に根づかせるために邁進した生涯であった。『願文』『守護国界章』『山家学生式』『顕戒論』『法華秀句』などが残されている。最澄が開創した天台宗の教えは綜合仏教的であり、後世に大きな影響を与え多くの名僧を輩出することになる。

福祉思想としての福田と悲田院

　まず当時における福田思想について述べておこう。大乗仏教においては菩薩の慈悲にもとづく利他行が重んじられることから、福田思想は仏教の社会貢献や福祉活動の背景として重視されてきた。そしてこの福田は実社会へ適応においていくつかの施設が寺院などに設置されることになるが、その代表的なものが悲田院である。ここでは見返りを求めない無私の行為

菩薩行

菩薩とは悟りを求める人、悟りを備えた人の意。もとは釈尊の前世や現世で悟りを開くまでの呼び名。つまり求道者のことであった。大乗仏教になると、利他の精神にもとづいて自ら仏道を求めるとともに、他の人々を済度して悟りに至らせようとする者を菩薩と称した。その修行が菩薩行である。またその理想像として信仰の対象となった神格的存在である多くの菩薩が登場した。観音・文殊・地蔵などである。

福田思想

福田とは善い行為の種子を蒔いて功徳を得ること、これを田畑にたとえたもの。もとは釈尊を福田として帰依し、布施や供養する人が悟りを得る種（原因）を植えることであった。中国においても菩薩の利他行として福田思想が重んじられた。なお悲田とは慈悲の田のこと。

15

であることが原則であった。中国では唐代以降このような貧窮者や病人を救済する悲田院などが各地の寺院を中心に設置されていた。その影響のもとに日本でも四天王寺に悲田院をはじめとし敬田院・施薬院・療病院の四院が設けられ、また聖武天皇の后妃、光明皇后（701〜760）も悲田院・施薬院を開設している。光明皇后の福祉政策は古代において特記すべきである。このことに最澄は直接関与したわけではないが、十分認識していたであろう。

伝教大師最澄像（大正大学附属図書館蔵）

一隅を照らす

　中国の故事に、2人の国王が自国の宝を自慢し合い、一方の王が「直径一寸もの宝玉を十個所持しておりこれが国宝である」と言うのに対し、他方は「城壁の四隅を警護し、千里の先まで見通している家臣こそが我が国の宝である」と言ったという話がある。この話に基づき最澄は『山家学生式』という朝廷に提出した上奏文に、真の国宝とは何か、宝とは宝石の類ではなく仏道を求める心である。そして、「一隅を照らすことができる人こそ国宝である」と述べている。

　つまり自分の持ち場をしっかり守り、そこから社会を見つめ輝かしていこうとする人が増えていけば、日本の社会もより良くなると考えたのである。僧侶に関しても、最澄は比叡山でこのような人材を養成しようとした。その課程が十二年籠山制度である。12年間は山を下りず、所定のカリキュラムによって山修山学に徹するのである。もちろんこの間は社会に向かっての布教や社会貢献的な活動はできない。それはこの過程を卒業してからである。

　比叡山での修学を終了した者は菩薩僧として将来が期待されることになるが、そのうち学識もあり行動力もある者は比叡山の指導者として山に残し、学識か行動力のどちらかに秀でた者は、日本各国へ講師として派遣し、その国の国司や郡司などの為政者と協力して大乗仏教の布教とともに、民衆の福利のために貢献すべきであるという。その内容を最澄は、池や溝の改修、荒れた耕作地の復旧、架橋や造船、植樹や農作物の育成、井戸の造

成や水路の造築などと具体的に挙げ、総じて国を利し人を利すとしている。今でいえば公共事業であり、広い意味での社会福祉活動でもある。818年に『山家学生式』が記されたころは、全国的に水害や旱魃さらに大地震などの災害が頻発し被災した民衆のなかには餓死する者も多かったという。最澄の上記の文言もこれらを反映したものと考えられる。

　なおここでは比叡山における僧侶養成とその成果である修了者（菩薩僧）の登用について説明しているが、一方で「仏道心を持ち一隅を照らす者は、西の天竺では菩薩といい東の中国では君子と名づける」と述べているように、僧侶に限っていない。仏教は誰にも開かれたものであるというのが最澄の考えであった。一隅を照らすという精神は僧や在家者、その他さまざまに立場は違っても等しく共通するものなのである。

　このすべての人々に通じる仏教について、真俗一貫という言葉で表現されている。つまり仏教は出家者（真）と在家者（俗）に一貫した教えであり、例えば戒律においてもすべての人々に通じるものでなくてはならない。上述した大乗仏教の戒律というのはこのことである。ここに最澄の平等主義がうかがえるが、福祉思想の根幹には平等観もなくてはならないと思う。

己を忘れ他を利する

　同じく『山家学生式』に、「悪いことは自分が引き受け好いことは他の人に与え、自分のことは顧みず他の人のために行動する、それこそが慈悲の極みである」と最澄は述べている。これは福祉思想の大前提であろう。慈悲には衆生縁・法縁・無縁の３種類あるとされるが、無縁慈悲こそが菩薩の慈悲であり、絶対的な慈悲なのである。無縁とは慈悲をかける何らの対象も取らないということで、例えば私が誰それにこのような慈悲を施してやったという思いなど全くないことである。それを最澄は「己を忘れて他を利する」と表現している。

　もちろん一般的にいえば衆生を対象に慈悲をかける衆生縁慈悲でも、福祉思想の理念にかなうものである。ただ大乗仏教ではそこに損得や計らい、いうなれば下心が介在することは仏の本意にかなわないとされる。このことは現代の福祉思想にも十分通用すると思う。ただ現代において福祉活動に従事する者にとって福祉の対象は明確であろうし、自分自身が生活していかなければならない。損得や計らいは当然であろうが、それを超えた理想は高くもちたいものである。

衆生
衆生とは、一般的には「生きとし生けるもの」というほどの意味である。インド思想や仏教においては、人間と動物の間に一線を画さず、六道（地獄・餓鬼・畜生・阿修羅・人・天）を輪廻する存在として平等視している。したがって慈悲の対象も人間に限ってはいない。ただし仏教の教えを聞いたり読んだりできるのは人間が最もふさわしいので、狭義には人間を指す。

法華経
『法華経』は東アジアにおいて最も愛好された大乗仏典である。すべての人々が成仏できることが保証され、如来がいつでもどこにでも我々とともに存在していることが説かれる。天台宗の根本聖典である。日本においては美術や文芸などの文化にも大きな影響を与えた。また巧みなたとえ話や昔話に彩られ、思想内容がわかりやすく説かれていることでも有名である。

無私であること相手を尊重することに関して、最澄が最も重視した『法華経』に常不軽菩薩のエピソードがあるので紹介しておく。過去世に常不軽という菩薩が現われ、すべての人々に対し「あなた方すべてを敬います。決して軽んじたりはしません。なぜなら、あなたたちはすべて菩薩の修行をして仏になられる方々だからです」と言って礼拝して回った。すると意地悪な人々はこの菩薩に対し迫害を加えた。しかし常不軽菩薩は礼拝の行をやめなかった。その功徳により常不軽菩薩は寿命が終わるときに成仏したと説かれている。どんな場合でも相手を尊重すること、これも福祉思想には大切なことである。

口に麁言なく手に笞罰せず

最澄はその遺言のなかで、「私は生まれてよりこのかた、口に麁言なく（荒っぽい言葉を口にしたことはなく）、手に笞罰せず（鞭打って人を罰したことはない）。私と同様に仏教を学ぶ者は、小僧を殴ったりしてはならない。そうしてくれれば大いに恩に着る。くれぐれもそのように努めてもらいたい」と述べている。おそらく修行生活の現場では先輩後輩の関係で、いじめのようなことが実際にあったのだろうことは想像できる。最澄の柔和な性格とともに、他者に対する思いやりが伝わってくる言葉である。

広済院と広拯院

最澄が社会福利事業として実際に開設したのが、広済院と広拯院である。両院は東山道の神坂峠の南北の麓に建てられた布施屋、つまり無料の宿泊所（救護施設の原型）である。神坂峠は当時の東国へ向かう街道、東山道最大の難所であった。

『叡山大師伝』には数十里に及ぶ山道に人や馬は息も絶え絶えとなり1日で峠を越えられなかったと述べている。このたいへん険しい道中をたどる旅人の苦難を見かね、美濃国（岐阜県）側に広済院、信濃国（長野県）側に広拯院を建て、旅人の便宜を図ったのである。奈良時代以降、交通の要地や難所などに設けられた休息や宿泊の施設は行基（668〜749）が畿内諸国の9か所に設けたのが最初とされるが、最澄は817年ごろの東国への旅の際に両院を開設したのである。もちろん最澄自身が手ずから建てたのではなく土地の有力者等に請願したのであろう。その遺跡は現在も残され顕彰されている。

行基
行基は、光明皇后とともに仏教の社会福祉を実行した僧として重要な人物である。もともと国家公認の正式な僧でなく、私的に僧侶になったようだ。国の枠からはみ出た活動をしたとされ弾圧も受けたが、東大寺の大仏建立に協力したことで大僧正に任命された。

結び

　以上、伝教大師最澄の福祉思想や実際に行った活動の一端を紹介した。その背景には大乗仏教の菩薩思想があることは言うまでもないが、非常に理想主義的にそれを実現しようとしていたことがわかる。その精神をまとめると、①自分の持ち場をしっかりと守りそれぞれの環境や能力に応じて社会をより良くしていこう、②無私の心で他の人々のために尽くそう、③平等主義のもと暴力を振るったりせず相手を尊重しよう、ということである。なお具体的な事例としては広済院と広拯院の設置がある。

　ところでこの時代においては、国を守護し国の安泰を神仏に祈願するという護国思想があり、最澄もこれに応じ盛んに経典を読誦し法会を開催している。護国といっても近現代の国家主義とは別物である。災害や戦争がなく国や朝廷が平穏であることが人々の幸福につながるという考えである。『六所造宝塔願文』という書で最澄は「天候が順調で、穀物がよく稔り、民衆が安楽で、仏法が隆盛し、衆生のためになるように」と願っている。あくまで当時の仏教者であった最澄にとっては、神仏の加護を得ることも公共の福祉の実現のための方法であったといえよう。

（塩入法道）

COLUMN

心を一乗に帰すべし

　最澄は近江国分寺の行表師のもとで出家し仏道生活に入ったが、師から「一乗の教えを心の拠りどころとして生きなさい」と諭されたといわれる。比叡山入山後に建てた一乗止観院（今の根本中堂の前身）にもこの一乗が冠されている。「乗」とは仏教の教えを乗り物にたとえた語で一仏乗ともいい、『法華経』の根本思想のひとつである。すなわち仏教には多様な教えがあり、またそれを受ける人々もさまざまであるが、それは衆生を導くための巧みな方便（手段）なのであり、仏の真意は一切の衆生が等しく悟ることができるという唯一の教えにこめられているとされる。

　晩年の著作『法華秀句』の末尾には「妙法の一乗の教えを伝えんがためにこの文章を書く」とある。最澄はその生涯を通して一乗思想を旨として、日本に大乗仏教を根づかせるために心身を尽くしたのである。それが彼の福祉思想の根底にも脈打っているといえよう。

03 弘法大師空海の 行動理念とは？

弘法大師空海

俗に「大師は弘法に奪われ、太閤は秀吉に奪わる」といわれるように、大師といえば弘法大師空海とされ、いにしえより多くの人々から慕われ、信仰の対象となっている。その弘法大師は、774年6月15日、現在の香川県善通寺市において誕生されたという。後に18歳で都の大学に入学するも、出家の志を以て大学を中退し山岳修行に励まれた。31歳で遣唐使とともに中国へ渡り、真言密教を恵果和尚から授かっている。806年に帰国し、密教を日本に伝え、真言宗を開きさまざまな修法を行い、さらには『即身成仏義』『秘蔵宝鑰』などの著作を残し、835年3月21日高野山金剛峯寺において**入定**された。

入定
宗教的瞑想に入っていること。弘法大師に対する入定信仰は、高野山奥院にて生身のまま今なお生きておられて、生きとし生けるものすべてを救済しているというもの。

弘法大師の願い

この弘法大師が、どのような理念・思想をもって、帰国後さまざまな活躍されたのかをまず確認してみたい。弘法大師が中国より帰国され、持ち帰った品々のリストをつけた帰国報告書である『御請来目録』について現代語訳をもって一部を見てみたい。

> ただわずかに貴方（＝弘法大師）が来たのを見て、自分（＝恵果和尚）の寿命が足らないことを恐れていた。しかし、今幸いにここに法を貴方に授けることができた。経典の書写や仏像を作り上げることも終了したので、早く日本に帰って、この真言密教を国家に奉呈し、天下に広めて蒼生（＝人々）の幸福を増すようにしなさい。そうすれば、国中幸せで、人々の生きる喜びも増すであろう。そして、それが御仏の恩に報いることであり、師匠の恩に報いることである。[1]

1) 弘法大師空海全集編集委員会『空海全集』筑摩書房、1986.

以上のように、恵果和尚は弘法大師に授法後早々の帰国を勧めたのである。そして、恵果和尚の願いは、真言密教は人々の幸福を増すことができる教えであるから、帰国し真言密教を広めるようにと。そしてなによりも、

弘法大師空海像（大正大学附属図書館蔵）

人々の幸福を願うこと、それが仏の恩に、師の恩に報いることになると、恵果和尚は弘法大師に述べているのである。この「蒼生の福」を増そうという願い、それを実行することが、いわば恵果和尚からのミッションであり、「弘法大師の願い」、そして弘法大師の目指すものとなっていったのである。この「蒼生の福」を増すことが、帰国後の弘法大師の行動理念であり、現代的に表現すれば弘法大師の福祉思想であろう。

では、「蒼生の福」を増すために弘法大師はどのようなことを実際なされたのであろうか。本論では、弘法大師が祈りによって、それを実現しようとされたのか、以下「万灯会の開催」と「後七日御修法の開催」の2点に絞って見ていきたい。

☑ 万灯会の開催

まず『高野山万灯会の願文』の一部を現代語訳で見てみたい。

ここに空海は、もろもろの弟子と金剛峯寺において、万灯万花の法会を設けて、両部曼荼羅・四種類の曼荼羅等の一切の諸尊に奉献する。心に誓うところは毎年一度この法要をおこなって、四恩に報いたいと願っている。虚空尽き、衆生尽き、涅槃尽きなば、我が願いも尽きん。（中略）仰ぎ願わくば、このすばらしい行いによって人々の苦しみを取り除きたまえ。迷いに苦しむ者も、たちまち自己が本来的に有しているさとりに帰り、心にある仏となりうる性がたちまちに他の者の煩悩を取り除きたまえ。（中略）地・水・火・風・空・識の六大によって成り立っている人々も、五つの智慧によって存在する仏も、虚を掃い、地に沈み、水を流し、林に遊ぶもの、これすべてが我が四恩の対象であり、同じく共に一覚に入らんことを祈る。[1]

この文章は、高野山伽藍建立に着手して16年目の832年に金剛峯寺で行われた、多くの灯明と花を捧げる万灯万花会という法要における願文の一部である。弘法大師の最も有名な文章のひとつに、この願文で述べられている「虚空尽き、衆生尽き、涅槃尽きなば、我が願いも尽きん」がある。すなわち、「宇宙が尽きるまで、悟りを求めようとする人がいなくなるまで、生きとし生ける者がすべて輪廻転生から解脱するまで、私の願いは尽

きることがない」と述べられている。そして、注目すべきはこの文章における「我が願い」とはなんであろうか。

弘法大師は、その答えを願文のなかで述べられている。弘法大師の願いは、このすばらしい行いによって、自他ともに苦しみから逃れて、根本煩悩である無明の状態から、すべての人々が本来もっている悟りの状態に帰って、悟りを得ることを願っておられるのである。そして、さらに興味深いのは願文最後の文章である。

虚を排い（＝鳥類）、地に沈む（＝昆虫）、水に流れ（＝魚類）、林に遊ぶ（＝獣類）といったすべての生物、さらにはその生物を入れている器＝虚・地・水・林、これらがすべてを弘法大師は、四恩であるといっているのである。

ここでいう四恩とはなんであろうか。元来、四恩とは『大乗本生心地観経』という経典に説かれている「父母・衆生・国王・三宝」の恩とされている。このうち、「衆生」とは人々のことであるが、弘法大師は前述の願文では、鳥・虫・魚・獣、そしてそれを育む空・大地・水・林に至るまで、すべてが四恩であるとしている。現代的な表現をすれば、生きとし生けるものと、それを育む環境、すなわち地球ということになろう。

両親、地域社会の人々、国王、仏法僧の三宝、それだけではない、自分の身を養ってくれる生物も、「これが我が四恩なり」という考えに至っているのである。それゆえに、弘法大師はこれらのものとともに「同じく共に一覚（＝悟り）に入らん」というのが、自分・弘法大師の願いであり、その願いが「虚空尽き、衆生尽き、涅槃尽きなば、我が願いも尽きん」という文章につながっているのである。ここに、弘法大師における地球規模の共生の理念が示されているといえよう。

☑ 後七日御修法

弘法大師が御修法の実施を朝廷に願い出た『宮中真言院の正月の御修法の奏状』の一部を見てみたい。

> 伏してお願い申し上げます。これからは、金光明会と並行して、七日間、法を理解している僧14名、比丘になる前の僧・沙彌14名をえらんで、別に一室を荘厳して諸尊の像を陳列し、供養の品々をお供えし、真言陀羅尼を読誦したい。（金光明会と真言密教の法会を並修）すれば、顕教・密教のすべてが満足され、如来は喜ばれ、現在・未来にわたってあらゆる福利が得られ、諸尊の本願が成就することになるだろう。[1]

　この修法は、835年に弘法大師自ら導師を勤めた御修法という法会に関して、前年に朝廷にその許可を求めた奏状文である。毎年1月8日から14日まで、当初は宮中の真言院で勤修されていたが、途中、真言院が暴風のために倒壊、また室町時代から江戸時代に至るまでの170年余は戦渦によって法要は停止していた。再興されても、明治維新によって再度中断したものの、1883年東寺灌頂院に場所を移して再興されて、現在まで続いている。

　鎮護国家、あるいは玉体安穏・玉体加持などの言葉や概念が、この後七日御修法を語る際には取り上げられることが多い。しかし、前掲のように弘法大師のお考えには、これまで行われてきた金光明会とともに真言密教の法会を行えば、「現当の福聚（現在・未来にわたって幸福）」を得られると、人々の幸福を祈って、この法要を行うべきと弘法大師は強調されている。あくまでも、弘法大師の意図は、人々の幸福を祈るのが後七日御修法である。しかし、弘法大師以降さまざまな政治的要因もあって、玉体安穏等が付加されていったが、弘法大師の願いは、まさに後七日御修法という祈りによって「蒼生の福」を増すことにあったという事実に注意しなければならない。

結び

　弘法大師が帰国する際に書かれた書状「本国の使と共に帰らんと請う啓」には、恵果和尚より授かった真言密教の教えは、仏の心髄であり、一国の鎮護である。悪気を攘い除き、幸福を招く不可思議な宝珠のようなものであり、迷っている人々は、聖者の位に入ることができる近道であると述べられている。そして、その真言密教を用いて恵果和尚は弘法大師に「蒼生の福を増せ」といわれたのである。

　弘法大師はこれまで見てきたように、祈りによって人々の幸福を実現しようとされていた。それは、宗教者であれば、当然と言う人もいるかもしれない。この人々の幸福を願うという思いを、伝統的な言葉で表現すれば、おそらく「現世利益」となるであろう。現世、つまりこの世での願いを満足するために祈る、このことをもって宗教的価値が低いと評する傾向もいまだ存在する。実際、戦後のいわゆる知識人といわれる人々は、真言宗を加持祈祷によって現世利益を求める宗教と評し、価値を低く置くような論を展開してきた。

　しかし、現世利益のみを弘法大師は追求したのではない。真言密教に

よって、「蒼生の福」を増すことが可能であり、師である恵果和尚には、それが実現するよう求められていたのである。もし、現世利益だけの人であれば、あのすばらしい著作群は必要なかったはずであり、あの山深い高野山を開創する必要性もなかったのである。いわば、真言密教の社会性が「蒼生の福」を増すことであり、個人としては悟リを真摯に求める求道者であり続けたのであろう。「蒼生の福」を増すことを目指した弘法大師の生き方そのものが、今日的に表現すれば、大師の福祉思想となろう。

（堀内規之）

COLUMN

師・恵果和尚と出会い

　弘法大師は、命がけで中国に渡り、唐の都・長安に到達した。そして、大師は青龍寺（しょうりゅうじ）に恵果和尚を訪ねている。大師は無名の、それも小国・日本からの留学僧であった。しかし、恵果は大師を見て、「たちまちに笑みを含み、喜歓（きかん）して」次のように語ったという。「我、先に汝が来たらんことを知り、相待（あいま）つこと久（ひさ）し。今日、相見えること、大好（はなはだよし）、大好」と。恵果は、大師が長安にいて、自らのところにいつ来るのかと待っていたという。そして、歓迎した。「大好、大好」とは「よく来たね、よく来たね。良き事。良き事」と、いわば手放し状態の歓迎ぶりである。そして、さらに驚嘆すべきは、恵果は続けて「必ず速やかに香華（こうげ）を弁（べん）じて、灌頂壇（かんじょうだん）に入るべし。」と言ったことである。初対面の留学僧に、よく来たと歓迎するのはあることかもしれない。しかし、恵果は、密教の奥義を授ける灌頂という儀式に速やかに入ることを命じたのである。恵果の周りの人たちも驚覚（きょうがく）したに違いない。恵果は、大師が密教を継承する器であることを、初対面で見抜いたのである。

　密教では師である阿闍梨（あじゃり）が、弟子を選択するのである。恵果は大師を選んで、自らのもっているものすべてを与えた。たとえるならば、一方の器から、他方の器に水がすべて入れ替わるように（写瓶（しゃびょう））、密教の教えが伝授されたのである。その証としての仏具が現在も東寺に所蔵され、後七日御修法の際に用いられている。恵果・弘法大師と継承された仏具が、今も祈りの場で生きている。すばらしき師との出会い、それが大師をして密教の相承者ならしめたのである。

Q 04 弘法大師空海は 福祉のために いかに行動したか

弘法大師と福祉

　弘法大師の生涯は、2つに分けて考えることができる。弘法大師の前半生は、山林で厳しい修行を重ね、さらに真の仏法を求めて命がけで入唐するという、いわば求道的（ぐどうてき）なものであった。けれども、唐から帰朝後の後半生は、一転して利他的（りたてき）なものへと移行し、社会の不安を除き、人々を幸福に導くことに全精力を注いでいる。代表的な事例として、満濃池（まんのういけ）の堤防修築や綜芸種智院（しゅげいしゅちいん）の開校などを挙げることができるが、それらひとつひとつの行動は、現代における福祉の理念に通じるものである。

　弘法大師の入唐の目的は、密教を体得して日本に伝えることであったが、その関心は諸分野に及び、後世、日本文化の礎となる文化・芸術・技術・言語なども数多く伝えた。弘法大師の福祉の優れた点は、その理念の現実化にあたり、唐から伝えた当時最新の土木技術や教育理念などを応用して、新たな福祉のあり方を切りひらいたことにある。さらに国家や有力者と結びつくことにより、弘法大師の福祉は、個々人の救済にとどまらず、公的扶助としても機能したことが特徴といえよう。

　また、さまざまな分野において卓越した能力を発揮した弘法大師は、庶民の間で神仏に等しい存在として崇められ、四国八十八カ所霊場をはじめ、多様な大師信仰が醸成され、人々の心の拠り所となってきた。

満濃池の堤防修築

　弘法大師の生地である香川県は、年間の降水量が少なく、また取水に適した河川も少なく、古来より農業用水を確保するために、溜め池が多く利用されてきた。そのなかでも満濃池（香川県仲多度郡（なかたどぐん）まんのう町）は、農地に水を送る灌漑用溜め池として日本最大であり、国の名勝に指定されている。

　満濃池は、700年ごろに造られて以降、周辺地域に恩恵をもたらす一方、その堤防はたびたび決壊を繰り返しては、付近を泥沼にしたという。

当初、労働者が集まらず、その修築工事は難航したが、821年に弘法大師が修築の別当（責任者）に任命されると状況が一転した。地元出身の弘法大師に対する期待は大きく、弘法大師が現地入りすると子が父母を慕うように、近在から住民たちが続々と集まり、最終的に38万人に及ぶ住民が参加したと試算されている。

　弘法大師は、中の島に護摩壇（現在の護摩壇岩）を築いて指揮をとり、唐からもたらした最新の土木技術・知識を駆使して、5〜7月のわずか3か月間で堤防を完成させたとされる。建設会社の大林組による分析報告書によれば、弘法大師が造った堤防は、水圧を分散する日本初のアーチ型堤防であり、余水吐き（あふれた水を流す水路）などの最先端の機能を備えたものであったと評されている。満濃池の堤防は、その後も修築と拡張を繰り返して、近隣の農地を潤し、今でも「讃岐の水がめ」として人々に親しまれている。

　弘法大師の弟子たちも、822〜825年にかけて奈良の川を堰き止め、益田池という灌漑用の大貯水池を造る工事を行ったとされている。

綜芸種智院の開校

　豊かな人生を送り、開かれた社会を形成してゆくうえで教育は重要であり、学校の果たす役割は大きい。弘法大師が生きた時代は、官学（公立の学校）として都に設置された大学、各地方に置かれた国学が、教育の中心となっていた。一部の貴族によって、弘文院・勧学院などの私学も作られ始めたが、いずれの学校も、有力な貴族の子弟のみを対象としたものであった。

　弘法大師は、そのような日本の教育状況を改善するために、828年に公卿の藤原三守（785〜840）の援助を受け、庶民にも開かれた日本初の私学（私立の学校）として、綜芸種智院を東寺の東隣に開校した。

　校名の「綜芸」とは、「一切の学芸を総合的に学ぶ」の意であり、生徒の希望に合わせて仏教・儒教・道教の三教を中心に、多様な学問を自由に学ぶことができたとされる。また同校は、身分や経済力に関係なく、僧侶のみならず、一般庶民にも開放されており、学問が継続できるように、教師および生徒の生活を経済的に保障したともいう（完全給費制）。

　このような画期的な学校を開いた理由として、弘法大師は、唐の国で目の当たりにした先進的な教育風景を挙げている。「綜芸種智院式」（『性霊集』収録）によれば、唐では、都長安から地方に至るまで数多くの学校が

あり、しかも身分を問わず多くの若者が十分に学問を修め、国中に優秀な人材があふれていたと述べている。弘法大師は、誰でも自由に学べる環境を創ることにより、日本の国家レベルを向上させ、人々を幸福に導きたいという願いがあったものと読み取られる。

弘法大師の入定後、残念ながら綜芸種智院は存続できず、主に経済的理由により開校から20年ほどで閉鎖となったが、その先進的な教育理念は、現代でも不朽のものといえよう。

神泉苑での祈雨

弘法大師が生きた平安時代もまた、現代と同様、旱魃や長雨といった天災、また疫病の流行によって多くの人々が苦しんでいたとされる。弘法大師は、それらの災厄を鎮めて人々に安穏をもたらすため、唐より伝えた密教の秘法によって修法を行った。その修法の回数は、生涯で51度に及んだとされる。

弘法大師の修法のなかでも特に有名なのは、824年に日本全国が大旱魃に見舞われたとき淳和天皇の勅命を受けて、京都の神泉苑で雨を祈ったことである。神泉苑とは、平安京遷都にあたり天皇のために造営された大池を中心とする庭園で、二条城近くにある。

弘法大師が唐より伝えた密教の秘法を修すと、ヒマラヤの無熱池に棲む金色の龍（善如龍王）が現れた後、にわかに空は黒雲に覆われ、2日間にわたり雨が降り続いたという。

この話は、後世にも語り継がれ、有名な『今昔物語集』『太平記』などにも収録された。現在でも、この故実に由来して、毎年5月2日から4日にかけて神泉苑祭が行われ、感謝の祈りが捧げられている。

四国八十八カ所霊場の開創

世界のさまざまな宗教には、日常を離れて、聖地や聖跡をめぐり参詣する巡礼という行為がある。日本にも、全国的に観音菩薩・不動明王・七福神など、さまざまな巡礼が存在するが、そのなかでも特に有名な巡礼が弘法大師にかかわる四国八十八カ所霊場であろう。

四国八十八カ所霊場をめぐる巡礼者は、一般に「お遍路さん」と呼ばれる。お遍路さんは、「南無大師遍照金剛」と書かれた笈摺、菅笠を身につけ、金剛杖を頼りとして、「同行二人」（常にお大師さまがともにある）を

感じながら、四国全域を巡礼する。また、受け入れる四国の方々にも、お遍路さんを「お大師さま」と見立てて歓待する「お接待」という独特な風習がある。

　四国八十八カ所霊場は、世界的に有名であるが、その始まりについては不詳な部分が多い。伝承によれば、815年に弘法大師が42歳の厄払いのためにめぐったとされる。他にも衛門三郎（えもんさぶろう）が旅の僧（≒弘法大師）に対して非礼を行い、詫びるために四国をめぐったことが由来ともされる。

　弘法大師は、四国の讃岐地方（香川）で誕生し、青年期までを地元で過ごした。その後、18歳で平安京の大学に進んだのを契機に、強く仏教に心惹かれるようになり、徳島の太龍寺山（たいりゅうじやま）、愛媛の石鎚山（いしづちやま）、また高知の室戸崎（むろとざき）など、四国の山野で修行を重ねた。唐から帰国後も、満濃池の堤防修築をはじめ、多忙な合間をぬって四国を往来し、各地をめぐり歩いたことであろう。

　後世、弘法大師の遺徳（いとく）を慕う者たちは、その修行の足跡をたどり、しだいに四国全体にわたる巡礼の道が形成されたと考えられる。当初の四国遍路は、僧たちの修行の道であり、空也（くうや）（903〜972）、西行（さいぎょう）（1118〜1190）、一遍（いっぺん）（1239〜1289）などの著名な僧たちがめぐった。

　江戸時代になると、さまざまな信仰・伝承を集めて、『四国遍路道指南（しこくへんろみちしるべ）』『四国遍礼功徳記（しこくへんれいくどくき）』といった一種のガイドブックが編まれた。これにより遍路ブームが起こり、多くの庶民が四国をめぐるようになった。四国遍路は、仏の歩みになぞらえて、徳島は発心の道場、高知は修行の道場、愛媛は菩提（ぼだい）の道場、香川は涅槃（ねはん）の道場とされる。

　宗教離れが言われて久しい現代においても遍路は盛んであり、お遍路さんの数は、年間で10〜30万人に上り、近年では海外からの遍路が急増していると報告される。遍路を始めた理由はさまざまであるが、最も多いのは、先祖・死者の供養であり、次いで大願成就、身体の健康、精神の修養、さらに自分の生き方と向き合うことが挙げられている。いわば遍路には、最愛の者を失った悲しみを癒し、人生の挫折から立ち直らせ、新たな自分に生まれ変わらせる力があるといえるだろう。

（佐々木大樹）

弘法大師と水の伝説

　弘法大師は、常に人々の幸福や平穏を願って行動し、その事跡は、後に諸地域に語り継がれていった。その過程で、弘法大師にかかわる多様な伝説が生み出されたが、特に「水」にかかわる伝説が多く見られる。

　その伝説とは、弘法大師が修行のために全国をめぐるなか、水で困っていた地域住民のために、錫杖や独鈷を地に突き、霊水を湧き出させたという話である。このような霊水は、「弘法水」「加持水」等の名で呼ばれ、霊山や寺院のみならず、身近な街中にあることも少なくない。

　関東であれば、西新井大師の「加持水の井」が有名である。伝承によれば、弘法大師は悪疫に苦しむ人々を救うために、枯れた井戸の前で護摩を行うと再び清水が湧き出し、病いを平癒させたという。

　また、飲み水に限らず、病気や身体の保養のために温泉を湧き出させたという伝説も多く見られる。弘法大師ゆかりの温泉として有名なのは、伊豆の修禅寺温泉である。伝承によれば、弘法大師は、冷たい川の水で父の体を洗う健気な少年の姿に心を打たれ、独鈷杵で岩を突き、温泉を湧き出させたと伝えられる（独鈷の湯）。ほかにも群馬の法師温泉、山梨の湯村温泉、熊本の杖立温泉等が有名である。

　弘法大師ゆかりの霊水や温泉は、北は青森から南は鹿児島まで、日本全国に1700か所以上あると推定されている。現実的に考えるならば、そのすべてを弘法大師の事績に帰することは難しい。しかし、困窮する人々のために神泉苑で雨を祈り、満濃池の治水に奔走した弘法大師の姿が、そのようなイメージを増幅させたのであろう。

　先行研究では、このような伝説が日本全国に広がるうえで、「高野聖」の存在が大きかったとされている。高野聖とは、日本各地をめぐって、弘法大師の遺徳を人々に広め、高野山での納骨を勧めた修行僧のことである。高野聖は、弘法大師の志を継いで、ときに人々のために井戸や温泉を掘り、それが後に「弘法大師」の名に託されていったと推測される。

　弘法大師ゆかりの水の多くは、清らかで味が良いだけではなく、飲めば万病に効き、長寿をもたらすものと信じられてきた。医療や衛生が不十分な時代、弘法大師に託された「水」の存在が、どれほどの人々の生命を支え、救ってきたのか。伝説といえども、果たしてきた役割の大きさは計りしれない。

Q 05 法爾大師法然の教えと社会実践の関係は？

法然教学の立場

　法然上人（以下、敬称略）は、浄土宗の開宗によって、それまでの「悟りの仏教」から「救いの仏教」へと仏教を転換させた人物である。法然の教判（仏教の教えを体系化し分類すること）は聖浄二門判といわれるものであり、仏教を次のように大別する。

> 聖道門：現世において悟りを目指す教え
> 浄土門：阿弥陀仏の救いによって浄土往生を目指す教え

　そのうえで教えのみ残り、きちんと修行する人も悟りを得る人もいないとされる末法時の凡夫には、聖道門の実践は困難であり、浄土門こそがふさわしい教えであるとする。
　一般に大乗仏教においては菩薩道が重視されることから、各宗派においては「社会実践＝菩薩道」という視点から福祉が論じられることが多い。しかしながら法然の場合は、菩薩道をきちんと実践しえない凡夫という自覚を有し、そのうえで浄土宗を開宗していることを確認しておきたい。

法然の教え──往生行としてのお念仏

　法然の教えとは、念仏を称えて阿弥陀仏に救済していただくというものである。最初に、念仏一行の位置づけより確認してみよう。
　法然は『選択本願念仏集』（以下、『選択集』）の第三章において阿弥陀仏の本願（四十八願）は、阿弥陀仏が法蔵菩薩だった時代に五劫という計り知れない年月を重ねて思惟し、自らの《選択》に基づき建立されたとする。いうところの《選択》とは、あらゆる諸仏の浄土のなかから、粗悪を選び捨て《選捨》、善妙を選び取る《選取》という論理で成り立っているとしている。例えば、第一願は無三悪趣の願と呼ばれるが、諸仏の浄土のなかには三悪趣（地獄・餓鬼・畜生）が存在するものがあるが、そういった

粗悪の国土を選捨し、三悪趣のない善妙の国土を選取するゆえに選択というとし、他の本願も同様であるとしている。つまり、法然はあらゆる浄土のなかより、最善・最上のもののみを選択して立てられたのが阿弥陀仏の本願であるとしているのである。そのうえで、第十八願（念仏往生の願）で説かれる極楽浄土に往生するための行については、「(阿弥陀仏は)布施・持戒乃至孝養父母等の諸行を選捨して専称仏号を選取されたのであり、それ故に選択というのだ」と述べている。

法爾大師法然像（大正大学附属図書館蔵）

阿弥陀仏の念仏行選択の理由

　法然は同じく『選択集』の第三章において、四十八願において諸仏の浄土より粗悪を選捨し善妙を選取することの理は、そのとおりであるがどうして第十八願において一切の諸行を選捨し、ただひとえに念仏の一行を選取して往生の本願とするのだろうかという問いをなしている。そして試みとして「勝劣の義」と「難易の義」を挙げている。「勝劣の義」とは、功徳について「念仏＝勝、余行（諸行）＝劣」とするものであり、「難易の義」とは「念仏＝易、諸行＝難」とするものである。つまり、みんなにできる易行である念仏こそが一番功徳に勝れているゆえに阿弥陀仏が往生行として定めた（選択した）としているのである。

　このように法然は、往生行が称名念仏であることと、阿弥陀仏は平等慈悲によって称名念仏の一行を本願とされたことを明らかにしている。すなわち念仏は「劣難」ではなく「勝易」であるゆえに阿弥陀仏が唯一選択された本願行なのである。それゆえ、諸行（さまざまな善根を積むこと・社会実践）は、往生行としては阿弥陀仏が選捨された行ということになる。また法然は『選択集』において、阿弥陀仏の他に釈尊と諸仏も念仏一行を選択していることから、念仏を三仏同心の教えであると位置づけており、念仏と諸行の間には往生行として明確な質的相違があることを明らかにしている。

社会実践の理論的根拠（異類の助業）

　ここまで説明してきたように、法然教学においては、生死輪廻の苦しみから逃れるためには、阿弥陀仏の選択本願たる念仏を修することこそが最も重要であるとされる。では、法然は諸行（種々の善根を積むこと・社会実践）を否定しているのだろうか。この問題を考えるうえで重要なのが『十二問答』に示される次の言葉である。

> 　質問する。阿弥陀仏以外の仏や浄土三部経（『無量寿経』『観無量寿経』『阿弥陀経』）以外の経典に基づいて善根を修する人が、それらと縁を結んで励むことは浄土往生のための行（正行）ではなく、雑行と称すべきだろうか。
> 　答える。自分の心が阿弥陀仏の本願を信じ、決定往生の信を確立できたのであれば、念仏以外の善根を修することは雑行とはならない。自分の往生のための助業（助け増進させるもの）となる。[1]

1）『浄土宗聖典』4、p434.

2）藤堂恭俊著『法然上人研究思想篇』山喜房佛書林、1983、所収「法然の実践論の諸問題」を参照。

3）助業には同類と異類の二種類がある。同類の助業とは五種正行のうちの称名正行以外の行（読誦・観察・礼拝・讃歎供養）を指し、異類の助業とはそれ以外の助業を指す。異類の助業—諸行・諸善根。

　藤堂恭俊氏はこの一文に基づき、念仏者が決定往生信を確立した後は雑行（諸行・諸善根）が助業として復活すると解している[2]。つまり、往生行としては廃捨された雑行（諸行・諸善根）が、決定往生信の確立の後は《異類の助業》[3]としての役割を担うということである。この解釈は、法然浄土教における社会実践を考えるうえでとても重要である。

　そもそも助業というのは正定業（念仏）を助成するものであり、直接的な往生浄土の行ではない。また助業とは正定業の不足を補助するという意味ではなく、その行者を正定業である念仏の一行に徹するように方向づけるためのものである。このことは生死解脱（苦しみの世界からの脱却）のために私たち凡夫がなすべき行が念仏一行であるということと矛盾するものではなく、あくまでも決定往生信の確立の後には雑行（諸行・諸善根）が、念仏を称える者の助業になるということを示しているものである。

　法然浄土教においては、私たち凡夫は現世において修行して悟リを得ることができないものの、阿弥陀仏の救いによって生死解脱が可能であるとし、そのために修するべき行は、阿弥陀仏の定められた念仏一行であるとする。まず「念仏を称えて往生浄土」というのが、法然の基本姿勢である。ただし、決定往生信の確立の後には雑行（諸行・諸善根）が、念仏の助業になると法然がとらえていることは、浄土宗における社会実践を考えて行くうえで非常に大切なことである。

法然の社会実践に関する説示

法然は『諸人伝説の詞』において、「善人は善人ながら、悪人は悪人ながら」という生まれつきのままの念仏を説きながらも「悪を改め善人となって念仏する」ことが仏の御心にかなうことであるとしている[4]。阿弥陀仏が選択された往生行が念仏である以上「悪を廃して善を修すること（廃悪修善）」は浄土往生の可否には関係ないが、一方で法然は、念仏実践のなかで悪から善へと向上してゆくことが仏の意に添うことであることを明らかにしている。

また『念仏往生義』においては、後世が大事であることを忘れることなく、後生のために念仏を正定の業とすべきであってこれを差しおいて諸行を修するべきではないとしたうえで、「悪業を憚らないこと」「行ずべき慈悲を行じないこと」「念仏を励まないこと」は、仏教の掟に相違すると述べている。つまり、「悪業を憚ること」「行ずべき慈悲を行じること」「念仏を励むこと」は仏教の掟であるとしているのである[5]。阿弥陀仏は「善人を見ては悦び悪人を見ては悲しむ」ことを明らかにし、「善人となって念仏を修する者」を、真実に仏教に従うものとしている。こういった説示からは「仏教の掟としての廃悪修善・慈悲行」という内容を見出すことができる。

さらに『十二箇条の問答』においては、「往生行＝念仏」であるが余善（諸行・諸善根）は往生の業ではないから修すべきではないとする考え方に対して、往生行として念仏は主人であり余善は眷属であるが、余善を否定するものではないとする[6]。このことは「往生行＝念仏」ということをきちんと踏まえたならば、余善は肯定されるということを示している。

法然は『諸人伝説のことば』において「現世を過ぐべき様は念仏の申されん様に過ぐべし」[7]と述べ、現世は念仏がより称えられるように過ごすべきであるとする。そしてより多く念仏が申せる行いは、念仏の助業であり、念仏を称えられる状況を求めることは、往生の助業となるという。こういった法然の説示からは「より多く念仏が申せる行い（社会実践）は、念仏の助業である」という内容を導き出すことができるのである。

法然教学における念仏と社会実践

法然の教えと社会実践を考えるうえでまず整理しておくべきことは、浄土宗開宗の目的である。法然は末法の世に生きる罪悪生死の凡夫がどうすれば生死解脱できるのかということを模索し続け、浄土宗を開宗した。そ

[4]『浄土宗聖典』4、pp486〜487.

[5]『浄土宗聖典』4、p527.

[6]『浄土宗聖典』4、p446.

[7]『浄土宗聖典』4、p487.

の教えとは、娑婆において悟れない私たち凡夫は、阿弥陀様によって救っていただくしかないというものである。そのために私たち凡夫がなすべき行は、阿弥陀仏の本願である念仏一行なのである。

　一方で、「諸行」（さまざまな善根を積むこと・社会実践）を無価値のものととらえるのかというとそうではない。端的にいえば、「往生行＝念仏」ということをきちんと踏まえたならば、諸行は肯定されるのである。しかも阿弥陀仏は、衆生の「廃悪修善」を願っているのである。また、「慈悲行＝仏教の掟」という言葉の重みもきちんと認識する必要がある。すなわち私たちは、社会実践を念仏の助業としてとらえていかねばならないのである。しかし、社会実践があっても念仏行の実践がないというのは、法然の教えとは相入れないものである点を決して忘れてはならない。あくまでも称名念仏の一行をより進めるものとして社会実践をとらえていくことが大切なのである。

　法然は『熊谷の入道へつかはす御返事』において、「戒を持つことも孝養をつくすことも阿弥陀仏の本願ではないけれども、できる範囲で修めなさい」と述べている。諸行「諸善根・社会実践」は阿弥陀仏が救済のために定めた行ではないけれども、善いことであるのだから「できる範囲で修すべきである」という法然の基本姿勢を示している。つまり「往生行＝念仏」ということをきちんと踏まえて、できる範囲で社会実践を心がけて行うことが、法然の教えにかなったことなのである。以上のことより、法然教学より導き出される福祉とは、より念仏を称えられる自分になるために実践すべきものということができるのである。　　　　　　　（曾根宣雄）

COLUMN

「無漏の大善」と「有漏の小善」

　無漏とは煩悩を離れた境地のことをいい、有漏とは煩悩を有しそれにとらわれている境地のことをいう。法然は「人間＝凡夫」という認識に立つので、人間を有漏の存在と見なしていることになる。無漏の境界は、煩悩を断じているのでけっして利己的になることはなく、利他行を修めることができるが、有漏（凡夫）の境界は、煩悩の妨げによってさまざまな執着を生じてしまうので、利己的になる危険性をはらんでいる。これは、知っておくべきことであろう。それゆえ、無漏は大善を修めることができるが、有漏はそうではない。しかし、こういった現実を踏まえながら、小善でもよいから助業として修めていこうと心がけていくのが、私たち凡夫に求められることだといえるだろう。

Q 06 証誠大師一遍の生涯、そして仏教福祉思想とは何か

中世社会と一遍

「捨聖」と呼ばれた時宗宗祖・証誠大師一遍（1239～1289）は、蒙古襲来による大陸からの脅威にさらされ、疫病や飢饉が続き神仏への信仰が増大した鎌倉時代中期に活躍した。一遍は、浄土宗祖法然（1133～1212）の弟子證空（1177～1247）の孫弟子にあたる。浄土仏教を修学し「南無阿弥陀仏」の念仏を広めるため身分を隔てることなく、全国を遊行し教化を行っている。また、仏教福祉の精神的思想は、全国を回（廻）国し救済活動を行った行基（668～749）や空也（903～972）など、一般に「聖」と呼ばれる人々の思想を継承している。なお、一遍と同時期に活躍した僧侶には、ハンセン病患者をはじめとする療養や貧困などの救済活動で知られる忍性（1217～1303）や、日蓮宗祖日蓮（1222～1282）などがいる。

　ここでは一遍の生涯や浄土仏教を継承する思想、さらに仏教福祉に関する思想からも一遍を論じていく。

時宗
平安後期、念仏を称える臨時的な集団を時衆と称した。近世になり、一遍を宗祖として教団としての時宗が確立した。

長島尚道「一遍と時衆教団における慈善救済活動」『鴨台社会事業論集』第4号、1979.

橘俊道・梅谷繁樹『一遍上人全集』春秋社、1989.

長澤昌幸『一遍仏教と時宗教団』法藏館、2017.

長澤昌幸『構築された仏教思想　一遍』佼成出版社、2021.

一遍の生涯

一遍の生涯を探る史料としては、①俗弟とされる聖戒（1261～1323）が詞書を、法眼円伊が絵画を編集し、一遍没後10年目にあたる1299年に完成した『一遍聖絵』全12巻（以下、『聖絵』）、②一遍の弟子とされる宗俊が二祖真教（1237～1319）の伝記を含めた『一遍上人縁起絵』全10巻（以下、『縁起絵』と略称）がある。

　まず、『聖絵』によると一遍は、1239年、伊予（愛媛県）の河野家に誕生した。1251年、太宰府（福岡県太宰府市）に居住する證空の門下聖達（1203～1279）や肥前（佐賀県）の華台（生没年不詳）のもとで修学した。この修学は地縁・血縁によるものであろうが、一遍は鎌倉仏教の祖師たちのなかで唯一、比叡山延暦寺で修学していない。1263年、河野通広の死を機に伊予へ帰還し、しばらく半僧半俗の生活を送っていた。やがて

1271年、信州（長野県）善光寺へ参籠後、伊予へ戻り、山林で念仏三昧に励んだ。

1274年、屋敷や土地、一族とも別れて同行3名とともに一遍は、遊行の旅へと出た。まず摂津（大阪府）四天王寺へ向かい、その西門で「南無阿弥陀仏」と記された念仏札を配る賦算を開始した。その後、高野山を経由し熊野へ向かう途中、山道で信心が起きないことを理由に念仏札を拒絶する僧侶へ一遍は、それでも無理矢理念仏札を渡してしまう。この行動の可否について自ら悩む一遍は、**熊野本宮証誠殿**に参籠し熊野権現へ祈請したところ、熊野権現が現れ、あくまでも賦算を続けるよう神託を得た。後世の時宗では、このときを立教開宗の年と定めている。

紙本漫画淡彩一遍上人像（清浄光寺蔵）

熊野本宮証誠殿
和歌山県田辺市本宮町にある神社。本地垂迹によれば、本宮証誠殿は阿弥陀仏を本地としている。

時衆の形成

熊野で上述した同行3人と別れた一遍は、ひとり遊行を続けた。1275年、豊後守護大友頼泰の屋敷で後に二祖となる真教と法談しその同行を認めた。かくてしだいに一遍のもとには、同行が増加し、ここにいわゆる「時衆」が形成されていった。1278年に作成された『一期不断念仏結番』には、1組8名で6組合計48名、男女総計96名が記載されており、この数字はそのまま時衆を構成する人数を示している。

一遍の遊行は、南限が九州大隅正八幡宮（鹿児島県霧島市鹿児島神宮）であり、北限は奥州江刺（岩手県北上市）と実に広範囲に及んでいる。

踊り念仏

1279年、信濃国（長野県）を遊行中、ある武士の館で念仏を称えていた際、人々が庭先で突然踊りはじめ、それを制止することなくむしろ音頭を取っている一遍の様子が『聖絵』第4巻第5段に描かれている。これが現在の盆踊りの源流とされる「踊り念仏」の始まりである。踊り念仏は、しだいに形式が整備され鉦などを使用し行道をするなど儀礼化していった。その後、東北から関東へと遊行を続けた一遍は、1282年、鎌倉へ入

ろうとしたが、小袋坂（鎌倉市小袋谷付近）で幕府の役人らに拒まれ、片瀬の浜地蔵堂（神奈川県藤沢市）へ移り、ここでも踊り念仏が行われた。すなわち、『聖絵』第6巻第1段では、突如、踊り屋と呼ばれる舞台が建てられ、その上で時衆の僧尼が時計回りに円を描き踊り念仏が行われている。この片瀬での踊り念仏は数日間行われ、身分の隔てなく多くの人々で賑わった。これ以降、踊り念仏の場面には、踊り屋が使用され、時衆の僧尼だけで行われている。

　東海地方を経て1284年、一遍は、四条京極の釈迦堂（京都市中京区）へ入った。このころになると踊り念仏や一遍から念仏札を受けようとする幅広い階層の人々が群集し、あまりの多さに肩車をされて念仏札を配るほどであった。一遍は自身が「我が先達」と思慕する空也ゆかりの六波羅蜜寺を参拝、遺跡でもある市屋で踊り念仏を行った。同様に、日ごろ思慕する教信（786～866）や性空（910～1007）の遺跡を遊行し、1289年7月、兵庫観音堂（兵庫県神戸市真光寺）に移動した。ここで臨終間近のときを過ごした一遍は、8月10日の朝、『阿弥陀経』を読みながら所持していた経典以外の書籍を自ら焼き捨て、8月23日朝入寂した。『聖絵』第12巻第2段では、一遍が賦算した人数を250万1724人と記録されている。

一遍の念仏思想

　一遍は入滅直前に、それまで所持していた書籍を燃やしたため、著作などは現存せず、門下の弟子たちの筆録による『播州法語集』や近世編纂の『一遍上人語録』がわずかに一遍の思想を伝えている。

　一遍の思想背景には、修学した浄土仏教、特に證空を祖とする西山義の影響がある。證空は、阿弥陀仏が悟りをひらいたとき、衆生の往生も同時に決定したと解釈した。さらに、およそ命あるものは、すでに阿弥陀仏によって救済されており、念仏を称えるそのいわれを理解することこそが大切であると説いている。

　證空のこうした念仏思想を継承した一遍は、自己の思想を深める出来事が熊野権現の神託である。上述したように、熊野本宮証誠殿に参籠した後、やがて祈請する一遍の前に山伏姿の熊野権現が現れ「融通念佛すゝむる聖、いかに念佛をばあしくすゝめらるゝぞ、御房のすゝめによりて一切衆生の往生はじめて往生すべきにあらず。阿弥陀仏の十劫正覚に一切衆生の往生は南無阿弥陀仏と決定するところ也。信不信をえらばず、浄不浄を

融通念仏
良忍は、互いに念仏を
融通し合い、この行に
よって浄土往生を目指
すことを提唱した。

きらはず、その札をくばるべし」〔**融通念仏**を勧める聖（一遍）よ、どうして誤って念仏を勧めているのか。あなたの勧めによって命あるものが、初めて往生するのではない。阿弥陀仏が十劫というはるか昔に悟りを開いたとき、すでに命あるものの往生は南無阿弥陀仏と決定している。信じる信じない、清らかであるかそうでないかは問題ではなく、その念仏札を配るがよい〕と神託を授けた。

　つまり、すべての命あるものは、阿弥陀仏の悟りと同時に平等に救済されることが決定しており、一遍の使命はあくまでも念仏を勧めることにあるのである、と熊野権現は布教の目的そして意義を一遍へ示したのである。この神託により一遍の念仏は、よりいっそう純粋化され絶対的な存在となった。それまでの迷いもなくなり一遍は、すべてを絶対的な存在である南無阿弥陀仏に任せることに邁進し、その任せることを「捨てる」と表現している。このことから一遍は「捨聖」と呼称されたのである。

一遍の仏教福祉思想

　およそ宗祖や高僧を描いた絵巻にあっては、その人物を神格化しようとする祖師神話や、事績の拡大解釈がなされることが多い。しかし、『聖絵』所収された48場面は、すべて客観的に俯瞰した視点で描かれており、一遍のみならず中世社会そのものを描き込んでいる。おそらく、制作する際、場面のいくつかは一遍の遊行経路をたどるなど再確認したと考えられており、そのため史料的価値が高いと評価されている。

　絵画部分で仏教福祉思想の観点から注目すべき場面は、一遍が遊行した寺社などの場面に簡素な小屋に住む乞食者、障がい者、覆面をする人（ハンセン病患者と推定）など時代的に下層身分や差別を受けていたと考えられる人々が数多く描かれていることである。その場面は、より具体的には四天王寺（第2巻第3段）・福岡の市（第4巻第3段）・因幡堂（第4巻第4段）・信州伴野（第4巻第5段）・相模片瀬（第6巻第1段）・近江関寺（第7巻第1段）・京都市屋（第7巻第3段）・京都桂（第7巻第4段）・美作一宮（第8巻第3巻）・大和当麻寺（第8巻第5段）・淀の上野（第9巻第1段）・淡路志筑天神（第11巻第2段）・兵庫観音堂（第11巻第4段）など十数か所に及んでいる。

　特に、四天王寺の場面では、門前に並ぶ小屋が描かれているが、いずれも車輪が取り付けられている。おそらく、移動を目的とした小屋であり、そこには杖につかまり立つ人が描かれるなど、身体に障がいをもつ人々の

生活様式を示すものと考えられる。また、京都市屋の場面は、空也の遺跡である市屋で踊り念仏を行う場面である。この場面にも乞食者、障がい者が多く描かれている。そのうち2名の障がい者は手に鼻緒のない下駄のようなものを持ち、膝を下駄に乗せている様子が描かれている。これらはおそらく、福祉用具の用途で使用されていたと考えられる。また、鎌倉入りの場面（第5巻第5段）では一遍と時衆の後方に乞食者らが武士らに追い払われる様子も描かれている。一遍が逗留あるいは踊り念仏などの場面には、乞食者、障がい者が食事をする様子も多数描かれている。確証はないが、彼らは短期間でも一遍に同行し、時衆とともに篤信者から食事を施されていた可能性がうかがえる。

　一遍の仏教福祉思想を端的に表現した場面は、『縁起絵』第3巻第1段甚目寺参詣の場面であろう。この場面は、現在の愛知県あま市にある甚目寺へ参詣した折、篤信者から食事の施行を受ける場面である。この場面では、僧侶以外に乞食者、障がい者、覆面をする人などが大勢で複数の輪を形成し施行を受けている。この場面からは、いかなる身分や差別をも超越した絶対的平等を実践した一遍の姿勢がうかがえる。

　それでは、なぜ『聖絵』や『縁起絵』は、障がい者や乞食者などの様子を数多く描いたのであろうか。それは、一遍の思想が大きくかかわっている。一遍が目指した衆生救済は、熊野権現の神託による信心の有無や身分などを問題にすることなく、念仏を勧めることであった。しかも念仏を称えることができない人々であっても、一遍から念仏札を受けるだけでも救済することが可能であるとしている。

　一遍は「其故は、身心を放下して無我無人の法に帰しぬれば、自他彼此の人我なし。田夫野人・尼入道・愚痴・無智までも平等に往生する法なれば、他力の行といふなり。」（『播州法語集』39）と語っているように、すべての命あるものは、平等に南無阿弥陀仏によって救われているからこそ、布教の目的が社会的弱者の救済へと向かわせたのであろう。

（長澤昌幸）

第1部／原理・思想

2／日本仏教の祖師の福祉思想

3／日本の福祉実践史

Q 07 仏教と儒教とキリスト教の福祉実践の変遷は？

　現在の社会福祉に至るまでには、先人たちはどのように福祉実践を積み重ねてきたのか。それを知るためには、その時代の社会的背景や生活問題、政策的な動きなども併せて把握する必要がある。

　社会福祉の歩みを理解するうえで、社会福祉史研究者によって異なる視点もあるが、一般に「慈善活動→慈善事業→感化救済事業→社会事業→社会福祉」と時代を区分して整理されることが多い。社会福祉として成立するまでの展開過程では、それぞれの実践が一直線に進むわけではなく、さまざまに組み合わせながら複合的、重層的に蛇行しながら進展してきた。ここでは上記の時代区分に従って、宗教を背景にした典型的な実践例を紹介しつつ、福祉の取り組みを振り返る。

慈善活動
——哀れみ、慈しみ、情けをかけて困窮者を助ける活動

　古代から中世までの仏教に基づく慈善では、前項までに記述されているように、多くの僧侶によって活発に活動が行われてきた。

　戦国時代ではキリスト教の伝来により、**イエズス会**宣教師（せんきょうし）の**アルメイダ**らが育児院や病院、学校などを九州地方に開設し、「**ミゼリコルディアの組**」は長崎を中心にキリスト教の精神に基づく病院や孤児院などを運営した。しかし厳しい弾圧によってキリスト教による慈善活動は途絶える。

　江戸時代になると仏教は徳川幕府と諸藩の保護と統制の下に置かれて、人々は原則として寺院の檀家（だんか）となった。そのなかで「聖」（ひじり）「遊行僧」（ゆぎょうそう）と呼ばれる僧は、檀家制の枠を超え、共同体から疎外された人々に目を向けた。なかでも**無能**（むのう）は、遊女で生計をたてている女性、食に飢えた乞食・非人、人の寄りつかないハンセン病患者などを見捨てることなく念仏の平等性を示した。また、このころには大規模自然災害も起こり、農作物の不作による飢饉がたびたびあって多くの犠牲者が出ている。自然災害や飢饉な

イエズス会
キリスト教派カトリック教会の男子修道会としてI.L.ロヨラを中心にF.ザビエルらが創設し、16世紀中ごろより世界各地に大学設置の教化活動や教宣拡大を進めて日本にも伝えた。後のシカゴ・ロヨラ大学教員が有名なP.F.バイステック。

アルメイダ
アルメイダ病院公式サイト「アルメイダの歴史」https://www.almeida-hospital.com

ミゼリコルディアの組
聖パウロ女子修道会公式サイト「ミゼリコルディア本部跡」https://www.pauline.or.jp/kirishitanland/20100601_misericordia.php

無能
1683〜1719
長谷川匡俊『近世の念仏聖無能と民集』吉川弘文館、2003.

どに対して幕府だけでなく、各地の藩においても君主が慈善活動を行った事績がある。

このような江戸時代には、家族や身内による自助が強調される儒教の思想が広まり、地域での相互扶助による慈善活動がなされてきた。儒教は「論語」を起源とする思想で、我が国には5世紀に伝来してきたが、江戸時代に貝原益軒、山鹿素行、荻生徂徠などが日本的な思想を打ち立て、人々への影響力を強めた。

幕末には、**大塩中斎（通称：平八郎）** が飢饉で苦しむ庶民のために立ち上がり、儒教思想を支えに幕府の不正を糾そうと決起した。大塩の乱は鎮圧されるが、大塩の遺志を継いで世直しを求める「打ちこわし」や「一揆」が全国におこり、幕府の権威が低下した。その後の慈善活動の実践例として、儒教の教えを背景にした**二宮尊徳**を挙げておく。

☑ 二宮尊徳

経済基盤となる農村が荒廃し封建的土地所有制度が揺らぐなか、幕末から明治維新にかけて、二宮尊徳（一般には金次郎）は農民の貧困の解決に向けた救済活動を実践する。尊徳は幼少期に農作業と勉学に励み、成人後には小田原藩の家老の使用人となり儒学の学問を深めた。このとき、金融互助制度「五常講」を始め、これが信用組合の始まりともいわれている。尊徳は農民の自主性と積極性を引き出しつつ共同作業を進めて各地を復興させると同時に財政も再建した。弟子たちを介して諸家、諸領の復興指導を続けて、生涯で再興を手がけた村は600に及ぶともされている。

尊徳による農村再興事業や飢饉救済は「報徳思想」に基づいており、その思想を実践するのが「報徳仕法」である。「報徳仕法」では、倹約と貯蓄の基礎となる収入と支出の限度を算出することや、余剰は他人や社会のために用いることなどを求めている。また貧困に陥る前の防貧対策であり、平時から対策を講じていたため凶作にも餓死者を出さなかった。ほかにも、窮民を救済するためには、村民の個別調査や、力役可能なものと老幼病者に区分けして、可能な限りの労働を主とした貧困者保護を行った。なお、尊徳の「報徳思想」は、後に渋沢栄一をはじめ明治の財界人・実業家や、昭和を代表する経営者たちにも多大な影響を与えた。

大塩中斎（平八郎）
1793〜1837
吉田久一『新・日本社会事業の歴史』勁草書房、p130、2004.

二宮尊徳（金次郎）
1787〜1856
小林惟司『二宮尊徳―財の生命は徳を生かすにあり』ミネルヴァ書房、2009.
報徳博物館公式サイト「二宮尊徳と報徳」
https://www.hotoku.or.jp/sontoku/

慈善事業
―宗教的・道徳的な動機に基づく老病者・罹災者などの救済事業

　明治維新を経て新政府は、「無告の窮民」への「恤救規則」（1874）や、「行旅病人取扱規則」（後に「行旅病人及行旅死亡人取扱法」）、農村の困窮に対する「備荒儲蓄法」等の公的救済制度を整備したが、貧困の責任と原因を個人の堕落にあるとする「惰民観」を有し、公的救済よりも地縁・血縁による共同体の相互扶助を優先させる「人民相互の情誼」と「自助自立」を求めた。明治政府が西洋化・近代化を目指す一方で、自然災害の多発、農村部の飢饉による一揆、都市部では下層社会の形成と数多くの社会問題が表出し、人々の生活課題は深刻さを増してきた。このような状況のなか、宗教者による民間の慈善事業が広がっていく。

　慈善事業の典型例として、儒教の思想を大切にした渋沢栄一、仏教の僧侶による福田会、仏教を信仰した瓜生岩、キリスト教に入信した石井十次・石井亮一・留岡幸助、仏教徒の岩田民次郎の実践例を後述する。この時代には、尼僧の颯田本真が地震や津波などの被災地支援を続け「布施の行者」と尊称された。また、現存の児童養護施設として最古といわれる「浦上養育園」（1874）を創設した岩永マキ、ソートンらによる我が国最初の養老事業「聖ヒルダ養老院」（1895）、片山潜によるセツルメント事業の拠点「キングスレー館」（1897）、原胤昭の「東京出獄人保護会」（1897）などキリスト教徒による先駆的な活動事例もあり、これらの宗教者のなかには近世儒教の影響を受けた人も多い。

颯田本真
1845〜1928
藤吉慈海『颯田本真尼の生涯』春秋社、1991.

岩永マキ
1849〜1920
児童養護施設浦上養育院公式サイト「理念・あゆみ」https://www.ans.co.jp/u/uragamiyouikuin/policy.html

感化救済事業
―国策による治安と感化のための保護・矯正などの救済事業

　莫大な戦費と人的資源を費やした日露戦争後、増税や世界恐慌、東北大凶作などの自然災害で人々の暮らしは疲弊した。この間「感化法」（1900）による感化救済事業が行われ、社会防衛としての治安強化策が進められた。例えば、横山源之助『日本の下層社会』（1899）に見るような資本主義経済による矛盾が都市生活者の窮状として露呈し、国家による感化救済事業が始まる。政府は公的救済を抑制し、地域共同体や民間に救済を担わせ、国民を教化して国家に依存することのない「良民」の育成に励んだ。内務省が各地で講習会を開催して感化救済事業を奨励し、明治時代末期から大正時代にかけて慈善事業と並存した。

また、明治期末には細民調査が実施されて貧困の実態が明らかにされ、職業紹介所や労働者保護などの防貧事業の展開も見られるなど、この時期の官民の立場を超えた慈善家による実践や研究が、後の社会事業へとつながっていく。さらに、このころ渋沢栄一・井上友一らによって「中央慈善協会」（1908）も設立されて今日の全国社会福祉協議会の起源となる。

社会事業
―公私の団体による予防・計画性に基づき積極的に生活を保護・改善する事業

　我が国が第一次世界大戦に参戦（1914）し、産業革命や独占資本の集中が進むなかで、労使紛争が急激に増大していった。富山県に始まった「米騒動」（1918）は全国各地に民衆暴動として波及した。生活不安の高まりで、都市での労働争議、農村での小作争議が頻発し、社会問題の深刻さは「恤救規則」では支えきれず、政府も内務省に社会局を設置して失業や低所得層に焦点をあてた経済保護事業を開始した。このとき、ようやく貧困の背景には個人の怠惰だけではなく社会的な要因があるという認識となり、社会化・組織化・専門化・科学化・予防化を指標とする社会事業が始まり、それまでの民間の慈善事業や感化救済事業の実績のうえで成立してきた。

　このころ、ドイツに学んだ仏教学者の渡辺海旭による労働者セツルメントの「浄土宗労働共済会」（1911）は、慈善事業から社会事業へのパラダイム変換を示したといえる。さらに、渡辺海旭（顧問）、矢吹慶輝（主任）、長谷川良信（理事）が「宗教大学社会事業研究室」（1917）を開室したが、この3名についてはQ10〜12で取り上げる。

　地方行政の取り組みでは、岡山県において笠井信一が救貧から防貧への対策として「済世顧問制度」（1917）を創設したのが最初である。大阪府でも小河滋次郎が「方面委員制度」（1918）を導入し、「社会測量（診断）」を重視した家庭訪問システムは、現在の「民生委員・児童委員制度」や「生活保護制度」における家庭訪問によるケースワーク援助の仕組みへと引き継がれた。

　帝国主義の富国強兵策の下において、資本主義による産業革命を支えた製糸工場のある地方都市では、その生活・就労の実態を著した細井和喜蔵の『女工哀史』（1925）に見るような少女たちが悲惨な窮状に置かれていた。それらには「農村社会事業」が近隣の支え合いによってかろうじて対応していた。その一方都市では、失業者や下層労働者が暮らす地域での生

活不安や貧困に対する社会事業が展開された。地域への実践に向かう転換点となったのは、関東大震災（1923）によって首都が壊滅状態になったことで、「大学植民事業」と呼ばれた「東京帝国大学セツルメント」や賀川豊彦の「本所基督教産業青年会」（セツルメント）、浄土宗報恩明照会の「**小石川学園**」（隣保事業）、「**浅草寺婦人相談宿泊所**」などが生まれた。

小石川学園
Web版新纂浄土宗大辞典公式サイト「小石川学園」
http://jodoshuzensho.jp/daijiten/index.php/小石川学園

浅草寺婦人相談宿泊所
大久保秀子『"浅草寺社会事業"の歴史的展開〜地域社会との関連で〜』ドメス出版、pp99〜111、pp154〜157、2008.

戦時下の厚生事業から社会福祉へ

昭和初期の世界大恐慌（1929）は日本経済にも打撃を与え、さらに戦時体制へと入る。内務省社会局と衛生局を統合し「国民の体力向上」と「国民福祉の向上」を目標に厚生省を立ち上げて戦時厚生事業が進められるが、民間社会事業の自由な実践や言論などはしだいに封じ込められるようになった。

戦時下の厚生事業は、兵員強化や軍需生産力増強および食料確保などをうたった人口政策のための「健民健兵政策」を掲げ、戦力でない戦争弱者は排除・隠蔽された。戦時下の生命の危機や生活の窮状は、衣食住の根幹となる住宅難や食糧難に見舞われ、生活そのものの維持にも窮した。そして、沖縄戦や本土空襲および広島・長崎両市への原子爆弾の投下によって、ようやく大戦は1945年8月15日に終戦となった。

第二次世界大戦の敗戦後、日本の都市機能は焼失・瓦解によって、すべてがスラム化した混乱に陥り、戦災孤児・寡婦や戦傷病者および離職・失業などの問題解決が必須となった。アメリカの占領体制下「連合国軍最高司令官総司令部」（GHQ：General Headquarters）が設置（1945）され、その指導体制の下で政府は法制度を整備し、社会福祉の時代へと向かう。社会福祉の基本的な理念となる「日本国憲法」（1946）の公布によって「基本的人権」を踏まえた「生活保護法」「児童福祉法」「身体障害者福祉法」ができ「福祉三法」の時代を迎えて、日本の社会福祉は新たに出発する。

慈善事業から現代へと継承される実践事例

☑ 渋沢栄一と養育院

近代日本経済の父といわれる**渋沢栄一**は、儒教の思想を学び、欧州諸国の実情を見聞して明治維新後の新しい国づくりにかかわった。後に、一民間経済人として株式会社組織による企業の創設・育成に力を入れるととも

渋沢栄一
1840〜1931
渋沢栄一記念財団公式サイト
https://www.shibusaws.or.jp

に「道徳経済合一説」を唱え、第一国立銀行をはじめ約500の企業の育成、約600の社会公共事業や福祉・教育機関の支援と民間外交にも熱心に取り組んだ。

その渋沢がかかわった施設のひとつに養育院（1872）がある。渋沢が東京府知事から江戸の貧民救済資金「七分積金」の管理を委嘱されたことから、生活困窮者、病者、孤児、老人、障がい者の保護施設である養育院の運営にかかわるようになり、実業界を退いた後も91歳で没するまでの約50年間、養育院院長の職にあった。その間、「浮浪児の感化教育」のため同院に感化部を設立、身体の弱い児童の療養のための勝山保養所を設置、児童のための巣鴨分院を開設するなど、養育院の事業を拡大させた。

養育院はたびたび移転しながら、戦後は高齢者および障がい者の福祉事業を展開したが2000年に廃止。しかし、養育院をルーツとする「東京都健康長寿医療センター」をはじめ各種の福祉施設は現在も各地で多数運営されている。

養育院
東京都健康長寿医療センター公式サイト「養育院・渋沢記念コーナー"養育院から東京都健康長寿医療センターへ"」
https://www.tmghig.jp/hospital/facilities/youikuin-shibusawa/youikuin-/

☑ 福田会育児院

仏教の福田思想（15頁参照）に基づき創設された福田会育児院（1879）は、臨済宗妙心寺派の今川貞山をはじめ、天台宗、真言宗、浄土宗、日蓮宗、曹洞宗などの僧侶が運営に関与し、孤児、貧窮児童を乳母（養育担当者）が養育した。東京・日本橋の智泉院で始まり、本郷の麟祥院、麻布の長谷寺（現在も麟祥院と長谷寺には福田会育児院の墓がある）、現在の福田会が位置する広尾へと移転（1912）を重ね、福田会亀戸保育所も開設（1918）した。「特殊事業」では、濃尾地震（1891）、明治三陸地震津波（1896）、東京府下風水害（1917）で被災孤児を引き取り、さらに第一次世界大戦後シベリアで孤児となり祖国ポーランドへ移送中の子どもたち375名を受け入れた（1920）。

大正期の院児は140名前後で、境遇は孤児、貧児、棄児、遺迷児であった。院内活動だけでなく、農家などへ里子に出したり、小学校を卒業した者は職業見習いとして預けた。関東大震災後は収容人数が急増し、亀戸保育所で迷児臨時収容事業を開始、隣保事業の実施、母子寮の開所など事業を発展させた。戦時下の空襲で建物の8割を焼失したものの、終戦後も子どもたちの生活を支え続け、戦後の新たな社会福祉制度に沿った事業を展開した。現在の社会福祉法人福田会は、創設以来の理念を掲げ続けて、児童養護施設や障がい児入所施設、高齢者施設などを運営している。

福田会育児院
福田会のあゆみ編集委員会『福田会のあゆみ —明治9年からの歴史を未来へ』福田会、2015.

☑ 瓜生岩

「菩薩の化身」、仏教思想に基づく「日本のナイチンゲール」とも称された**瓜生岩**（通称：岩子）は、会津の裕福な商家に生まれたものの悲運な事柄に翻弄され、後半生は慈善事業にすべてを捧げた。戊辰戦争では、敵味方を問わず負傷者への看護、子どもたちの保護に尽力し、医薬品や食料、布団や衣類、建築資材等の手配をするほか、子どもには玩具、年寄りには念珠を用意して傷ついた人々を廻った。特に戦災孤児に心を痛めて私財を投じて幼学所を設立。その後、精力的に会津地方から福島市周辺、東京へと行き来しつつ、身寄りのない子どもや老人、貧者や病人などを世話する拠点をいくつも開設する。また、裁縫や看護法の講習会や産婆養成所も開いて捨て子や堕胎の改善に力を注ぎ、さらには磐梯山噴火、濃尾地震、明治三陸地震津波等の自然災害時にも自らが救護にあたり、救援物資や義援金を集めて届けた。晩年も渋沢栄一に要請されて東京養育院で幼童世話係長を務めた。

第1回帝国議会では女性初の請願を提出しても、採用されなかったが、多くの人の目を慈善事業に向けさせた。女性で初めて藍綬褒賞（らんじゅほうしょう）を受賞した翌年、病に倒れ69歳の生涯を終えた。没後、渋沢栄一等の呼びかけで製作された瓜生岩子像が浅草寺の境内に置かれて現代の人々を見守っている。現在の社会福祉法人福島愛育園では瓜生の精神を受け継ぎ児童養護施設などを運営している。

☑ 石井十次と岡山孤児院

現・宮崎県出身の**石井十次**は、幼少期から儒教を学びつつも岡山医学校の学生時代にキリスト教の洗礼を受ける。3人の子どもの養育を託されたことから岡山の三友寺（さんゆうじ）で「岡山孤児院（孤児教育会）」（1887）を創設し、医学校は退学した。教育事業に関心が強く「労働学問並行の教育主義」を唱え「昼働夜学」体制の労働学校（孤児院学校）も開設した。濃尾地震では、すばやく震災孤児救済に着手、被災地の名古屋に震災孤児院を設置して学校も開校したが、後に岡山孤児院に統合する。その後、私立岡山孤児院尋常小学校を開設（1897）して、幼年時代は遊ばせ、少年時代は学ばせ、青年時代は働かせる「時代教育法」を提唱し、非体罰主義も宣言した。東北地方の大凶作では6回にわたって825名の貧孤児を保護、岡山孤児院は1,200人規模となった。このころ、小舎制および里預児制度を開始、大阪でも保育所と夜学校を開設した。一方で、院児を宮崎県の茶臼原（ちゃうすばる）へ順次移住させ農林部が主体の開墾事業に力点を置き、全員の移住完了後に

瓜生岩
1829〜1897
井川裕覚『近代日本の仏教と福祉―公共性と社会倫理の視点から』法藏館、pp61〜102、2023.
福島愛育園公式サイト「創立者瓜生岩子」
http://fukushimast.sakura.ne.jp/aiikuen/souritsu/

石井十次
1865〜1914
石井記念愛染園公式サイト「石井十次氏（事業創始者）」
https://www.aizenen.or.jp/info
石井記念友愛社公式サイト「石井十次とは」
http://www.yuuaisya.jp/jyuuji

48歳で生涯を閉じた。

　石井十次による慈善事業の実践は大原孫三郎により継承されて社会事業
として発展し、現在は、大阪で社会福祉法人石井記念愛染園が地域の医療
福祉センターの役割を担い、宮崎県では社会福祉法人石井記念友愛社が
「児童福祉の父」と呼ばれる石井十次の理念を受け継ぐ児童養護施設をは
じめとした各種施設を運営している。

☑ 石井亮一と滝乃川学園

　知的障がい者福祉の開拓者といわれる**石井亮一**は、現・佐賀県に生ま
れ、立教大学校へ入学後に受洗した。1890年に立教女学校教頭に就任し
た翌年10月に濃尾地震が発生、女子の被災孤児のために北豊島郡滝野川
村で院舎建築に着手し、建築中に東京下谷の仮校舎で「孤女学院」を同年
12月に創設した。受け入れた震災孤児のなかに「14歳の白痴の女児」が
いたことで、渡米して知的障がい児教育を学び、帰国後「白痴児教育部」
設置を計画。学園名称を「滝乃川学園」と改め（1897）、我が国初の知的
障がい児の専門教育を始めた。その後、北豊島郡西巣鴨村庚申塚に移転し
た（1906）。石井亮一は知的障がい者教育専門書を刊行し、「第1回感化
救済事業講習会」（1908）の講師や、東京府児童鑑別委員会（1918）の
委員なども務めた。1920年3月に学園は火災に遭い学園閉鎖を決めたが、
貞明皇后の助言を受け、事業継続を決意した。同年財団法人に認可された
際、初代理事長は中尾太一郎、石井亮一は学園長に就任、翌年に渋沢栄一
が理事長となった。1928年に付属農園を設置するため北多摩郡谷保村
（現・国立市矢川）に移転。1934年に日本精神薄弱児愛護協会（現・日本
知的障害者福祉協会）の設立総会が開催され、石井亮一は初代会長に就任、
その3年後に70歳の生涯を閉じた。

　戦後、学園は社会福祉法人となり、現在に至るまでキリスト教の精神に
基づき、幼児から高齢者を対象として利用者のニーズに合わせた支援を
行っている。

☑ 留岡幸助と巣鴨・北海道家庭学校

　留岡幸助、現・岡山県に生まれ、少年時代にキリスト教に入信して、17
歳で洗礼を受け、同志社英学校（現・同志社大学）卒業後は牧師として伝
道活動を行っていた。北海道空知集治監（監獄）の教誨師として赴任した
際に感化教育の重要性を認識し、渡米して感化教育を学んだ。帰国後、1
人の少年を預かることからキリスト教主義・家庭・教育を重視する「家庭

石井亮一
1867～1937
滝乃川学園公式サイト
「沿革」https://www.
takinogawagakuen.jp/
guide/timeline/

留岡幸助
1864～1934
土井洋一『家庭学校の
同行者たち』大空社、
1993.
東京家庭学校公式サイ
ト「家庭学校の歴史」
https://katei-gakko.
jp/about/history/
北海道家庭学校公式サ
イト「留岡幸助と家庭
学校の理念」
https://kateigakko.
org/new/philothophi_
and_wish.html

学校」（1899）を東京巣鴨に設立した。家庭学校を拠点に師範部の設置、苦学生のための「思斉塾」を設立するほか、『感化事業之発達』（1897）、『慈善問題』（1898）、機関誌『人道』（1905）の発刊など、社会福祉の歴史のうえで重要な「学術的慈善事業」も残した。一方で、報徳思想の普及にも尽力し『農業と二宮尊徳』（1905）など報徳関係の多くの書籍を著した。また、内務省の細民調査や地方改良運動にもかかわり『社会と人道』（1910）なども上梓している。

　幸助は50歳になると「感化農場と新農村」として北海道に家庭学校社名淵分校（1914）を創設し、少年たちとともに原始林を開拓して「北海道家庭学校」を築き69歳で生涯を閉じた。現在まで留岡の理念を受け継ぎ、社会福祉法人東京家庭学校は東京杉並で児童養護施設として、社会福祉法人北海道家庭学校は小舎夫婦制を採用した男子の児童自立支援施設として、それぞれ運営されている。

☑ 岩田民次郎と大阪養老院

岩田民次郎
1869〜1953
聖徳会公式サイト「聖徳会のこれまでとこれから」
https://www.shoutokukai.net/korekara/

　聖徳太子を敬愛する**岩田民次郎**は、少年時代には家業を手伝い、成人して商売を始めていたが、留岡幸助の講演を聞いたことと日清戦争後の不況下での老人の実態を契機に、四天王寺東門前の東立寺を借りて「大阪養老院」（1902）を開設した。当初は3人の世話から始め、移転して入所者も20人前後と小規模に運営していたところ、東北地方の大飢饉が起こり児童97人、老人20人を救済保護した。少年部を併設して大規模化したため、阿倍野区に院舎を新築（1908）した。また、内務省の第1回感化救済事業講習会を修了し、大阪の救済事業研究会幹事や大阪府方面委員として活躍するとともに、大阪養老院で第1回全国養老事業大会（1925）を成功させ、全国の養老事業を主導していく立場となった。

　昭和になり、全焼した施設を再建、事業が拡大していくなかで戦時体制下となり、大阪府下松原町に分院を設立（1941）して疎開した。敗戦後、78歳で引退して阿倍野本院を閉鎖、分院の松原での運営は孫夫妻に託した。引退後も毎日のように利用者の話し相手となり、老院長と呼ばれて親しまれ、仏教の講話などおだやかな老後を過ごし、養老事業ひとすじの生涯を86歳で終えた。現在、社会福祉法人聖徳会では多彩な高齢者対象の事業のほかに保育園も運営し、大阪老人ホームの玄関前では民次郎の胸像が人々を迎えている。

（金田寿世・石川到覚）

4／大正学派の福祉思想と系譜

Q 08 大正大学と社会福祉の歴史は？

社会事業研究室の創設

　読者の皆さんは、本学科の端緒が宗教大学（現在の大正大学）社会事業研究室創設（1917）にあることをご存知だろうか。

　現代日本の社会福祉は、関連法が整備され、社会制度として実体化し、官民協力して日々実践が行われている。しかし、今から100年前はそうではなかった。貧困や生活困窮は個々人の問題とされ、社会全体で取り組むという意識はあまりなかった。また、将来生じるであろう社会問題を未然に防ぐという予防的観点を有した人もほとんどいなかった。そのようななか、20世紀初頭の段階で社会事業研究室創設に携わった人たちは、社会福祉の先駆者であり、時代の先端を担った人物たちであった。

　本項では、社会事業研究室の創設初期に深くかかわった4人の先駆者──椎尾弁匡（顧問）、渡辺海旭（顧問）、矢吹慶輝（初代主任教授）、長谷川良信（理事）を取り上げて、彼らの福祉思想を論じていくとともに、その特徴について整理していきたい。

宗教大学社会事業研究室開設式と記念博覧会　　　　　（大正大学附属図書館所蔵）

5人の中央に矢吹慶輝、その右隣に長谷川良信（1918年5月21日）

椎尾弁匡の共生思想

　顧問として社会事業研究室創設を支援した椎尾。椎尾は、仏教でいう縁起思想(ぎしそう)を根幹に据えながら、社会一般にも理解しやすいようにと「共生(きょうせい、ともいき)」の2文字を用いて、新しい時代に対応可能な仏教のあり方を提唱した。

　そもそも椎尾は浄土宗に属する学僧であったが、20世紀初頭における過度な個人主義や競争主義を批判するとともに、伝統的な仏教教学や従来型の寺院形態へのアンチテーゼとして「共生」の重要性を唱えた。元来、浄土教では死後の世界において「共に生まれる」ことが重視されてきた。しかし、椎尾はそれを「共に生きる」と読み替えて、現在および現実社会における仏教の新しいあり方、社会全体で「共に生きる」ことの重要性を説いたのである。

　先に述べたように、椎尾は顧問として就任しているが、もともと「仏教精神に基づきながら生きる人間へどのようにアプローチできるか」という関心を強く抱いていた。著作『社会の宗教』(1926)の「仏教の社会性」という項目のなかで、「宗教の本質は人性(じんせい)の完成的要求に基き、不覚妄我(ふかくぼうが)を打破して真人(まひと)となり共生となるに在リ」と述べている。個々人が成長・研鑽していくこと(＝「真人」となること)を求める一方で、大乗仏教でいう利他の精神(＝「共生」)が強調されていることが理解できよう。自己の成長・研鑽がそのまま他者との「共生」となる、仏教でいうところの「自利利他不二(じりりたふに)」こそが共生思想の根幹なのであった。だからこそ、「仏教社会事業」という社会への新しいアプローチ方法に大きな期待を寄せていたのであった。

渡辺海旭の五大方針

　椎尾と同じく顧問であった渡辺は、社会事業実践家としての顔をもつほか、仏教学や宗教学を修めた大家でもあった。渡辺の実践的・学問的ルーツは、1900～1910年のドイツ留学にある。そこでは、第1期浄土宗留学生として渡独し、ストラスブルグ大学でサンスクリット語をはじめとした仏教原典研究に従事した。それとともに、同国の先進的かつ計画的な社会政策や社会主義運動も目の当たりにした。ゆえに、渡辺がもつ福祉思想の特徴としては、社会改革・社会改良的な要素を多分に有していた点が挙げられる。

帰国後すぐの1911年に、渡辺は「浄土宗労働共済会」を創設し、労働者宿泊所、職業紹介所、簡易食堂などを開設した。そして翌年には「仏教徒社会事業研究会」を立ち上げている。同会は、「社会事業」を公称として用いた最初の組織ともいわれている。

さて、渡辺が1916年に発表した『現代感化救済事業の五大方針』には、新しい時代の社会事業として次のような方針が掲げられている。

> 五大方針
> ①感情中心主義から、理性中心主義へ
> ②発作的断片的一時的行為から、科学的系統的へ
> ③唯与える救ふから、共済へ
> ④奴隷主義乞食非人主義から、平等主義へ
> ⑤Executive Charityから、Preventive charityへ

この方針から読み取れることは、第1に従来の慈善事業との決別、第2にソーシャルワーカー専門職養成であろう。生活困難者や障がい者等への支援といえば、それまでは慈善活動家による一時的な支援が主流であった。だからこそ、③や⑤のように、平時からの共済や予防的支援を渡辺は主張したのである。また、「科学的系統的へ」というように、客観的な事実に基づいた検証可能で体系づけられた実践も提唱している。そこには、現在でいうソーシャルワーカーを自立した専門職として養成することも構想されていた。

矢吹慶輝の連帯共同

1915年、矢吹はアメリカ留学中に浄土宗報恩明照会から社会事業調査を命じられ、同国ならびにヨーロッパ各国の社会政策や社会事業、社会運動を実際に見聞し、社会福祉への関心を強めた。

帰国後の矢吹は、宗教大学・社会事業研究室の初代主任教授として、仏教社会事業の指導者・実践者として第一線を歩んでいくこととなる。そして、その福祉思想は『社会事業概説』（1926）と『社会事業』（1927）にまとめられている。

当時、欧米で強調されていた「社会連帯」を大乗仏教的精神から読み替えたうえで、「連帯共同」として提唱したのが矢吹の特徴と言える。「連帯共同」には縦軸と横軸が想定されており、

第1部／原理・思想

4／大正学派の福祉思想と系譜

縦軸：時間的な連帯（先祖—自己—子孫）
横軸：環境的な連帯（家庭・学校・社会など）

というように、個人を取り巻く時間的・空間的な関係性を重視することを説いている。この根底には仏教でいう因果思想が横たわっているが、その一方で、個人（支援対象者）を孤立した存在とはみなさないという、現代のソーシャルワークにとっては当たり前の認識論を仏教的に提示した点に特徴があった。

　なお、矢吹は、寺院・僧侶の現在的意義と仏教社会事業を強く結びつけていた。というのも、自身が育った福島県・無能寺における原体験（師僧矢吹 良慶による慈善救済事業、颯田本真尼との出会い等）は、仏教福祉思想に深く根差しており、「大乗仏教精神に基づきつつ、どのような具体的・実際的な活動が寺院・僧侶に可能なのか？」という自問への回答こそが「仏教社会事業」なのであった。

　また一方で、矢吹は東京府から命じられた、第一次世界大戦後の欧州社会事業視察を経て、1925年には東京市社会局長に就任した経歴をもつ。結果的には約1年で辞職することとなるが、矢吹が計画しつつも当時には理解を得られなかった福祉専門職の養成や資格化、福祉人材への人件費充当などは、まさに社会福祉を制度化していく新たな試みであり、それらは戦後の社会福祉政策が充実していく過程で徐々に整備されていくこととなる。

長谷川良信の福祉思想

　渡辺や矢吹の薫陶を受けつつ、仏教社会事業を細分化し、精力的に実践を行ったのが長谷川である。長谷川は、渡辺のことを「生涯の恩師」として仰ぎ上述の「五大方針」を理論的枠組としながら、社会事業の対象となりうる諸問題を具体的に整理した。それらは、主著『社会事業とは何ぞや』（1919）のなかで13項目に分けて細かく提示されており（表）、社会事業という新領域では何を、誰に、実践すればよいのかをわかりやすくまとめている。また、同書には社会事業五大綱も示されているが、そこには宗教・社会事業・教育のそれぞれの観点から、「救貧」のみならず「防貧」「教化」が示されている。これは、当時としてはまだ周知されていなかった予防的観点を提示されていたことを意味している。

このように長谷川は、渡辺や矢吹によって導入・提唱された社会事業という新領域を、日本の実情に合わせながら具体的な実践に落とし込んでいく役割を担ったのであった。

また、長谷川は新時代おける女性の役割を重視し、女性の地位向上にも強い関心を抱いていた。1892年の淑徳女学校を皮切りに、仏教系女学校としては早い段階から女子教育に取り組み始め、1919年にマハヤナ学園を創設してからは、社会事業と女子教育の融合という新しい領域も切り開いていった。

社会事業13項目

問題	社会事業
①労働問題	労働擁護事業
②窮民問題	窮民救済事業
③児童問題	児童保護事業
④衛生問題	衛生増進事業
⑤都市問題	都市改良事業
⑥郡村問題	地方改良事業
⑦新民問題	部落改善事業
⑧犯罪問題	犯罪救済事業
⑨悪疾問題	悪疾救治事業
⑩婦人問題	婦人覚醒事業
⑪人口問題	民族発展事業
⑫経済問題	国民経済事業
⑬教化問題	国民教化事業

（江島尚俊）

COLUMN

社会福祉と仏教系大学

　大正大学のほかにも、社会福祉を教育・実践している仏教系大学は多く存在している。例えば、浄土真宗本願寺派の龍谷大学、真宗大谷派の大谷大学、日蓮宗の立正大学と身延山大学、曹洞宗の駒澤大学と東北福祉大学、臨済宗の花園大学、浄土宗の佛教大学と淑徳大学、真言宗系の種智院大学などである。これらの大学では、戦前・戦後を通じて仏教社会福祉に従事する研究者・実践者を数多く排出してきた。なお、1966年11月には日本仏教社会福祉学会が組織されている。上記の大学に所属する研究者や卒業生などを中心に、現在に至るまで仏教社会福祉に関する研究・実践報告が活発に行われている。

5／大正学派先達者の福祉思想

Q 09 椎尾弁匡の共生思想とは何か

椎尾弁匡の足跡

椎尾弁匡（1876〜1971）は、多方面において事績を残した稀代の人物である。浄土宗僧侶、仏教学者、大正大学学長、衆議院議員、共生会創設者など、実に多くの顔をもっていた。

椎尾は、名古屋市・円福寺（真宗高田派）に五男として誕生後、1888（明治21）年に同市・瑞宝寺（浄土宗）で得度し弁匡と改名する。中学校在学時に浄土宗内地留学生を任じられ、全国のエリートが集まる第一高等学校に進学。1902（明治35）年には、東京帝国大学文科大学入学、宗教学を専攻し、後に大学院へも進学した。1913（大正2）年には、名古屋市の東海中学校校長となるも仏典研究を続け、1915（大正4）年には東京大学より文学博士号を授与される。1926（大正15）年には大正大学教授、1936年には同大学学長となる。ちなみに1942（昭和17）年・1952（昭和27）年にも学長に再任しており、大正大学で3回も学長に就任したのは椎尾のみである。さて、上記以外にもさまざまに活躍しており、衆議院議員に3度当選、財団法人共生会創設（1935年）、世界仏教徒会議会長就任（1952年）なども挙げられる。特に、近代的な新しい宗教運動を目指した共生運動は、後で詳述している共生思想を基盤としながら、社会のなかで生きる仏教を目指し、多くの賛同者・参加者を得た。1931（昭和6）年には教育功労者として勲四等瑞宝章、1956（昭和31）年には学術上の貢献が大きいとして紫綬褒章を受章している。

共生思想の原義・源流

伝統教学の近代化とともに新時代の信仰運動（＝共生運動）の根底をなす新思想として、椎尾が提唱したのが共生思想である。「共生」は、きょうせい、ぐしょう、ともいき、とも読む。椎尾によると「願共諸衆生の共と、

往生安楽国の生と一つにしたところが共生であり共生」[1]であり、「この一人の全宇宙に拡がるごとく、何人も一切衆生によりて共生す」[2]というように、共生思想は縁起思想を根底とし、浄土往生思想を念頭に置いている。あらゆる存在・現象は何らかの原因によって生じた結果であり、そこでの結果もまた別の結果の原因となってゆく（＝因果）。因果をつないでいるのが縁であり、この世のあらゆる存在・現象はすべてが縁で関係づけられている。もちろん、そこには人間という存在も含まれている。すべての人間が縁によって関係づけられているからこそ、他者を害すること・排除することは結果的に自身へ返ってくることとなる（＝応報）。近代社会・資本主義社会は、個人の権利や所有、欲望を前提とした競争社会であるから、必然的に強者と弱者を生んでいく。それを乗り越えるために提唱されたのが共生思想であった。

共生思想の特徴

共生思想の根幹が縁起思想にある点は、仏教福祉を考えるうえでも非常に重要な点である。それを、近年重視されるようになった「共生社会」という語との比較で考えてみよう。

厚生労働省によると、「地域共生社会」とは「社会構造の変化や人々の暮らしの変化を踏まえ、制度・分野ごとの『縦割り』や「支え手」「受け手」という関係を超えて、地域住民や地域の多様な主体が参画し、人と人、人と資源が世代や分野を超えつながることで、住民一人ひとりの暮らしと生きがい、地域をともに創っていく社会」[3]と定義している。

「共生社会」の定義は、研究者や行政等によって若干の相違があるものの、それらに共通しているのが、現在という時間（＝共時）に重きを置いている点である。つまり、「共生社会」は、今を生きている人間を念頭に置いた概念なのである。しかし、椎尾が提唱した共生思想は、縁起思想に基づいているため、過去・現在・未来の連続性（＝通時）をも含んでいる。具体的には、現在を生きている我々は、①同時代を、共に生きている／生かされている存在であり（＝共時的存在）、②過去における無数の人間を因として生かされている存在であると同時に、未来における人間を生かしていく存在（＝通時的存在）、という両者を併せ持つ、と考えるのである。人間を共時と通時、さらには支え合いの観点から考え、実践していこうとする共生思想は、仏教福祉にとっても大きな意義をもつ思想といえよう。

（江島尚俊）

1）椎尾弁匡『正伝法1』大本山増上寺、p165、1963.

2）椎尾弁匡『椎尾弁匡選集2』山喜房仏書林、pp325～326、1973.

3）厚生労働省「地域共生社会」の実現に向けて
https://www.mhlw.go.jp/stf/seisakunitsuite/bunya/0000184346.html

10 渡辺海旭の共済思想が提示された意義は何か

近代仏教学の先駆者

　東京浅草出身の渡辺海旭（1872〜1933）は、初め博文館に奉公したが、翌年1885（明治18）年には縁あって小石川源覚寺住職端山海定のもとで得度し仏門に入った。幼いころから勉学に秀でていた点を師に見出され、浄土宗東京支校（芝学園の前身）、次いで浄土宗本校へと進学する。さらに浄土宗内地留学生として比較宗教学を学んだ後、1900（明治33）年には浄土宗第1期海外留学生としてドイツのストラスブルク大学に行き、インドやチベット等の古代仏教文献を研究して博士号を取得している。後に、宗教大学（大正大学の前身）や東洋大学にて教鞭をとるとともに、漢訳されたあらゆる仏教典籍を収載する『大正新脩大蔵経』の刊行にも尽力するなど、渡辺は近代仏教を牽引した人物の一人として知られている。

社会事業の実践と研究
─浄土宗労働共済会・仏教徒社会事業研究会発足

　一方で、渡辺は仏教社会福祉史上、慈善事業や感化救済事業から社会事業へと移行するうえで、理論的にも実践的にも大きな役割を果たした仏教社会事業家としても知られる。渡辺は、自身が主筆を務める『浄土教報』にて、渡欧以前から仏教も社会性を発揮すべきことを訴えており、ドイツ留学中にも、社会の発展とともに大きくなる貧富の格差の調和者として慈善事業を展開しているキリスト教の宗教者たちのように、日本の仏教徒も社会事業や慈善事業に取り組む必要があると述べている。

　渡辺は1910（明治43）年、帰国直後から両国回向院の本多浄厳らと共に法然上人七百年遠忌記念事業として、無料職業紹介所「衆生恩会」を設立し、宿泊所を付設、また労働者の慰安設備を計画する。翌年には東京の浄土宗寺院等の援助を受けて底辺労働者（細民）の保護活動を行う「浄土宗労働共済会」として展開される。社会保障制度が未発達だった時代において、「防貧」を意識した低所得者対策は実に画期的なものであった。

さらに翌1912（明治45）年、東京近郊の仏教社会事業家有志ととも
に社会事業に関する研究と調査、および情報の共有を行う「仏教徒社会事
業研究会」を創設し、1917（大正6）年、宗教大学に日本で最初の社会
事業研究機関である「宗教大学社会事業研究室」を開設したことも特筆す
べきことである。社会事業の研究組織発足は、これまで場当たり的に行わ
れた慈善救済から、情報を系統立て、より実効的な方法を模索する社会事
業への移行を意味し、同時に後進の育成の場の成立も意味する。まさに海
旭の活躍期こそ近代社会事業の黎明期といえる。

慈善救済と社会事業の分水嶺
―現代感化救済事業の五大方針

そんな近代社会事業成立の理論的前提となるのが、渡辺が1916（大正
5）年に発表した「現代感化救済事業の五大方針」である（51頁参照）。

すなわち、「かわいそうに見える人がいたので、そのときだけ助けてあげ
る」というような、被救済者の人格を低く劣った存在とみて助けようとす
るのではなく、あくまで「被救済者も自分も共にこの世を助け合って生き
ている存在である」と、その人格を尊重しつつ、科学的な根拠をもって合
理的に生活困窮に陥らないための予防策を講じるというものである。渡辺
の五大方針の発表は、従来、個人的な慈善救済で生じていた救う者と救わ
れる者という差別観を克服し、社会問題に予防的観点から対応する、相互
扶助的な社会事業を新たに提示することになったのである。

共済思想
―相互恭敬と報恩主義

このような海旭の社会事業の思想は、大乗仏教の精神に基づく「共済思
想（きょうさいしそう）」と呼ばれ、仏陀（ぶつだ）の縁起思想（えんぎしそう）（あらゆる存在や現象に独立自存のものは
なく、相互に依存して生じ存在している）を根底としたものである。社会
に生きるすべての者は、その認識の有無にかかわらず互恵関係にあり、そ
んな互いの人格を敬い合い（相互恭敬（そうごくぎょう））、共にいのちを済い合う（共済（すくあ））こ
とで、相互にその恩に報いるべきであるという。渡辺は、目の前の他者を
助けることを、自己を育むあらゆるいのちへの「報恩」の行為ととらえる
ことで、社会事業の対象と主体の平等を説いたのである。

（吉水岳彦）

Q 11 矢吹慶輝の 連帯共同思想とは何か

矢吹慶輝の略歴

矢吹慶輝（1879～1939）は福島県に生まれ、浄土宗無能寺で過ごした。幼少時代に東北方面のさまざまな災害者の救援に当たっていた颯田本真尼（1845～1928）と出会い、強い感銘を受けたためか以後親しき関係が続いた。

東京帝国大学（現・東京大学）に進学し、宗教学を学んだ。1913（大正2）年にアメリカに渡り現地の社会事業（社会福祉）の視察を行い、1915（大正4）年からはヨーロッパに留学し、現地の社会事業やシルクロードで発掘された教典の研究を行った。

1917年（大正6年）に宗教大学（現・大正大学）に社会事業研究室（現・大正大学社会福祉学科）を開設し、同研究室教授に就任した。また東京府慈善協会理事就任、三輪学院 設立や東京市（現・東京都）社会局長となり、東京市の社会事業の責任者として活躍した。

欧米留学と社会問題への関心

矢吹は2度欧米留学した。そこでキリスト教と社会のかかわり方、またアメリカで取り組まれている公的・私的な社会事業、慈善組織協会による取組みやケースワーク技法について学んだ。

矢吹の生きていた明治・大正・昭和前半の時代は「富国強兵・殖産興業」路線による政治経済体制の時代であり、資本主義の導入と人権の問題が摩擦を起こし、さまざまな社会問題が沸き上がった時代である。

当時欧米においてキリスト教教会も社会問題解決に取り組んでおり、その活動は社会的宗教と呼ばれていた。日本の宗教界も社会問題に関心をもち、矢吹の留学も浄土宗の支援を受けていた。

人権問題が人の生きていく権利問題ととらえるなら、どのように生きるかの価値を考えるうえで近代的思想である**人本主義**と宗教的価値観は重要である。そこで矢吹は欧米で学んだ人本主義などの近代的思想、社会的

人本主義
人文主義ともいう。人間とその生活を基本に据える思想。

宗教、社会連帯思想、社会事業への取組みをもとに大乗仏教の考え方を柱とした「連帯共同」の社会事業を主張した。そして日本人に広く認識されている大乗仏教の考え方（慈悲）を活用し、近代において皆が寄り合って助け合っていくことが必要な「連帯共同」を考え方の支柱とした。

慈悲
慈しみ哀れむこと。仏教社会福祉では他者の幸せを求め献身的に他者の利益のために働くこと。

連帯共同思想

連帯共同思想について矢吹の論文をもとに説明したい。

「社会生活と回向」[1]では、連帯共同とは、自然界には連帯共同の作用があり、それは人間界でも同じであり、それゆえ人は寄り合って生きている。人は生きていくうえで直面する問題に対し「どうなるかと」受け身に立つのではなく、「どうするか」と積極的に考えていく存在であること、そしてそのためには、人と人とが助け合っていくことが必要になるとした。そのような連帯共同の考え方は個人の生活だけでなく、会社などの社会生活においても同じであるとした。

1) 矢吹慶輝「社会生活と回向」『思想と生活』明治書院、p138、pp140〜141、1940.

「社会事業と思想問題」[2]では、日本における社会事業は、近代法律基準として、社会を利するために、個人を保護するという考えによる国家観の成立と、各人が自らの役割に勤めることにより社会が有機的に成り立つと言う社会連帯の考え方から、それを科学的な点からは「連帯共同」、宗教倫理的な点からは、人道・慈悲・博愛であるとした。

2) 矢吹慶輝「社会事業と思想問題」『社会福祉古典叢書6巻』鳳書院、pp123〜124、1982.

「社会事業概説」[3]では、連帯共同思想を時間的な縦と環境的な横との関係として、縦の関係として祖先と自分と子孫との関係ととらえ、各自が次代に対する責任をもつこととし、横の関係は家庭・学校・社会などその人を取り巻く環境について配慮する必要性を述べた。矢吹はそのように縦横の関係に配慮した連帯共同思想による社会事業の重要性を指摘した。

3) 矢吹慶輝「社会事業概説」『社会福祉古典叢書6巻』鳳書院、pp99〜100、1982.

以上3論文をまとめると、連帯共同思想とは社会連帯思想の考え方から自然界と同じように人間界も相互依存関係により成り立つとし、その関係を維持し、よりよくする価値基準が大乗仏教であるとした。そして、社会に生きる個人を明確化させるのが人本主義であり、「どうするか」を支えるのが助け合いであり科学的な社会事業であるとした。

連帯共同思想は、自助努力に重きが置かれ過ぎていると見える。しかし、明治〜昭和の戦前期は自助から徐々に公助が始まっていく時期であり[4]、矢吹が東京市社会事業の責任者となったときに福祉従事者の待遇改善に取り組んだことからも公助体制の整備も重要視している点を指摘したい。

4) 芹川博通『社会的仏教の研究—矢吹慶輝とその周辺』文化書院、1988.

（鷲見宗信）

Q12 長谷川良信の三位一体思想とは何か

長谷川良信の足跡

　長谷川良信は1890（明治23）年、現在の茨城県笠間市に生まれ、6歳時に隣町の寺院の養子となり得度した。宗教大学（現・大正大学）の予科を経て、1912（大正元）年に本科へ入学。1915（大正4）年に卒業し、東京市養育院巣鴨分院に勤め社会福祉実践の一歩を踏み出す。しかし、胸部疾患にかかり転地療養し、闘病生活を経て小康状態となり帰京した。

　1917（大正6）年2月に開設した宗教大学社会事業研究室に入り、通称「二百件長屋」と呼ばれた西巣鴨のスラム街に移住。研究室の学生を引率して、セツルメント活動（長谷川は「隣保事業」と訳した）を開始した。翌年には地区内に隣保館「マハナヤ学園」を創立。自ら園長に就任し、隣保事業を組織的・継続的に展開した。学園では保育所や夜間学校の設置、裁縫等の講習会が開催され、1924（大正13）年には「大乗女子学院」（夜学）を創立し、勤労女子の教育を本格的に始めた。

　1921（大正10）年に31歳で研究室の講師に、1924（大正13）年には教授に昇任し（研究室主任も兼務）、1962（昭和37）年の72歳になるまで40年間にわたり大正大学で社会福祉教育に従事した。

　僧侶としても千葉県・茨城県・東京都等の各地で住職となり、1951（昭和26）年には千葉県千葉市の檀林「大巌寺」の住職に就任。また、浄土宗立の学校運営やブラジルでの開教の功により、浄土宗教階の最高位・司教を授けられている。

　大正大学で教員として従事していたが、並行して1946（昭和21）年に淑徳女子農芸専門学校を開学（2年後に社会事業学科を設置）している。同校は1950（昭和25）年に淑徳短期大学へと転換し、途中7年間の閉鎖を経て1961（昭和36）年に社会福祉科を設置している。現在では考えられないが、大正大学の教員でいながら、同時に他の学校の理事長・学長として教育に携わっていたことになる。

　その後、当時住職をしていた大巌寺の敷地の一部を活用し、1965（昭和40）年に淑徳大学（社会福祉学部社会福祉学科）を開学した。開設時の

開講科目をみると大正大学のカリキュラムを参考にしていることがわかる。大正大学と淑徳大学は兄弟法人ではないが、社会福祉教育に限れば大正大学社会事業研究室の教えや思いを引き継いだ弟分といっても過言ないだろう。

宗教・社会福祉・教育の三位一体

三位一体とは、三つのものが一つのものの三つの側面であること。三つの別々のものが緊密に結びつくこと。また、三者が心を合わせて一つになることである。

つまり、宗教・社会福祉・教育の三つは別々のものであるが、同時に三つは深くかかわり合う存在であり、そのかかわりを生かすことにより、初めて三つがいっそう引き立ってくるという意味である。長谷川は自身の実践活動から、このような考えに至ったのだろう。

長谷川は「宗教活動の方法には教育・伝道・社会事業の三方面があり、それらの活動が旺盛であればあるほど、宗教の社会的使命は遂行される」[1]としている。そのうちの社会事業は「仏祖大慈悲体験の実践であり、往生と報恩とによき縁を結ぶ機会となるものであり、自他ともに救われる道」[2]であり、「寺院はその地域を中心として社会事業を営むことが急務である。その際に地域に密着した隣保事業が妥当である」[3]と、寺院による社会福祉実践活動の重要性を述べている。

また、「人間育成と理想社会の建設。即ち浄仏国土、成就衆生こそは宗教的にも、社会事業的にも、教育的にも自分達にとって最終悲願である」[4]とし、特に「教育事業こそ重要である。マハナヤ学園での体験から教育こそ理想的な社会の実現になると痛感している」[5]と述べている。

このように、一人ひとりの自己実現を支えていくのが宗教・教育・福祉であり、この三つはそれぞれ固有の領域をもちながら、その領域を超えて相互に密接に関係を結びながら協力し、人間一人ひとりの自己実現に貢献することが大切であると、長谷川は考えていたようである[6]。

なお、淑徳大学の学則第1条には、「本学は大乗仏教の精神に基づき、社会福祉の増進と教育とによる人間開発、社会開発に貢献する人材の育成を目的とする」と規定されており、人材の心（宗教）、人材の開発（教育）、人材による実践（社会福祉）は一体であるという、長谷川の三位一体の思想がここからも理解できる。

（渋谷哲）

1) 長谷川良信「仏教社会事業についての論説」『長谷川良信選集下』長谷川仏教文化研究所、p508、1973.

2) 長谷川良信「社会事業とは何ぞや」『長谷川良信選集上』長谷川仏教文化研究所、p263、1973.

3) 長谷川良信「寺院を中心とする社会事業」『長谷川良信全集第3巻』日本図書センター、p308、2004.

4) 長谷川良信「雑編一心の花束」『長谷川良信選集下』長谷川仏教文化研究所、p622、1973.

5) 長谷川良信「我が中心思想」『長谷川良信遺滴』大乗淑徳学園事務局、p11、1967.

6) 長谷川匡俊『社会派仏教者・長谷川良信の挑戦』マハヤナ学園、p90、2010.

6／大正学派継承者の福祉思想

Q 13 仏教福祉はいかに 吉田福祉史学を 継承していくのか

吉田久一の業績と「仏教福祉」

　吉田久一（1915～2005）は、仏教史と社会事業史の分野において多大な業績を残した先達である。『吉田久一著作集』[1]をはじめとする膨大な研究成果は多くの研究者に「検証」され、かつ「継承」されている。

　大正大学在学中のセツルメント・敬隣園での労働児童への夜間教育ボランティアや卒業後のマハヤナ学園主事業務といった実践を大切にしつつ、矢吹慶輝や長谷川良信等との出会いを契機とした吉田の研究領域は、具体的には「社会事業史」と「近代仏教史」に大別できるが、その両者の切結ぶものとして宗教と社会福祉、とりわけ「仏教福祉」に関する研究成果を位置づける事ができる。

　例えば、吉田の主著のひとつである『日本社会福祉思想史』[2]は600頁に及ぶ大著であるが、第2章を「中世鎌倉仏教の福祉思想」として、法然・親鸞・道元・日蓮・一遍といった鎌倉新仏教の宗祖および伝統仏教から重源・明恵・叡尊・忍性を取り上げ、それぞれの福祉思想の特質を詳細に論じている。

　吉田福祉史学のなかでも、「仏教（宗教）福祉」は、人文科学的な要素が強い。それは社会のなかにあって、信仰という個人の内面から発露して行われた社会的・歴史的「実践」をキーワードとして、その福祉思想を読み解く姿勢が明らかであると考えられるからである。つまり吉田は、社会科学としての社会福祉を前提としつつ、「宗教もしくは宗教者のもつ時代を超える認識や理念、そして実践力に着目し、そこに社会事業／社会福祉の実践の源やエネルギーを見いだそうとした」[3]のであり、その意味でいえば、吉田福祉史学の特質のひとつが「仏教福祉」なのである。

1)『吉田久一著作集 全7巻』川島書店、1989～1993.

2)『日本社会福祉思想史ー吉田久一著作集1』川島書店、1989.

3)大友昌子「吉田久一の社会事業史研究」『吉田久一とその時代』法蔵館、2021.

吉田久一が「仏教（宗教）福祉」に込めた思い

　例えば、1995年に刊行された『原典仏教福祉』で吉田は「解説 仏教と福祉」を執筆しているが、そこで「原始仏教や原始キリスト教が20世紀末福祉に提示するもの」として、以下の4点が述べられている[4]。

①仏教のもつ「『生きとし生ける者』に対する『無量』の慈悲」にしろ、キリスト教的アガペーのもつ「永遠のヒューマニズム」にしろ、どちらもニヒリズム、エゴイズムを否定しながら、新たな状況を生み出す内面的エネルギーを提供するものである。慈悲やアガペーは、階級的差別や国境を超えたものである。

②仏教的「共生」「自他不二」的縁起相関と、キリスト教的「公正」「正義」とは、教義的建て前を異にしながら、社会福祉政策や福祉サービス実践を、内面から支え、共に社会福祉価値を提起するパートナーとなっていく使命がある。

③仏教的「生きとし生ける者」、キリスト教的「神の像」は、前者は生物全体の「仏性」を保証し、後者は「社会福祉対象」の人格・人権を保証し、そこから個人の「自立 - 自由」を考えている。

④仏教的「不殺生」「非暴力」、キリスト教的「汝の敵を愛せよ」は、共に社会福祉を基本的に規定する「永遠平和の理念を提供するもの」である。「不殺生」「非暴力」はヒンドゥのガンジーやタゴールばかりでなく、キング牧師にも継受されている。

4)原典仏教福祉編集委員会編『原典仏教福祉』北辰堂、1995.

　これらの指摘は20世紀末の過去の遺物などではなく、コロナ禍以降の世界やウクライナとロシアの戦争を目の当たりにしている、まさに現在社会における仏教（宗教）の果たすべき役割を指摘しているといえよう。

「仏教福祉」を取り巻く現状と展望

　現在、複数の仏教系大学では、「仏教福祉論」「仏教社会福祉論」等といった科目が開講され、特色ある講義が行われている。1966年に設立された「日本仏教社会福祉学会」は半世紀を超えて、仏教ソーシャルワークに関するさまざまな研究の研鑽の場を提供している。そして、志ある僧職者や寺院が、地域のなかでさまざまな社会の課題に向き合いながら日々実践している事例が、日本国内にとどまらず、仏教を主たる宗教とする世界の国々に数多く存在している。吉田久一が生涯の研究を通じて光を当てた「仏教福祉」は、今日も連綿と続いているのである。

（藤森雄介）

Q14 今日における重田福祉組織論の意義とは何か

　敗戦後、新憲法による公的な社会福祉制度の整備が進むなかで、1950年代から重田信一は社会福祉専門職養成に向けて、アメリカの研究を紹介し、当時の実情を踏まえた「社会福祉組織論」を展開した。その後1971年に『アドミニストレーショ』を刊行し、我が国における「社会福祉組織論」の基盤を築いた。そこで、重田福祉組織論の意義を、高齢者福祉の領域から考察する。

今日における重田理論の意義

　重田福祉組織論のなかでは、組織の運営管理の基本原則として「全員参加の原則」と「能率化の原則」を示し、「施設運営の民主化」を重視したことに着目したい。

　「全員参加の原則」について、全員が納得づくで仕事をすることが最も福祉的効果が上がるとし、「能率化の原則」は全員が「ムリ」「ムダ」「ムラ」のないように仕事内容を整理することとしている。言い換えると「職員の動機づけ」「人的・物的環境の調整」（長時間残業の解消、休暇取得、腰痛予防対策（機器導入等）などの環境整備）とその前提として「民主的運営」を挙げている[1]。

　重田理論の民主的運営とは、現場職員の立場であれば、どこまで自分の意見やアイデアがリーダーや管理者に採用されているか、自分たちが主体的に運営に参加できているか、またリーダーや管理者の立場なら、どこまで職員たちの意見を方針や計画のなかに組み込んでいるか、などの取組みが実現している組織の運営のことである。

社会福祉事業の担い手の現状
―担い手不足問題

　民主的運営を踏まえて、今日の担い手不足問題を検討すれば、福祉の職場では担い手の確保や定着がしにくい深刻な「担い手不足」が10数年続い

1) 重田信一「社会福祉施設の管理」小沼正編『社会福祉の課題と展望―実践と政策とのかかわり』川島書店、p395、1982.（引用文中の（ ）内は筆者による）

ている。

　2006年ごろから、介護職場に「担い手」が集まらない、いわゆる『人材不足』が顕在化した。**3K、5K職場**といったマイナスイメージが広まった。

　財務省によると「介護系の職種および保育士の所定内給与の水準は、産業系よりも相当程度低い」とし、「調査によって異なるが全産業との差は6万から10万円程度低い」[2]としている。この間、国は介護職員の収入アップを目的とした各種の「処遇改善」の施策を打ち出してきた。しかし現状では担い手不足に改善は見られない。また、介護労働実態調査では、介護職員の離職理由のうち「人間関係」が1位で「収入」は4位[3]となっていることに注目したい。

マネジメントとアドミニストレーション
―経営と組織運営管理

　1998年の社会福祉基礎構造改革以降、社会福祉事業は「運営」から「経営」（マネジメント）に変わったといわれた。

　措置制度下での社会福祉法人は「制度にあぐらをかいている」と批判された。自由な経済活動の「市場」に委ね、競争こそが質の高いサービスを実現することが強調された。そして、人件費をいかに抑えるかが福祉事業「経営者」の手腕になった。競争に勝ち抜くために人員の削減や非正規化、給食委託などが推し進められた。

　経費を節減し法人や事業所の収益拡大が主流となった結果、「民主的運営」は重視されなくなった。このことが介護職員の離職理由として「人間関係」が1位となる要因と考えられる。

　社会福祉事業は自由に価格設定などができるわけではなく、競争には限界がある。そこが社会福祉事業の特性でもある。それだけに「政策・制度」「事業経営」「職員」「地域」の包括的な連携・相互関係が求められる[4]。

　重田は「経営」について、「施設の中心的機能である直接サービスを支持・発展させるには、管理者を中心にしたマネージメントの機能を考えなければならない。」[5]としている。まさに組織運営と経営は不可分である。

　社会福祉は対人援助を中核とするからこそ、職員一人ひとりのやる気や働きがいが高められる良好な「人間関係」の環境が、高品質の社会福祉事業実現に欠かせない。重田理論の「民主的運営」を基盤とした組織運営管理を実践することが、担い手不足の改善のために求められている。

（西岡修）

3K、5K職場
3Kとは「危険」「汚い」「きつい」、5Kは「くさい」「給料が安い」を加え、それぞれの頭文字Kで表した。モチベーションを損ねるようなネガティブな意味を現している。

2) 財務総研スタッフ・レポート「介護・保育サービス業における賃金と労働移動の実態」財務省財務総合政策研究所総務研究部、pp6～8、2022.

3)「令和3年度「介護労働実態調査」結果の概要について」介護労働安定センター、p12、2022.

4) 2017（平成29）年度社会福祉法改正により、社会福祉法人は「施設中心の運営」から「組織的な経営」への「改革」が求められている。これまで以上に組織運営管理のあり方が問われている。

5) 重田信一『アドミニストレーション』誠信書房、p8、1971.

7／大正大学社会福祉学の課題と展望

Q 15 大正大学社会福祉学 100年の実績を どう紡いでいくか

学科の源流・専門職養成教育

　大正大学社会福祉学科（以下、本学科）の歴史をひもとくと、その源流は、1918年、大正大学の前身である宗教大学社会事業研究室の開室に遡る。今から1世紀あまり前のことである。

　当時、社会福祉という言葉は誕生していなかった時代に、本学に縁のある渡辺海旭、矢吹慶輝、長谷川良信によって取り組まれた研究、教育、社会実践は、今日の我が国における福祉思想の源流となっている（Q10〜12参照）。この3名は仏教者であり、仏教の教えがその底流にあった（Q2〜7参照）。

　現在、社会福祉を学べる大学・短大・専門学校は、258校（2023年9月現在の日本ソーシャルワーク教育学校連盟会員校）に及んでいる。社会福祉の学修や、専門職としての資格取得が、数多くの教育機関でできるようになった今日、本学科で学ぶことの意味は、どこにあるのだろうか。

　1つ目に、前述3名の先達は、1918年4月より宗教大学（現・大正大学）で社会事業家を養成するための教育を始めた。我が国最初の専門職養成教育に取り組んだのち、1921年に日本女子大学校（現・日本女子大学）社会事業学部と東洋大学社会事業科が開設されたが、その源流は、まさに本学科の前身にある[1]。このような先達の思想や本学科の歴史をしっかりと受け止め、継承していかなければならない。

1）大正大学社会福祉学会編『大正大学社会福祉学研究室100年史』2018.

各時代の人々の生活に立脚した実践

　2つ目に、3名が活躍したのは、明治時代の終わりから大正時代に入るころで、資本主義の矛盾がいっそう進み、国民の多くは困窮した生活を営まざるを得ない時代だった。しかし当時の政府は、富国強兵を進めるために、軍備増強に力を注ぎ、困窮した国民を公的に救済することに消極的な

「感化救済事業」を推進した。

　そうした時代背景にあって、渡辺海旭はドイツ留学中に労働者セツルメントから得た経験を我が国の社会改革や社会改良に向けて実践し、仏教社会事業研究会を立ち上げ、我が国で初めて組織名に「社会事業」が公称として用いられたのであった。また、矢吹慶輝は東京市社会局長に就任した際に、社会事業の専門職を養成することの必要性を訴えた。さらに長谷川良信は、学生とともにスラム街に移住し、セツルメント活動を通じて、教育と福祉の重要性を世に訴えるとともに、実践に取り組んだのである。

　こうした先達の先駆的な実践に鑑み、社会福祉の専門職は、いつの時代にあっても、国民の立場にたって、社会改良の取り組みを進める実践者となることが重要な使命とされるのである。

仏教思想の人間観に基づく専門職

　3つ目に、今日、我が国には福祉系大学が数多く存在するが、仏教系大学として、複数の宗派により設立されているのは、大正大学ただ1つであることを認識してほしい。前述のとおり仏教でも宗派により違いがあるが、仏教思想を根底に据えて、さまざまな宗派の違いを理解し合い、社会のため、人々のため、何ができるか、何をしなければならないかを考えられる人間性のある社会福祉専門職を世に輩出することが重要な課題である。

　今日、社会福祉という言葉は、国民の誰もが知るところとなった。この言葉がまだ誕生しない1世紀あまり前に、先達は社会事業の専門職を養成するために、当時の世に訴えたが、現在では、もはや国家資格取得者だけが、社会福祉の専門職であるとはいえなくなっている。

　大正大学の建学の精神は、「智慧と慈悲の実践」にある。社会福祉学科で学んだ学生が、自らの実践を活かす場は、社会福祉法人、医療法人、協同組合、NPO法人、公益財団法人、株式会社、あるいは市民としての活動などあるが、共通して、社会のため、人々のため、社会改良につながるような取組みを繰り広げることが、先達の想いを継承していくことにつながる。

　21世紀に生きる若者たちは、本学科100年余りの歴史を築いた先達からバトンを確実に受け取り、次の100年に向けて、新たな歴史を紡いでいく有望なフロント・ランナーなのである。

（宮崎牧子）

基本文献

1. 日本の仏教福祉原理の源流
原典仏教福祉編集委員会編『原典仏教福祉』北辰堂、1995.
日本仏教社会福祉学会編『仏教社会福祉辞典』法蔵館、2006.
日本仏教社会福祉学会編『仏教社会福祉入門』法蔵館、2014.
社会福祉研究所『ボランティア研究報告書―ボランタリズムの思想と実践』1979.
石川到覚『仏教ソーシャルワークの探求：西洋生まれの専門職ソーシャルワークから仏教ソーシャルワークへ』学文社、2018.
吉田久一『社会福祉と日本の宗教思想―仏教・儒教・キリスト教の福祉思想』勁草書房、2003.
『吉田久一著作集1〜7』川島書店、1993.
S.C. コーズ、小島蓉子・岡田藤太郎訳『ソーシャルワークの根源―実践と価値のルーツを求めて』誠信書房、1989.

2. 日本仏教の祖師の福祉思想
佛教徒社會事業研究会編『佛教徒社會事業大観』1920.
大正大学編『仏教の人間学Ⅱ―21世紀・仏教はどうあるべきか』みち書房、1997.
吉田久一・長谷川匡俊『日本仏教福祉思想史』法蔵館、2001.

3. 日本の福祉実践史
吉田久一『社会福祉と日本の宗教思想−仏教・儒教・キリスト教の福祉思想』勁草書房、2003.
『吉田久一著作集1〜7』川島書店、1993.
五味百合子編著『社会事業に生きた女性たち：その生涯としごと』ドメス出版、1973.
大正大学文学部社会福祉学科編『仏教福祉に生きる（大正大学選書）』大正大学出版会、1984.
室田保夫編著『人物でよむ近代日本社会福祉のあゆみ』ミネルヴァ書房、2006.

4. 大正学派の福祉思想と系譜、5. 大正学派先達者の福祉思想
『社会福祉古典叢書6 渡辺海旭・矢吹慶輝・小沢一・高田慎吾集』鳳書院、1982.
長谷川冬民『社会事業とは何ぞや（戦前期社会事業基本文献集25 復刻版）』日本図書センター、1996.

6. 大正学派継承者の福祉思想、7. 大正学福祉学の課題と展望
石川到覚監修、岩崎香・北本佳子編著『〈社会福祉〉実践と研究への新たな挑戦』新泉社、2015.
大正大学社会福祉学会編『大正大学社会福祉学研究室100年史』2018.

(石川到覚)

第2部
社会福祉政策

　政策部門は、総論部分（1〜2）と各論部分（3〜10）に分かれている。

　政策は、何らかの思想や理論に基づく「与党の意思」や「何らかの政治的な合意」の結晶であり、また、法律の条文や内閣・自治体の方針のなかに理念・概念・目的を書き込むことにより、政策の対象範囲や質が決まる。ところが、現実の生活問題は刻々と変化するものである。また社会の認識は変わりえるし、時代ともに更新されもする。

　近年の事態でいえば、急激な少子高齢化、リーマンショック、東日本大震災、コロナウイルスの蔓延、ロシアとウクライナの戦争、デフレから悪性寄りのインフレへの転換がある。偶発的なものも多く、政府は事後の対症療法的政策を追加してきたが、政策の潜在的な脆弱性が露呈した。

　理念や概念が確固としていなければブレーキは効かない。しかし、より普遍的な政策に向けて再検討する契機にもなりうる。社会福祉は現実や実態と向き合う実践そのものであり、未来に向けて学問の点から政策の対象範囲や質を問い、政策の前進と後退について客観的に見つめ続け、変えてはいけないもの、変えるべきものを推し量るしかない。

1／社会福祉政策と思想家・理論家

Q 16 基本的人権の歴史と思想家・理論家の系譜は？

自然権思想から社会契約説へ

日本国憲法には基本的人権が定められており、社会保障・社会福祉制度の土台となっている。歴史的には、自然権の観念が生まれたところから近代的な人権思想が始まり、その後自然権の発展形として近現代に確立した、自由権・社会権等を包含する基本的人権に結実している。日本国憲法第25条の生存権の源流をたどると、その有力な水源のひとつに自然権思想と社会契約説があると考えられ、自然権の理解は社会保障・社会福祉政策の理論的根拠を考える上で重要である。

ピューリタン革命期の思想家T.ホッブズ（1588〜1679）は、自然権から社会契約説を唱えた。彼は無政府状態の想定から始める。そこには「自由で平等な諸個人だけがいるはずだ」となり、その個人は次の自然権をもっている。

> 自然権とは、各人が、自分自身の自然、すなわち、自分自身の生命を保全するために自らの力を自らが欲するように行使する自由であり、したがって、自らの判断力と理性とにもとづいて、生命の保全のためにもっとも適当であると考えるいかなることも行う自由である。[1]

このように自然権は、自分自身で生命を保存するという生物としての人間の本性（＝生存欲求）があるという点から始まっている（生命保存権＝自己保存権の発生）。他の生物とは異なり、理性によって権利や自由の観念が生まれる点が人間に特有の現象である（自由権の始まり）。

ところが、生命保存権に基づいて各人が自由を追い求めると戦争になり、逆説的に生命保存権を奪われる人が出て、人々は恐怖にさいなまれる。そうならないため、人々は生命保存権をいったん放棄し、処罰権をもつ政治的共同体（リヴァイアサン、国家）との契約を行うようになる。ホッブズはこのプロセスを論証・定式化し（下記参照）、人類共存のひとつのモ

ピューリタン革命
最初の市民革命で、清教徒革命ともいう。清教徒とはキリスト教カルバン派のプロテスタント宗派。17世紀半ば、イギリスで国王チャールズ一世の王党派と地主層を中心とする議会派の権力闘争が起き、内乱状態となった。クロムウェルが率いる議会派が勝利し、1649年にチャールズ一世を処刑し、共和政を樹立した。

1）ホッブズ、加藤節訳『リヴァイアサン』第14章、ちくま学芸文庫、2022.

デルを示したといえる。

> 【段階Ａ】生存欲求→生命保存権→自由の行使→戦争状態（自然状態、アナーキー）
>
> 【段階Ｂ】生命保存権の相互放棄・譲渡→強大な権力をもつ政治的共同体との契約→国家による生命保存権・自由の保障

　筆者なりに便宜的操作的に社会契約説に至る段階を２つに分けたが、段階Ａの範囲で人々が水平的な関係のまま共存しようとするのは**アナキズム**（Ｐ.クロポトキン等の相互扶助論、自律論、自己組織化論）の志向性であり、自然状態でありながらも、各人同士で助け合いながら、支配−被支配の垂直的な関係に陥らず、平和な状態にしようとする思想である。

　段階Ａを前提にして段階Ｂへの移行を説くのは**社会契約説**であり、**王権神授説**への対案として生まれた。近代国家を否定しない限り、おおむね社会契約説に基づいていることがほとんどである。自由至上主義（Ｆ.ハイエクやＭ.フリードマン等）においても、経済的自由を極端に優先しようとする志向性から見ると段階Ａに引き寄せようとしているが、国家の規模・役割を最小化しようとはするものの国家の廃棄までは考えていない。

近代国家における社会契約説の実現

　例えば、人権宣言や憲法において社会契約説を裏づけるのは、典型的には次が挙げられる[2]。アメリカ・フランスで起きた市民革命の正統性を高らかにうたい、生まれながらにしてもつ自然権を国家が守り、自由と平等の保障を最初に宣言していることがわかる。

【アメリカ】すべて人は生来ひとしく自由かつ独立しており、一定の生来の権利を有する（ヴァジニアの権利章典：1776）。われわれは、自明の真理として、すべての人は平等に造られ、造物主によって、一定の奪いがたい天賦の権利を付与され、そのなかに生命、自由および幸福の追求の含まれることを信ずる（独立宣言：1776）。

【フランス】人は、自由かつ権利において平等なものとして出生し、かつ生存する。あらゆる政治的団結の目的は、人の消滅することのない自然権を保全することである。これらの権利は、自由・所有権・安全および圧政への抵抗である。自由は、他人を害しないすべてをなし得ることに存する（人および市民の権利宣言：1789）。

　一方で、Ｋ.マルクス（1818〜1883）は段階Ｂの先に、国家を廃棄し

つつ来たるべき社会として共産主義の共同体を構想した（なお、ソビエト等の社会主義国家は共産主義に達していない）。支配−被支配の関係を作る国家を廃棄し、平和で自由な個人からなる水平型の社会を構想する、という意味ではアナキズムに近くなる。マルクスは、資本主義や社会主義の生産力の高まりのなかで、「能力に応じて」働き「必要に応じて」受け取る社会に転換すると考えた（ゴータ綱領批判）。現代人は、ホッブズのいう生命保存権や自由を奪った1930年代のソビエト連邦スターリンによる大虐殺の歴史を知っている。人々の委譲先が独裁となると、三権分立や「法の支配」が機能せず、王権神授説の絶対王政のような「人の支配」になってしまう。

　日本では、1872〜74年にフランス留学した**中江兆民**が帰国後東京で仏学塾を開き、ルソー『社会契約論』、モンテスキュー『法の精神』、功利主義のベンサムやミルなどをテキストにし、一方福沢諭吉は功利主義の信奉者であり慶應義塾でベンサム・ミルをテキストにしていた[3]。中江は西洋の人権思想を日本中に広め、1870〜80年代の**自由民権運動**や板垣退助を中心とする自由党結成に影響を与えた。このように、日本では19世紀後半になってようやく天賦人権論、社会契約説、政治的自由などの西洋由来の観念がしだいに浸透していった。

産業革命期の思想家

　世界史のなかでの画期のひとつは**産業革命**（18〜19世紀）であろう。18世紀後半になってイギリスは先頭を切って、農業中心経済から商工業中心へとシフトし「世界の工場」となった。産業革命は、蒸気機関や生産機械の技術革新が起こり、紡績産業で**機械制大工業**が始まり生産力が高まったことがメルクマールである。その後しだいに、鉄や石炭を使った重工業が主流になる。土地も労働力もサービスも何もかもが商品になり、商品の売買が全面化し資本主義市場経済システムが動き始める。こうして、原材料獲得と販路確保のために国家主導で植民地支配を進める帝国主義の時代に入っていった。

　産業革命期の思想家・理論家は、A.スミス（1723〜1790）である。スミスは分業を広げ、個人が利益を求めて動けば、「**見えざる手**」によって社会全体の利益が増進すると考えた。ただし、スミスは他者への共感や思いやりも重視しており社会正義の視点ももっていた。それまでの国家が干渉する**重商主義**に取って替わり、経済的自由主義はレッセ・フェール

（自由放任）思想を生んだ。

J.ベンサム（1748〜1832）は、自由主義経済のなかで功利主義を倫理学的に理論化した。功利主義は、人々の行為の内容を快楽（＝善）と苦痛（＝悪）の2つに分け、快を増やし苦を減らす行動をすることで快の総計が増し、社会全体では最大多数の最大幸福をもたらす、という思想である。ベンサムはこの思想を政治が取り入れることを求めた。その際、個人に対する外部からの4つの制裁（物理的、政治的、道徳的、宗教的制裁）を組み合わせて政治が行うことも主張した。こうなることで個人は快を求めて合理的行動をし、ベンサムは争いが減り社会秩序が保たれると考えた。ベンサムの功利主義は、経済成長を至上命題とする資本主義、および多数決で押し切る議会制民主主義（＝多数派による専制）と親和的であり、現代にも通じる有力な考え方である。しかし、功利主義には多数派の利益を優先するため少数派意見を無視・軽視したり、結果のみ評価する「**帰結主義**」という、社会保障や社会福祉の原理とは相容れない主張が含まれていた。

J.S.ミル（1806〜1873）は、ベンサムの量的功利主義を質的功利主義の方へと修正しようとした。「満足した豚であるよりも、満足していない人間がよい。満足した愚者よりも、満足していないソクラテスがよい」[4]という有名な比喩を述べたが、これは快楽には「高級」なもの（ソクラテスのような生き方）から「低級」なものまでのレベルがあり、高級、つまり有徳な快楽の増加を奨励した。ただし快楽に性質的な区別を設ければ功利主義を否定することになるだろう[5]。なお、ミルはほかにも、他人の自由を侵害しない限り何をしてもよいとする「危害原則」や少数意見の擁護を主張し、功利主義の負の側面を改善しようとした。

こうして、資本主義の大波が押し寄せ、功利主義は興隆し、個人は「欲望を充足し続ける存在」として「需要」となり、波のなかで浮遊する存在となっていった。これは現代へと続いている。

労働者の誕生

他方で、産業革命以降、生産手段がなく労働力商品を資本家に売るしかないプロレタリアートが大量に生み出された。労働者の生活のサイクルは、「求職→労働力商品販売（資本家に）→賃金獲得→消費（貨幣で購入）」となる。与えられた賃金で資本家が生産した飲食物等の生活資料を購入し生活維持する。労働者は奴隷ではないので、身体のすべて・生活のすべて

機械制大工業
資本家が大工場を作り、労働者を大量に雇い、利潤を獲得していくシステム。

見えざる手
価格メカニズムによる需給調整が自然になされ、均衡価格に近づき資源が適切に分配されることの比喩表現。

重商主義
国王の庇護を受けた特権をもつ商人が貿易を通じて利益を得て国力を増進する経済体制。

帰結主義
生まれた環境や不運といった、人間としての歩みや個別性を見ず結果のみ機械的に評価する立場である。特にベンサムの功利主義では結果を数量的に評価するところに特徴がある。

4）J.S.ミル、関口正司訳『功利主義』岩波文庫、2021.

5）三木清『哲学入門』岩波新書、1940.

を売るわけではない。労働者は一定時間の労働力使用権を売ろうとし、資本家はそれだけを買う。資本家は他の資本家との競争があり勝負に勝たないと生き残れない。このため、商品販売による利益（利潤）を、さらに原材料や労働力購入にあて、より多く利潤を得ようとする。

　こうして、資本家と労働者の二大階級に分化していき、労働者が資本家に従属していく、資本－賃労働関係が形成される。資本家は常に労働力商品と生産手段を安く買おうとし、買った後は極力最大限労働力を消費して利潤を増やそうとする。子どもさえも雇った。長時間労働、過密労働、危険労働、低賃金など、労働条件は悪化していく。そのなかから、困窮する個人、家族が生まれた。S.シモン（1760〜1825）、R.オウエン（1771〜1858）、C.フーリエ（1772〜1837）といった思想家・実践家による**初期社会主義**思想は、資本主義のこうした矛盾や負の側面に気づいて改善を目指した。一方、彼らを「空想的社会主義者」と呼び、差別化を図ったのはK.マルクス（1818〜1883）である。生産力・生産関係といった経済力を指す「下部構造」が、政治・文化といった「上部構造」を変えさせ、歴史を動かしてきたと考えた。歴史は、原始共産制、奴隷制、封建制、近代資本制とたどってきたが、近代では資本家と労働者の階級闘争が激しくなり、最終的には社会は共産制に到達すると未来予測をした。

　ともあれ、労働条件の悪化や貧困の 反作用として、労働問題や貧困に対する社会福祉・社会保障政策が生まれていく。資本家にとっても健康でよく働く労働者は必要であり、労働者との妥協が必要になるからである。こうして19世紀後半のドイツ・ビスマルクの一連の社会保険制度、社会民主主義思想（例えばイギリスのフェビアン主義）が生まれる。

初期社会主義
産業革命以降資本主義を改良することにより労働者の生活の改善を目指した思想や実践・運動である。18世紀後半から19世紀前半にかけてのフランスやイギリスの社会情勢を踏まえて書かれた『社会主義前夜』（中嶋洋平、ちくま新書、2022）が参考になる。

近代化の進行と社会権の追加

　近代化が進むと、G.イェリネック（1851〜1911）のいう主権（権力）・領域（領土、領空、領海）・国民で構成される国家は存在し、人々が生まれながらにして国民として位置づけられることになる。ホッブズのリヴァイアサンは産業革命を経て近代国家となった。近代国家を分析していく際に、M.ウェーバー（1864〜1920）は、権力による支配について、「人の支配」に基づく伝統的支配（君主制・天皇制）とカリスマ的支配（独裁者）、「法の支配」に基づく合法的支配（法治主義）に分類した。いずれも人々を納得させる正統性を確保するための支配形態であるが、しだいに合法的支配が主流となっていった。

産業化のなかで官僚制による合法的支配が進み、国力が高まるなかで、新しい人権として、権利宣言や憲法に社会権が追加されていく。アメリカ・フランス両革命以来の「古典的」自由権が観念的なものになり、多くの貧乏人にとっては単に「空腹の自由」に帰着するので、実質的な保障をしようとしたのであった[6]。社会権は自由権保障のためにも設定されたのであった。フランス共和国憲法（1848）では自由・平等に加え、友愛も国家原理とし、「友愛的援助により貧困な市民に対し、その資源の限界のなかで労働を獲得させることにより、または労働し得ない人々が家族がないときこれに救助を与えることにより、これらの者の生存を確保しなければならない」とした。1886年5月1日にはアメリカの労働組合が、「8時間は労働のため、8時間は休息のため、残りの8時間は自由時間のために」をスローガンに1日8時間労働を要求してストライキを行った（**メーデー**の始まり）。このように労働者の要求は社会権の法制化に向かう契機となった。

第一次世界大戦後には、ロシア革命直後のソビエトの「勤労し搾取されている人民の権利の宣言」（1918）では「人間による人間のあらゆる搾取の廃止」（搾取廃止は富の平等な分配となる）、社会民主党政権時に成立したドイツのワイマール憲法（1919）では、「経済生活の秩序は、すべての者に人間たるに値する生活を保障する目的をもつ正義の原則に適合しなければならない」とした。こうして、社会権が秩序の根幹に埋め込まれていった。

日本では、福田徳三（1874〜1930）や河上肇（1879〜1946）が西欧の社会権や社会政策を紹介しながら、日本での社会保障・社会福祉の進展を理論化した。デモクラシーの点では吉野作造（1878〜1933）が1916年に民本主義の提唱を始めた。その後、自由権・社会権・参政権を求めた普選運動、労働・社会主義・農民・女性・部落解放運動の高まりを見せた。また大河内一男（1905〜1984）は、社会政策と社会事業の区別について理論的検討を行った。このころ、社会権の実現を目的とする法律も成立している。工場法（1911）、方面委員制度（1918）、職業紹介法（1921）、健康保険法（1922）、救護法（1929）などである。

全体主義の台頭と弾圧・殺戮の時代

しかし、このころより社会主義につながると見られた研究の自由を弾圧する冬の時代が到来した。1920年に東京帝国大学経済学部紀要でクロポトキンを紹介した**森戸辰男**<ruby>森戸<rt>もり</rt></ruby><ruby>辰男<rt>と　たつお</rt></ruby>は、休職処分を受け、禁錮3か月、罰金70円

6）宮沢俊義「人権宣言概説」2）に所収

メーデー
日本での大規模なメーデーの始まりは、1920年5月2日のことであった。友愛会主催。開催地は上野公園。

森戸辰男
1888〜1984
東京帝国大学経済学部教員であったが、森戸事件で退職せざるをえなくなった。戦後は日本社会党代議士となり、文部大臣や広島大学学長等を歴任した。森戸は1921年にドイツ留学し（1年10か月）、ワイマール憲法をよく研究し、「ワイマール憲法の理念を日本で実現したい」（NHKスペシャル「日本国憲法誕生」2007）と考えていた。『森戸辰男』（小池聖一、吉川弘文館、2021）を参照。

全体主義
反全体主義を大きなテーマとする風刺文学には、『動物農場〔新訳版〕』（J.オーウェル、山形浩生訳、ハヤカワepi文庫、2017）がある。

ナチ党
ナチズムについては、権力者の独裁だけを見ても、なぜ人々がナチズムを支持したのかは見えてこない。E.フロム（1990〜1980）が1941年に刊行した『自由からの逃走』では歴史や社会心理が分析されナチズムの背景に「自由」を見出した。近代になって人々は自由を得たが、一方で孤独や不安が日常になる。この重荷に耐えきれなくなった人々は、熱狂的にナチスの権威に依存し自由を放棄したとした。

優生思想
優生思想・優生学は歴史的に古く、日本、アメリカも含めてほとんどの国で見られ根深い。ナチ党は優生思想や優生学を政策に利用し、徹底化した。『「現代優生学」の脅威』（池田清彦、集英社インターナショナル新書、2021）がその系譜について簡潔にまとめている。

7）石田勇治『ヒトラーとナチ・ドイツ』講談社現代新書、2015.

の有罪判決を受け入獄し、免職となった（森戸事件）。出獄後は大原社会問題研究所で研究を続けることができたが、オーストリアのA.メンガー（1841〜1906）、ドイツ歴史学派のL.ブレンターノ（1844〜1931）などの社会政策の先端研究に学んでいただけに社会保障・社会福祉政策と理論にかかわる研究の停滞を余儀なくされた。その後、国内では広範な学問に対する弾圧が行われたが、自由主義者の河合栄治郎（1891〜1944）でさえも**全体主義**（ファシズム）批判をしただけで1939年に起訴され1943年に有罪判決が確定した。

　全体主義は、自由権・社会権の発展を逆行させた。自由、生存をはじめ、あらゆる基本的人権が奪われた。**ナチ党**は世界一民主的と言われたワイマール憲法がありながら、ウェーバーの言う「伝統的支配」「カリスマ的支配」「合法的支配」のすべてを駆使し、憲法にあった緊急事態条項と授権法によって暴力的手段も使いながら一党独裁を完成させた。ナチ党は社会ダーウィニズム（H.スペンサーなど）による**優生思想**をもっており、「身体的も精神的にも不健康で、価値なき者は、その苦悩を自分の子どもの身体に伝えてはならない」（A.ヒトラー）と、断種政策（遺伝病子孫予防法）および「不治の患者、遺伝病患者、心身障害者など」を対象として安楽死殺害政策（「T4作戦」）を行った[7]。このあとにユダヤ人に対するホロコーストが起きるのである。

戦争国家から人権保護国家へ

　戦争や全体主義による殺戮は、人々の関係をホッブズの剥き出しの自然状態に引き戻したといえる。憲法や法律でいくら社会契約がなされていても、それが無効化され「万人の万人に対する闘争」の状態に戻る可能性が常に残されているのである。だからこそ、戦争や全体主義を経験した人々は人権を無にする国家や社会に戻らないような政治状況を作っていくこと、生命保存権・自然権を確保しながら共存することの重要性に気がついた。例えば、F.ローズヴェルトとW.チャーチルは1941年の大西洋憲章で「「ナチ」の暴虐の最終的破壊の後、両国は一切の国民に対しその国境内において安全に居住する手段を供与し、かつ一切の国の一切の人類が恐怖および欠乏より解放せられ、その生を全うすることを確実にする平和を確立することを希望す」（国会図書館サイト「日本国憲法の誕生」を一部改変）と宣言したのであった。

　第二次世界大戦で勝利しヘゲモニーを握った自由主義陣営はこのような

全体主義や戦争を再び起こさないためにも、戦後、基本的人権の確立を急いだのであった。

なお、基本的人権（市民権）の発展・追加の過程については、社会保障・社会福祉制度の理解において下記の**T.H.マーシャル**の市民権の発展図式が参考になる。日本の場合にはようやく第二次世界大戦後に日本国憲法によって、市民的権利（自由権）、政治的権利（参政権）、社会的権利（社会権）のすべてが実現した。

T.H.マーシャルの市民権の発展図式

	市民的権利 （civil rights）	政治的権利 （political rights）	社会的権利 （social rights）
時期	18世紀	19世紀	20世紀
主要原理	個人的自由	政治的自由	社会福祉
主な権利の内容	身体の自由 言論・出版の自由 思想・信教の自由 所有権 契約の自由	選挙権 被選挙権 公務に就く権利	教育を受ける権利 労働の権利 経済的福祉への権利 最低限度の文化的な 生活を営む権利
平等の意味	法の下の平等（形式的平等）		実質的平等

出所：伊藤周平『福祉国家と市民権』p31、法政大学出版局、1996.

ケインズ－ベバリッジ型国家体制

資本主義の大きな欠陥は恐慌である。市場が飽和状態になり、商品が売れないと在庫を大量に抱え（供給＞需要）、資本の過剰が起きる。このとき労働者は解雇され、個人や家族の最低限の生活さえ維持できなくなる。1929年の世界大恐慌が典型であり、経済学者J.M.ケインズ（1883〜1946）は、政府が資本主義に積極的に介入することによって潜在化した需要を掘り起こし、財政赤字を招いても財政支出を行い、経済を活性化させることを経済理論として提言した。このとき、アメリカではニューディール政策として、失業者対策、社会保障政策も行われるようになった。類似の政策はさまざまな国々で採用され、現代国家の基本政策ともなった。1942年にはベバリッジ報告が出され、社会保険と公的扶助等の制度を包括的に整備し、戦後の**福祉国家**形成に大きな影響力を与えた。

このような基本政策を採る国家を、ケインズ－ベバリッジ型福祉国家というが、人権宣言や憲法ではどのように社会権を明文化したのだろうか。

終戦直前には、国際労働機関（ILO）が「フィラデルフィア宣言」（1944年5月10日）を採択し、「労働は、商品ではない」「一部の貧困は、全体の繁栄にとって危険である」「すべての人間は、人種、信条又は性にかかわ

T.H.マーシャル
1893〜1981
マーシャルのシティズンシップ論については、『シティズンシップと社会的階級—近現代を総括するマニフェスト』（T.H.マーシャル・トム・ボットモア、岩崎信彦・中村健吾訳、法律文化社、1993）を参照。

福祉国家
福祉国家は戦争国家に代わり、戦後に目指すべき国家モデルとはなったが、他方で多くの課題を抱えている。その限界や負の側面を見つめ、その限界の先に展望を見出すことも重要である。この点で、『現代福祉国家と自由』（金田耕一、新評論、2000）は参考になる。

8）A.シュピオ、橋本一径訳、嵩さやか監『フィラデルフィアの精神』勁草書房、2019.

りなく、自由及び尊厳並びに経済的保障及び機会均等の条件において、物質的福祉及び精神的発展を追求する権利をもつ」などが決議されていた。この宣言は「先駆的なテキスト」であり、「社会正義を国際的法秩序の要石のひとつに据えようとした」のであった[8]。

戦後の社会権拡張

戦後になると、イタリア共和国憲法（1947）、ドイツ連邦共和国基本法（1949）、フランス共和国憲法（1958）など、各国で社会権を憲法に明記していった。特にイタリアは、健康権と貧困者無料医療（第32条）、労働者の自由尊厳な生存保障に足りる報酬を受ける権利（第36条）、労働能力がない場合の社会福祉受給権、労働者の事故・病気・労働不能・老年・失業時の保障（第38条）など、網羅的な社会権を確立していることが特徴である。

国際的には、国連の世界人権宣言（1948）が「恐怖と欠乏からの自由」（前文）を実現するために、生存、自由および身体の安全を享有する権利（第3条）、社会保障を受ける権利（第22条）、経済的、社会的および文化的権利（同条）、十分な生活水準を享有する権利（第25条）、失業、疾病、能力喪失、配偶者の喪失、老齢、その他の生活能力の喪失の場合に保障を受ける権利（同条）などを宣言した。

第二次世界大戦では他国への侵略、基本的人権の無視が行われ、勝利した自由主義陣営は基本的人権の尊重や社会権の確立が平和の維持にとって極めて重要であることに気づいたからである。1966年には、世界人権宣言を実現に近づけるため、国際人権規約（社会権規約と自由権規約）が採択され、1976年に発効した。

現代における理論的課題

スミスに始まる経済学では市場中心の視点で理論を鍛え、精緻化を進めてきた。ケインズは修正資本主義の理論を提起した。だが、生活者の暮らし向きや社会的不利を重視する社会福祉の視点から見ると、経済学はどこか形式的な議論に見える。有用であるが、あまりにもマクロ的に見過ぎており、個人や家族の背景、歴史、個別性に着目できていない。社会福祉は労働市場から社会的に排除された人へどのような支援が可能かといった議論をするが、経済学にはこうした社会的に不利を被っている人への視点が

少ない。日本国憲法第25条に明記されているように、必要な人には「健康で文化的な最低限度の生活」が保障される財、つまり（筆者の造語であるが）「最低生活財（救貧財）」は貧困状態になったときに誰もが排除されることなく普遍的に提供されなければならない。そうならないと、「社会的殺人」（F.エンゲルス）は食い止めることができない。さらには、貧困を予防する「防貧財」（社会保険や社会手当）も社会には備えなければならない。だが、市場経済によっては実現できないだろう。ではどのような構想がありうるだろうか。

　この点は、J.ロールズ（1921～2002）の「基本財」の考え方が社会保障・社会福祉政策を理論的に豊富化してくれる[9]。基本財は、現代的な社会契約説に基づき、自由、所得、権利、健康などは平等に排除されることなく人々に分配される必要があり、ロールズのいう「**格差原理**」を実現し、基本的人権を達成する手段といえる。

　経済成長は確かに多くの人の富が増え現状に満足する人々を生んだ。ベンサムの「社会全体の幸福量（人々の快の総和）」は最大化の道を進むだろう。しかし、経済成長は所得格差や貧困、社会的不利といった社会問題を生み出し続けている。価格メカニズムにより調整されず、政策によっても修正されにくい問題群も多くある。功利主義では、犠牲者の苦痛は豊かな多数派から無視・放置されることになりがちで、すべての人の基本的人権の達成は遠くなる。したがって、ロールズにとって功利主義こそが乗り越えるべき思想であった。

　しかも、こういった社会問題に対して、事後に社会民主主義的な修正（格差是正、公的扶助や社会保険給付）をするだけではない。「**無知のベール**」という思考実験を取り入れ、人生のスタート地点から、真の平等（社会的公正）を実現する社会を構想した。例えば、自分だけは絶対に貧困にならないと考えるのではなく、誰もが貧困のリスクをもっている、つまり誰もが生活保護を利用する可能性があると考えるため、生活保護制度についても真剣に考えることになるだろう。

　ロールズの格差原理、無知のベール、基本材の議論は、自由と権利を尊重した、理想的で民主的な社会保障・社会福祉政策を考え、優先順位が高い政策は何かを根本から検討するうえで有用な理論であり続けるだろう。何を具体的な基本財とするかは、現代に投げかけられている。

（松本一郎）

9）『ジョン・ロールズ』齋藤純一、田中将人、中公新書、2021）によって、人生や政治哲学を知ることができる。

格差原理
difference principle. 最も不遇・不利な立場に置かれた人の利益を最大化すること。

無知のベール
思考実験によって人間を「原初状態」にするために、誰も自分のこと（肌の色、性別、家柄、資産、才能、体力など）を知らないようにするための「情報遮断装置」（神島裕子『正義とは何か』中公新書、2018）である。

Q 17 戦前の社会保障・社会福祉政策はどう形成したか

救貧制度

☑ **明治政府による公的救済の始まり——恤救規則**

　まず、日本の近代における救貧制度形成の流れを押さえておきたい。

　1867年10月、15代将軍徳川慶喜は、政権を朝廷に返上する「大政奉還」を行い、同年12月に王政復古の大号令があり、約700年続いてきた江戸幕府は崩壊した。明治政府は、天皇を頂点とした国づくりを進めた。一方、明治維新（1868）後には農民の窮乏化が進み、仕事を求めて地方から都市へ流入してくる。

　明治政府は「五榜の掲示」（1868年3月15日太政官高札）で、民衆に対して以下の禁止令を出し、社会の混乱や不安を鎮めようとした。

第一札：五倫道徳遵守【憐憫、悪行（殺人放火強盗）禁止】

第二札：徒党強訴逃散禁止【徒党強訴逃散禁止、一揆禁止】

第三札：切支丹邪宗門厳禁【キリスト教禁止】※1873年廃止

第四札：万国公法履行【攘夷禁止】

第五札：郷村脱走禁止【浮浪禁止】

鰥寡孤独廃疾
「鰥」は妻のいない老齢の夫、「寡」は夫のいない老齢の妻、「孤」は親のいない子ども、「独」は子どものいない高齢者、「廃疾」は障がい・疾病が重い人のことで、身寄りがなく自力での生活が困難な人を政府が類型化した。

隣保相扶
近隣の家々が共同責任のもと、相互に扶助するべきという概念

情誼
真心のこもった、付き合い。

　第一札は「人タルモノ五倫ノ道ヲ正シクスヘキ事」であり、「一 鰥寡孤独廃疾ノモノヲ憫ムヘキ事」が含まれていた（旧字体は新字体に改めた）。この「**鰥寡孤独廃疾**」のみ救済するような「**恤救規則**」が1874年に成立した。政府による初めての救貧法制であったが、制限扶助主義や前近代的な**隣保相扶**思想に貫かれていた。条文は前文と5条しかなく、近代的な公的扶助法からはかけ離れていた。「人民相互の**情誼**」を原則とし、どうしても放置できない「無告の貧民」だけをやむを得ずこの規則によって国庫で救済（米の支給）してよいとされた。対象は、「廃疾」者（重度障がい者）、70歳以上の重病者・老衰者、長病者、13歳以下の者であった。

救済は50日を限度として地方官の判断で居宅において実施し、この期間を超える救済については内務省の決定を必要とした。恤救規則はその運用の厳しさにより、実際の救済人員は極めて少なく（1876年で2,521人、1931年度末救済人員で18,118人）、地方農村部に偏っていた。

しかも、実態は「少しでも労働能力のありそうな者は全く保護せず、全く労働能力がないと考えられる一定範囲の人々に限定」[1]「維持困難な世帯を家族として存続させるために扶助するのではなく、家族が解体してしまい当分の間再形成の見込みのない単身の『窮民』を対象とするにとどまった」[2]。また、このころは、労働者を低賃金で働かせること、地主は農民から高率の小作料を取ることが普通であり、貧富の格差は拡大した。

このように貧困やワーキングプアが社会問題として認識されるところまで発展せず、恤救規則は1932年1月の「救護法」施行まで56年間唯一の公的救貧制度として存続した。その間、窮民救助法案など、恤救規則に代わる新しい救貧制度を制定する動きがいくつかみられたが反対勢力により成就しなかった。貧困対策の推進は惰民を養成すると考えられ、自助努力や親族・近隣での助け合いが優先されたからである。

☑ 慈善の組織的展開と救護法の成立

日清戦争（1894〜95）、日露戦争（1904〜05）を経て、日本の産業革命がいちおう完成した。近代化、産業化、資本主義の展開が進むなか、日比谷焼討事件（1905）、**米騒動**（1918）、労働争議をはじめ、民衆、都市下層、労働者を主体とする、さまざまな社会問題、都市問題が起こっていく。これは、戦争と地方から都市への人口流入の影響が大きい。第一次世界大戦後の米騒動から1920年代の不況（金融恐慌・昭和恐慌）にかけて、特に農村が疲弊していった。1920年に政府は内務省に社会局を設置した。社会局は蔓延する社会的不安、近代的な諸問題を解決するために、多くの社会調査を実施していった。1923年には関東大震災も起きた。

一方で、恤救規則制定以降、国家政策として、備荒儲蓄法（1880）、伝染病予防法（1897）、行旅病人及行旅死亡人取扱法（1899）、罹災救助基本法（1899）、感化法（1900、のちに少年教護法1933）、下士兵卒家族救助令（1904）、工場法（1911）、内務省救護課（1917、のちに社会課1919、社会局1920）、軍事救護法（1917）、結核予防法（1919）、職業紹介法（1921）、健康保険法（1922）、一般救護に関する体系（1927）、公益質屋法（1927）などが制定・設置されていく。

1928年12月には、第1回全国救護事業会議を開催（救護法の制定の

1）小川政亮『社会保障権―歩みと現代的意義（増補新版）』自治体研究社、1995.

2）中川清『日本の都市下層』勁草書房、1985.

米騒動
シベリア出兵などによって米価格が高騰し、困窮した民衆が1918年7月に富山湾沿岸（富山市や魚津市など）で「米を安く売ってほしい」と嘆願する運動が起きた。この民衆運動は全国の主要都市や産炭地域に広がり、暴動から内乱へと発展し、警察や軍隊も出動した。このこともあって、寺内正毅内閣は総辞職した。

促進を決議）し、翌年になって救護法案が帝国議会に提出され「救護法」（公的扶助の原則）が制定・公布された。1930年2月には、全国の方面委員等社会事業関係者により救護法実施期成同盟会が結成された。ところが、田中義一内閣が倒壊、昭和恐慌下での濱口雄幸の内閣は緊縮財政を理由に施行を1932年1月に延期するという事態となった（競馬法改正により勝馬投票売得金を財源の一部にした）。1937年、救護法改正で方面委員は救護の補助機関になった。

　方面委員は現在の民生委員であるが、長年日本における「慈善」の主体であった。もともと1903年に全国慈善大会から日本慈善同盟会が設立され、また1908年10月に中央慈善協会（会長：渋沢栄一）が設立されたころが勃興期であり、「慈善」が制度化・全国化されていく。1917年5月に岡山で済世顧問制度、1918年10月に大阪府方面委員制度（林市蔵、東京は救済委員制度）と制度が整備されはじめ、1924年に中央慈善協会は**中央社会事業協会**となる。1927年10月には第1回全国方面委員会議開催され、1932年3月に全日本方面委員連盟が発足、1946年9月に民生委員令が公布された。

　日本では、慈善から社会事業となり、戦後には社会事業から社会福祉と変化していったが、**小河滋次郎**が下層階級の人々を脅威と感じ「爆発するかもしれない火薬庫」「社会問題についての測候所というべきものが方面委員」というように[3]、「貧民」を危険視し、社会不安を鎮め、その統治を地域で担う役割が方面委員に期待された。その背景には、大阪で米騒動が勃発し、貧民観察の必要性を痛感した大阪市が、社会にとって危険だと判定した人を警察に通報するシステムを作ろうとしたことがある。実際、方面委員の調査による貧民の分類については、「第一種カード階級」は貧困のためすぐに保護しなければならない人で、「第二種カード階級」はボーダーライン層としていた。つまり「慈善」や「社会事業」には弱者救済と弱者統治の二面性があり、政府の意図からすると、資本主義の矛盾を糊塗する性格をもっていたことは否定できない。

☑ 救護法の展開

　救護法は初めて救護を国の義務としたが、財政難のため実施を延期（1932年施行）したことをみると、国家責任性は中途半端であった。救護法には権利性はなく、貧困者のうち怠惰・素行不良な者は対象外（第29条）とし、働いて貧困から脱することを至上命題とした。対象者は扶養義務者が扶養することのできない、労働できない人々で、原則的に民法上の

親族扶養を優先させた。救護法における救護の種類は、生活、医療、助産、生業の各扶助、および埋葬費であり、個人単位で実施し、その他救護施設を設置した。救護費は市町村負担を原則としたが、市町村の費用の4分の1を道府県が補助し、道府県市町村負担費用の2分の1以内を国庫補助した。

救済対象は、65歳以上の老衰者、13歳以下の幼者、妊産婦、心身の障がいあるいは傷病のため、労務を行ううえで支障がある者、市町村長が認める場合は、1歳以下の幼児を抱える母親に制限した。

救護法は現在の生活保護法の原型ではあったが、救貧の方針は家族制度や隣保相扶のもとに行われるべきであるとし、保護対象者の制限、保護請求権を認めないこと、欠格条項の存在、選挙権剥奪、補助機関としての方面委員を重要視しているなどの問題・限界があった。

一方、第二次世界大戦の進行とともに、母子保護法（1937）、軍事扶助法（1937）、医療保護法（1941）、戦時災害保護法（1942）の役割が拡大し、救護法の地位は低下し、1945年には全救済者の1％以下になった。アジア太平洋戦争下の戦時体制が「慈善」「社会事業」を変質させていることがわかる。

救護法下では、主として、救貧事業、養老院、育児院などの民間の社会事業に助成（土地建物の税制優遇、補助金支出）し、方面委員に委ねた。救護法や社会事業法の制定は、法制的な整備や財政負担、運営実施体制の整備等の面において、恤救規則のレベルをはるかに超えていた。ただし、救護法体制により、国が行うべき社会事業を民間に肩代わりさせていたとみることもできる。

一方で、社会事業を行う施設の乱立や事業内容が不良な施設を防止するために、指導監督強化が図られていく。社会事業の施設は、米騒動と関東大震災を契機として施設数が拡大していたからである。このため1938年に**社会事業法**を成立させ、事業の開廃、経営（施設・設備、禁止事項など）に対し、国が社会事業を行う団体に対し管理・介入を行った。

社会事業法
社会福祉事業法（1951、のちに社会福祉法2000）の前身であった法律である。

防貧制度—社会保険

☑ 社会保険の誕生

国家による社会保険の始まりは、ドイツ・ビスマルク宰相による医療保険法（1883）、労災保険法（1884）、年金保険法（1889）であるといわれている。日本での社会保険の系譜を見ると、恩給、共済組合が先行し、

続けて社会保険が生まれていった。いずれも経済的な生活保障であるが、制度の性質が異なる。

　恩給は、国家に忠誠し貢献した軍人や官吏への特権的な恩賞である。社会保険ではないが、老後生活保障金があった。1875年の陸軍恩給制度、海軍恩給制度、1884年の文官恩給制度が恩給制度の始まりである。

　共済組合は、労使双方が保険料を拠出して困窮リスクに備えるもので、1888年の阿仁鉱山（秋田）で成立したものが最初といわれている。1897年には後藤新平が「労働者疾病保険法案」を中央衛生会に諮問したが廃案となった。1905年には官営八幡製鉄所に職工共済組合、鐘ヶ淵紡績株式会社に鐘紡共済組合が設立された。1907年には帝国鉄道庁救済組合、1918年には鉄道院共済組合が成立した。その後、専売、印刷、通信などに拡大していった。

☑ 健康保険法の成立

　日本で最初の社会保険は、1922年の健康保険法（4月公布、27年1月施行）であり、健兵健民政策でもあった。急いで作られた健康保険法であったが、「健康保険は、高揚する労働攻勢のもとにおける政府の労働政策の重要な一環であり、譲歩策」[4]であったし、「弾圧策のみでは社会秩序が保てなくなった」ため、「飴」である社会保険を導入するに至った[5]。対象は肉体労働者であった。「元来戦争は社会政策を後退させるが、日本では戦時下にむしろ社会保険を強化した（中略）戦争が必要とする労働力を動員するためには社会保険が必要だったからである」[6]という指摘からもわかる。国民は戦争に参加する兵士、労働力として見なされたからである。その端的な例は「戦時ニ際シ国防目的達成ノ為国ノ全力ヲ最モ有効ニ発揮セシムル様人的及物的資源を統制運用スル」（1938年「国家総動員法」第1条）とした、戦時体制下の「国家総動員」という言葉の定義に表れている。

　1938年には国民健康保険法が、1939年には船員保険法（戦時下の海外輸送のための船員確保が目的でもあり、初めて養老年金制度を導入）が、1941年には労働者年金保険法が成立し、10人以上の事業所に働く男子労働者を対象とした。実際は戦費調達と保険料を拠出させてインフレを抑制することが目的であった。1944年には労働者年金保険法を改正し、厚生年金保険法が成立し、5人以上を雇う事業所を対象とし、さらに男子事務職員と女子職員に対象を拡大した。

　戦前の主な社会保障・社会福祉政策は、このような紆余曲折があったが、

4）坂口正之『日本健康保険法成立史論』晃洋書房、1985.

5）佐口卓『日本社会保険制度史』勁草書房、1977.

6）池田敬正『日本における社会福祉のあゆみ』法律文化社、1994.

政府は救護法といった公的扶助制度と健康保険法等の社会保険制度を整備していった。

総力戦の時代のなかで

明治維新以降を振り返れば、1894年からの日清戦争、1904年からの日露戦争、1914年からの第一世界大戦と、開戦の年でみれば、10年おきに戦争が起きている。また、1931年の満州事変、1941年からの太平洋戦争は10年おきに起きている[7]。20世紀前半は戦争が日常化した時代だったといえよう。

ロシア革命以降、世界は大きく資本主義陣営、社会主義陣営に分かれ、対立をすることになっていく。とりわけ、資本主義陣営は自国が社会主義にならないように、手を打っていった。日本の場合には、1925年の普通選挙法（25歳以上のすべての男子に付与）と治安維持法（社会主義・労働運動を中心に弾圧）が「飴と鞭」として成立した。実際、1928年2月の初の普通選挙直後の3月、全国一斉に共産主義者・労農運動家の弾圧が行われた（小林多喜二はこの事件について小説『一九二八年三月十五日』で描いた）。

1925年の「国体」の変革および私有財産制度の否認を処罰した治安維持法（1926年改正、1928年改正により強化）、1936年の思想犯保護観察法は、戦争反対の国内の社会運動、社会主義者、研究者の思想や行動に対して厳しい取締りを行った。

健康保険法や救護法といった社会保障・社会福祉にかかわる法律制定の背景のひとつには資本主義陣営にとって防波堤の意味合いもあった。治安維持法は1945年に廃止するまで約20年間も「あらゆる法制度のはたらきの中枢部にあたる部分を構成」[8]したのであった。1940年には政党、労働組合、農民組合は解散となり大政翼賛会に統合され全体主義体制（ファシズム）が完成し、地域の町内会も戦時体制に組み込まれた。この点は、当時の日本を鋭利に分析した丸山眞男「超国家主義の論理と心理」[9]を参照してほしいと思う。

戦争に勝利すれば他国を占領し植民地にしていく。日清戦争後の下関条約によって、1895年より台湾を植民地とし、帝国主義による本格的な対外侵略を始め、1910年には大韓帝国を植民地にした。満州事変以降は、中国侵略を進め、1940年代には日本軍は赤道を超えて南下していった。

軍事の面では、第一次世界大戦以降、国家間の戦争はあらゆる資源が動

7）加藤陽子『戦争の日本近現代史』講談社現代新書、2002.

8）奥平康弘『治安維持法小史』岩波現代文庫、2006.

9）丸山眞男、古矢旬編『超国家主義の論理と心理　他八篇』岩波文庫、2015.

員される総力戦に移行した。科学技術力、軍事産業の生産力が高まり、破壊力や殺傷力は19世紀よりも飛躍的に上がった。20世紀には、原子爆弾という悪魔のような兵器を人類は作り出した。軍事産業には生産力を高めるために非戦闘員も工場等の労働力として動員された。このため、戦争における攻撃は軍隊をはじめとする国の軍事力だけではなく、非戦闘員までも攻撃の標的となり、意図的に標的国の住民も巻き込んだ。性別、年齢、属性にかかわらず、無差別に生命が脅かされた。その結果、「国家の総力をあげた戦争の敗北は、そのまま当該国家の政治体制の根本的な変化をもたら」した[10]。

10）大庭健『「責任」ってなに？』講談社現代新書、2005.

福祉国家への道

　1945年夏以降、日本の政治体制は、アメリカを中心とする連合国軍による民主化政策のなかで、社会保障・社会福祉政策を含めて根本的に変革させられた。こうして戦争国家だった日本は、新しい憲法が制定され福祉国家に向かう政治体制に転換した。社会保障・社会福祉制度は歴史を通して生活保障を目的としているが、戦時下では戦争遂行の要素が入れられたように、国家体制しだいで目的が追加されたり、変わりうることを示唆している。

　この点を金子勝は次のように説明する。

> 総力戦が全国民の生存権を担保にする以上、国家体制は全ての人が死して守るに値するものに変わらねばならない。あるいは全国民の生存権を犠牲にして戦争に協力した以上、彼らにも国家の構成員として正当な地位が与えられねばならない（中略）福祉国家は戦争国家と抱き合わせでしか登場しえなかったからである。[11]

11）金子勝『市場と制度の政治経済学』東京大学出版会、1997.

　第二次世界大戦の甚大な犠牲者は国家によって生存権を奪われた。福祉国家への道は単に自由権、社会権、参政権の発展のみで成立したのではない。歴史的な過程のなかで、人々が希求し、政策が作られていったことを物語る。

（松本一郎）

Q18 戦後の社会保障・社会福祉政策の基本的枠組みはどう形成したか

旧生活保護法の成立過程

　日本はアジア太平洋戦争で負け、連合国軍最高司令官総司令部（GHQ）の占領を受けた。GHQは直接統治ではなく日本政府に指令を出しながら間接統治を行った。それは1952年4月のサンフランシスコ講和条約の発効まで続いた。しかしながら日米安保条約が締結され、米軍は日本国内に基地を持ち続けている。その意味では日本はアメリカから完全に独立したということはできない。

　今の社会保障・社会福祉制度の基本的枠組みはこの間接統治の時期に作られた。その歩みをたどってみよう。まずは日本国憲法よりも先に作られた生活保護法である。

　1945年12月8日、GHQは社会保障・社会福祉について「Relief and Welfare Plans（救済ならびに福祉計画に関する件）」（SCAPIN404）という指令を日本政府に出した。本指令の内容は、第1に政府の責任で失業者や生活困窮者に対し食糧等を提供するための包括的計画をGHQに提出すること、第2に政府は最低生活維持ができない国民を救済する措置を行い、その際差別待遇を受けることを防止しなければならないことであった。ここには国家責任、最低生活保障、無差別平等という3つの理念が書き込まれていた。

　これを受け、政府は同年12月15日に「**生活困窮者緊急生活援護要綱**」を閣議決定するとともに、12月31日には「救済福祉に関する件」をGHQに提出し、国民すべての最低生活を無差別平等に保障することを目的とする新しい法律を作ることを約束した。この「救済福祉に関する件」に対して、GHQは、1946年2月27日に「Public Assistanse（社会救済）」指令（SCAPIN775）を出し簡潔に次の3点を日本政府に指示した。

生活困窮者緊急生活援護要綱
臨時的応急的な措置として、宿泊、給食、医療、衣料、寝具その他生活必需品の給与、食料品の補給が行われた。実施機関は全国の市町村長で、方面委員が活動した。対象は、失業者、戦災者、海外引揚者、在外者留守家族、傷痍軍人およびその家族と軍人の遺族であり、稼働・非稼働問わず無差別平等に救済しようとした。

（イ）日本帝国政府は都道府県並に地方政府機関を通じ差別又は優先的に取扱をすることなく平等に困窮者に対して適当なる食糧、衣料、住宅並に医療措置を与えるべき単一の全国的政府機関を設立すべきこと

（ロ）日本帝国政府は1946年4月30日までに本計画に対する財政的援助並に実施の責任態勢を確立すべきこと。従って私的又は準政府機関に対し委譲され又は委任さるべからざること

（ハ）困窮を防止するに必要なる総額の範囲内において与えられる救済の総額に何等の制限を設けざること[1]

1) 谷昌恒「占領政策下の福祉政策—GHQの覚書を中心に」『季刊社会保障研究』3巻2号、p49、1967. なお、カタカナの箇所はひらがなに改めた。

（イ）は、国家によるすべての生活困窮者に対する無差別平等原則を示している。同時に、食料等4つの基本的ニーズを満たすための具体的内容を指定しつつ、地方自治体を通して、その提供をする全国的政府機関の設立（後の福祉事務所）を指示している。

さらに、（ロ）と（ハ）では、（イ）を早期に完全実施するため、政府に対する条件づけが行われている。（ロ）は、約2か月後には実施態勢を整え物品・提供できるようにし、かつ民間の福祉団体等に財政支出・実施責任を押しつけないように念を押している。（ハ）では、困窮状態の解消が目的であり、そのための費用を「必要なる総額」として政府に算定させ、かつその費用を無制限にした。（ロ）と（ハ）は、国家責任による無差別平等の最低生活保障の実質化のためには必然的に導き出されるものであり、GHQは見逃さず、SCAPIN775として指令したのであった。

1946年4月30日、政府はSCAPIN775に対し、「全困窮者に対する救済は凡て政府の責任に於て平等にして且差別することなく其の徹底を期する為（中略）単一の政府機関」によって実施することを、必要となる費用を具体的な予算額を提示して回答した。こうして、「生活の保護を要する状態にある者の生活を、国が差別的又は優先的な取扱をなすことなく平等に保護して、社会の福祉を増進すること」を目的とする生活保護法（旧法）が短期間で成立することとなった（1946年9月公布、10月施行）。ここで、無差別平等、国家責任の2原理が明文化された。理念にとどまらず、実施の際の原理へと進化した。

日本国憲法第25条の成立過程

憲法改正草案を作る動きはいくつかあったが、そのなかでも**高野岩三**

高野岩三郎
1871〜1949
東京帝国大学経済学部の統計学の教員であったが、辞職することになり、大原社会問題研究所の所長となった。「職工調査」「月島調査」などの家計実態調査も行っている。戦後は日本社会党顧問、NHK会長を歴任した。『高野岩三郎伝』（大島清、岩波書店、1968）を参照。

郎・森戸辰男・鈴木安蔵といった研究者を中心とする憲法研究会が、現憲法第25条成立にとって重要な草案を作成した。なぜなら、1945年12月26日、本研究会は独自の草案のなかに「国民ハ健康ニシテ文化的水準ノ生活ヲ営ム権利ヲ有ス」という生存権にあたる条文を入れていたからである。

　1946年2月13日になると、GHQは「法律は、生活のすべての面につき、社会の福祉並びに自由、正義および民主主義の増進と伸張を目指すべきである。」という案を公表した。これは今の第25条第2項の原型といえる。しかし、現第25条第1項はGHQ案でもなかった。これを受けて、政府は1946年6月25日、帝国憲法改正案を帝国議会衆議院本会議に上程した。このとき第23条（現第25条2項）は「法律は、すべての生活部面について、社会の福祉、生活の保障、及び公衆衛生の向上及び増進のために立案されなければならない」というものであった。この時点で生存権はなく、このままでは国会・政府により上から一方的に根拠なく社会保障・社会福祉政策が作られることになる恐れがあった。

　引き続きこの議題は1946年7月1日から始まった帝国憲法改正案委員会（芦田均委員長）で検討され、黒田寿男が生存権を盛り込むよう追求した。1946年7月23日には修正案作成のため小委員会が設置（7月25日〜8月20日）され、1946年8月1日の帝国憲法改正小委員会で、森戸辰男が第23条生存権条項（現第25条第1項）を独立して入れるよう具体的提案を行い、鈴木義男が森戸の論を補強した。こうした主張が反論を除けて最終的に受け入れられ、あらゆる国民は適切な生活水準で生きる権利があることを明記された。

日本国憲法第25条

①すべて国民は、健康で文化的な最低限度の生活を営む権利を有する。

②国は、すべての生活部面について、社会福祉、社会保障及び公衆衛生の向上及び増進に努めなければならない。

戦後の社会保障・社会福祉制度の形成

☑ 諸制度・関連法の成立

　こうして生存権と国家責任が明確に規定され、社会保障制度全体に対しても立法の際の規範として政治家や官僚をしばり、逸脱や専横を許さない仕組みが確立する画期となった。

森戸辰男
75頁側注参照

鈴木安蔵
1904〜1983
1926年に治安維持法違反で検挙され（本法適用第1号のいわゆる「京都学連事件」）、服役した。明治憲法研究を続けていたことで、憲法研究会に参加した。

鈴木義男
評伝に『平和憲法をつくった男　鈴木義男』（仁昌寺正一、筑摩書房、2023）がある。

世界人権宣言
国際連合は第二次世界
大戦の反省をもとに、
1945年10月24日 に
設立された。本宣言は、
1948年12月10日 に
「すべての人民とすべ
ての国とが達成すべき
共通の基準として」第
3回国連総会において
採択された。自由権、
社会権、参政権などを
定めている。

社会保障への権利や生存権は、国際的にも、1948年12月採択の国連・**世界人権宣言**でも次のように保障されている。

> すべて人は、社会の一員として、社会保障を受ける権利を有し、かつ、国家的努力及び国際的協力により、また、各国の組織及び資源に応じて、自己の尊厳と自己の人格の自由な発展とに欠くことのできない経済的、社会的及び文化的権利を実現する権利を有する。（第22条）

社会保障・社会福祉の政策は、憲法第25条に抵触しないよう、またバネにして立法化された。労働政策関連法では、労働基準法、職業安定法、失業保険法、労働者災害補償保険法、労働関係調整法（1947）、労働組合法 、緊急失業対策法（1949）、最低賃金法（1959）が、社会福祉政策関連法では、生活保護法をはじめ、児童福祉法（1947）、身体障害者福祉法（1949）、精神薄弱者福祉法（1960）、老人福祉法（1963）が成立し、また、国民皆年金・皆保険体制も確立（1961）した。

☑ 新生活保護法の成立過程

その後、新しく生まれた憲法との整合性を図り、制限扶助主義を一般扶助主義に変更する機運が生まれ、生活保護法が全部改正された（1950年5月公布、即日施行）。まず、無差別平等原則を実質化するため、旧生活保護法第2条の「一　能力があるにもかかはらず、勤労の意思のない者、勤労を怠る者その他生計の維持に努めない者」「二　素行不良な者」をあらかじめ排除する欠格条項を廃止し、対象を生活困窮者一般とした。また、憲法第25条との関連を明確にし、生存権が具体的な保護請求権であることを法律のなかに明記し、不服申し立ての制度を設けた。こうして、憲法第25条と連動しながら、生活困窮者を救済するための3つの理念が生活保護法に結実した。

一方、旧生活保護法と日本国憲法の成立以降、**ナショナル・ミニマム**保障の指導的政策形成機関であったのは、社会保障制度審議会（制度審）であった。生活保護法は最低生活保障が守備範囲であるが、社会保障制度体系内での生活保護制度の位置づけや生活保護制度と他の社会保障制度との関係等は基本的に制度審が制度改革を主導した。次に、この点を確認する。

ナショナル・ミニマム
国が国民に保障をする
べき最低限の生活水準
のことである。社会権
における経済保障を
達成する際の理念でも
あり、戦前はイギリス
のウェッブ夫妻やベバ
リッジが提唱した。戦
後の日本では、憲法第
25条で明確に規定し、
これに反しない社会保
障制度の構築が目指さ
れてきた。

☑ 50年勧告

制度審は、1948年12月に設置された諮問機関であり、内閣による立法および大綱の制定に対して強い影響力を行使できる立場にあった。生活

保護については、設置直後の1949年9月に「生活保護制度の改善強化に関する件」を勧告し、1950年5月に生活保護法を全部改正させている。「審議会等の整理合理化に関する基本的計画」（1999年4月閣議決定）により2001年に廃止されるまで、社会保険を中心として、制度創設や再編に強い影響を与え続けた。

　社会保障制度全般の在り方を示した「総合勧告」は、過去に3回が行われたが、1950年10月の「社会保障制度に関する勧告」（50年勧告）が社会保障制度の枠組みを示した。50年勧告では、「序説」で、「いかにして彼らに最低の生活を与えるか」「貧困の問題は旧い問題である。（中略）同じ旧い問題でもその解決の方法は、今日においては、全く別のものでなくてはならぬ。というのは、いまや人間の生活は全く社会化されておるからであり、またその故に国家もまたその病弊に対して社会化された方法をもたねばならぬ」と、貧困問題の広がりとその解決方法の生み出しが、勧告の強い問題関心となっている。

　50年勧告は社会保障制度設計書でもあった。「生活保障の責任は国家にある」とし、一方で「国民の自主的責任の観念を害することがあってはならない」という意味において、社会保障制度の中心は「社会保険制度でなければならない」とした。そのうえで、社会保険制度のみでは救済し得ない困窮者に対しては、「国家扶助によって最低限度の生活を保障」し、社会保険を補完しなければならないとした。つまり、社会保険制度が生活保障

戦後の社会保障・社会福祉政策の展開

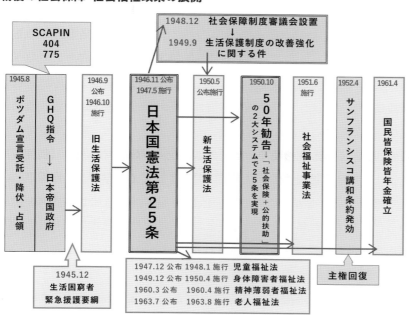

作成　松本一郎

できない場合に、生活保護制度が補足することによって、ナショナル・ミニマムが達成できるというシステムを構想した。

制度審は社会保障制度に関する抜本的な「改革の政治」を展開したといえるが、50年勧告の時点で自助を基礎とするドイツ型の社会保険主義が優先され、保険料の拠出を前提としない「福祉」の比重は小さくなる構造となった。そのシステムでは、生活保護や児童扶養手当といった税財源の公的扶助制度は残余的な位置づけとなり、財政支出は必要性よりミニマム化を迫られる。それに伴い、社会保険が「福祉」の代替機能を果たし、社会保険がたぶんに「福祉」的要素を含むものとなる[2]。例えば、国民健康保険や介護保険財政に大規模な国庫補助があるのはその一例である。

2）広井良典『日本の社会保障』岩波書店、pp82〜83、1999.

その後の展開

社会保障・社会福祉政策の各論や諸問題については、次項以降で展開されるが、ここでは1970年代以降の潮流について鳥瞰しておこう。社会保障・社会福祉政策は、低成長・マイナス成長のなかで財政問題との関係で争点化されていった。

日本経済は、1971年のニクソン・ショック、1973年の第一次オイルショックを契機として、低成長やマイナス成長、**スタグフレーション**となった。ケインズ主義的な国家運営が行き詰まり、財政赤字が目立ち始め、市場原理と小さな政府を重視する新自由主義が席巻するようになった。

1975年度からは、歳入不足を埋めるため、建設国債や赤字国債が大規模に発行される財政構造を余儀なくされた。政府は、歳出抑制のため、1982年9月に「財政非常事態宣言」を発表し、1982年度にゼロ・シーリング、1983年度にマイナス・シーリングの予算編成を行った。社会保障政策に関しては、自助原理の強調が見られ、給付削減、医療保険の窓口負担増を続けることになっていた。その推進役として、**第二次臨時行政調査会**（「第二臨調」）が、行財政改革にあたり急進的な動きを見せた。「制度審」という、社会保障制度全般に関して内閣への諮問する権限を与えられた機関がありながら、第二臨調は社会保障全般について答申を出していった。その際の新自由主義イデオロギーとして、日本型福祉社会論が捻出され、復古主義的な自助の強調と公助の後方化が幕開けした。その意味では、「総体としての社会主義圏の衰弱を背景にして、対抗文化としての緊張から解放された福祉国家内部における元来の反福祉勢力の復権」[3]であった。

スタグフレーション
スタグネーション（不況）とインフレーション（物価上昇）が同時進行する経済現象で、特に賃金上昇がないまま、物価が上がるため、生活が苦しくなる。

第二次臨時行政調査会
第二臨調は、「増税なき財政再建」を掲げ、総理府附属の諮問機関として設置された。会長には経団連名誉会長が就き、経団連、日経連、経済同友会、日商、関経連のトップが集った「行革推進5人委員会」等が作られ、財界が議論を主導した。

3）林健久『福祉国家の財政学』有斐閣、1992.

1986年ごろから日本経済は内需拡大により景気が回復した。株や土地の価格が上昇する「バブル経済」に入り、税収増となり、1990年度当初予算では特例公債発行がゼロとなった。

　ところが、景気は急激に悪化し、1992年度から建設公債が増え始め、公債依存度は反転し始めた。1994年度には一般会計歳出の増加に対して一般会計税収が全く追いつかず、政府はその差を埋めようとし、抜本的な税制改革ではなく大量の国債発行で急場しのぎを余儀なくされ、再び特例公債の発行を始めた。こうして財政の悪化が深刻化し、1995年11月、当時の武村正義大蔵大臣により「財政危機宣言」が出された。

　一方、社会保障制度の充実を目指す制度審は、第二臨調への抵抗をするためにも、1995年7月に最後の総合勧告「社会保障体制の再構築」を出し、「広く国民に健やかで安心できる生活を保障すること」を社会保障制度の新しい理念とした。財政削減基調のなかでも普遍主義的な考えを打ち出す動きもあった。

　1996年1月に発足した橋本政権は、財政状況は「主要先進国中最悪の危機的状況」と述べ、1999年までの3年間は「一切の聖域なし」で歳出の削減をすると宣言した。ところが、この年にはアジア通貨危機、銀行・証券会社の破綻の連鎖が起こり、経済危機が深まっていった。特に、バブル崩壊後の不良債権問題の長期化により、企業は解雇を増やし、失業率は上昇し1998年以降4％から5％台で推移した。この閉塞した社会情勢のなかで、個人と社会との軋轢が増し、1998年以降には自殺者数は14年連続で年間3万人を超える事態となっていた。橋本政権は、経済危機に対し大規模な「総合経済対策」を実施したが、1998年7月の参議院選の敗北を受け退場することとなり、小渕政権へ移行した。小渕政権は経済対策を優先し、財政構造改革をストップさせた。この後、財政構造改革は、2001年4月に発足する小泉政権により、内閣への権力一元化をテコとして、第二臨調型のトップダウンよりも急進的に行われることになる。この基調は2020年代においても基本的に変わっていない。

（松本一郎）

Q19 「貧困」を どうとらえるか、 政策の課題と展望は？

「貧困」をどうとらえるか

☑貧困の概念

　貧困とは、個人や家族にとって生活に必要な基本的資料（モノ、サービス）が不足し「貧」しくて、しかも「困」っている状態である。そのうち、「絶対的に」不足している状態を絶対的貧困といい貧困の基準を生死にかかわる極貧に重点を置いているのに対し、「相対的に」不足している状態を相対的貧困といい社会全体の平均や一般的な慣習を基準にしている。どちらも貧困であることには変わりなく、不足によってあるレベルの生活水準が維持できておらず、生活困難、社会的な不利を被っている。どちらも「社会は貧困を許容しない」という意味で**規範的概念**であり、加えて一定の生活水準を目指すための政策概念でもある。このように貧困を２つに分けるのは人類の英知であり、対象にアプローチしやすくなる利点がある。

　そもそも、貧困は隠れる性質をもつ。外見だけ、生活の表面だけでは本当の生活の姿はわからない。誰か（ジャーナリスト、研究者、ソーシャルワーカー、行政、近隣の人など）が個人や家族の生活の実態把握をしないと、貧困状態の内容や程度はわからないし、実態がわからないと支援の対象と内容が決まらない。そのため、２つの貧困の視点をもつことは実態をとらえるために不可欠である。

　しかし、この二分法の難点は、絶対的貧困と相対的貧困の２つが別世界・別次元に、しかも静態的に観念されてしまうことである（図1）。このため、図2として、あえて絶対的貧困と相対的貧困が同じ世界・次元で起きていると想定したい。絶対的貧困も人並みの生活からの大幅な乖離の状態ととらえれば、相対的貧困と同じベクトル上にあり、そうすると重なり合うときもあること、しかも動態的概念として考えることができる。「動態的」というのは、失業や病気などによりどちらの状態にもなるということであり、その前提で貧困を考えられるようになる。

規範的概念
社会的に、あるいは学術的に導き出される理想的な考え方のことをいう。

図1　貧困の静態的理解

絶対的貧困　　　相対的貧困

図2　貧困の動態的理解

相対的貧困

絶対的貧困

　絶対的貧困と相対的貧困の機械的な区別や切り離しが問題になってくるのは、相対的貧困に重きを置き過ぎて「日本では絶対的貧困が存在しない」と思い込んでしまう点にある。現実には、家があっても失業中で家賃・水光熱費の滞納になるほどの急迫事態を被っていたり、子どもがネグレクトで食事を適切にとれていなかったり、借金を返すために収入の多くを自分の消費のために使えず極度に節約していたり、野宿者が支援団体の炊き出しや行政の緊急援護でかろうじて生活しているといった、絶対的貧困がいつの時代にもどの地域にもある。しかもあるとき急に生活の安定から不安定へと激変することもある。ところが、「豊かな日本にはそれはありえない」と例外化して切り離し、「無関係なこと」にしてしまう（これを「他者化」という）ことがある。この結果、絶対的貧困が見えにくくなり隠れてしまうところに静態的理解の問題性がある。この２つの概念の機械的区別によって絶対的貧困を見失わないように気をつけたいところである。

☑ 絶対的貧困と相対的貧困の一体的理解

　では、さらに貧困概念を深めるために、絶対的貧困と相対的貧困の一体的理解について、次の経済学者の見解から考えてみよう。

> 　絶対的貧困と相対的貧困とは、絶対に区別できるか。できません。絶対的貧困は、相対的貧困の結果なのです。誰かが取りすぎるから、誰かが食うや食わずになる。そういう関係なのです。ある人が楽をできるのは、苦しんでいる人のおかげなのです。そのことを知っても、それは人の運不運の問題とうそぶく人は、いずれ不運の側に回るはずです。（中略）貧困は、絶対的にも相対的にも、一部の人の取り過ぎのせいなのです。[1]

　この指摘では、貧困発生の原因は富の不平等な分配（企業の膨大な**内部留保**、労働者の賃金の抑制等）による構造的な問題であるとし、個人の運不運の問題では決してないと述べられている。貧困の原因を個人的な運不運の問題に帰す議論は多く、貧困は社会の問題ではなくすべて個人の問題

1）岸本重陳『経済のしくみ100話』岩波ジュニア新書、p165、1988.

内部留保
企業の売上から人件費、原材料費などのコスト部分を引き、さらに法人税、株主への配当、役員報酬などを引いた後に残った利益を社内に積み立てたお金のこと。

第2部／社会福祉政策

3／日本の貧困低所得福祉政策

水平的所得再分配
所得再分配とは、労働者の給与や企業の利益から税金や社会保険料を国家が徴収し、必要な人に分配することをいう。水平的所得再分配とは、病気の人に対し健康な人の保険料が行き渡り安心して治療を受けられる仕組みのことを指す。

垂直的所得再分配
所得格差・不平等・社会的不利を是正するとともに、最低限の生活を保障するために、高所得者から貧困・低所得者に給付を行うことを指す。典型的な制度は生活保護や児童扶養手当であるが、国民健康保険への国庫負担金による財政調整もこのひとつである。

因果応報
仏教用語で、前世や過去に行ったことが原因となって、結果を報いとして受けること。

2）阿部彩「日本の相対的貧困率の動向：2019年国民生活基礎調査を用いて」科学研究費助成事業研究成果報告書『「貧困学」のフロンティアを構築する研究』2021.

と矮小化したいかのようである。しかしそのように「貧困は個人の不運の問題である」とする場合、現実には貧困が**水平的所得再分配**による社会保険の保険事故のひとつとなればよいが、「貧困保険」は技術的には成り立ちづらい。貧困状態にある人は、保険料を納めることは困難であり、中高所得者はそもそも加入しないからである。だからこそ、**垂直的所得再分配**による公的扶助によって絶対的貧困および相対的貧困状態が解消され、生存権が保障される仕組みを政府は採用している。

そもそも運不運に帰す「貧困＝個人責任論」から距離を置き、貧困を経済構造から生まれるとする考え方は、経済学者のみならず一般的な真理であろう。そうでないと、富の分配の不平等を、国の社会保障（再分配）によって是正するべきという社会的な規範も生まれないからである。これは、不平等是正を主眼とする各種の社会保障制度が存続している事実そのものが歴史的に証明しているともいえる。また、相対的貧困の先には絶対的貧困があるという視点、つまり経済的不平等が極貧状態をも生み出していくという視点も重要である。2つの貧困状態を統合して調査や統計で可視化する道筋を提起しているからである。

☑ 貧困リスクの不可避性、貧困リスクの集中

一方で、筆者が着目するのは、「いずれ不運の側に回る」というところである。これは**因果応報**の話のようにみえるが、そうではなく、貧困リスクの不可避性は経済構造に起因しており、貧困は普遍的に起こりうるということである。「貧困に遭遇することはありうる」と多くの人が想定し、社会保障が整備され、貧困になっても助けられる社会、貧困は自業自得ですべて本人の責任に帰す「犠牲者非難」（victim blaming）が起きにくい社会となるのではないだろうか。こうなれば、税や社会保険料を財源とする再分配による社会保障が意図的に実施され、まずは貧困リスクを社会保険によって予防的に回避する社会的機構ができる。

しかしながら、社会保険の機能が万能な機能をもつと強調されるだけだと、貧困への想像力が削がれてしまう。実際は、貧困リスクの高低がある。貧困リスクの集中、つまり、性別、年齢別、世帯別、地域別などの観点から見ると、明らかな偏在が見られる。世帯人員規模が小さい単身世帯や一人親世帯の貧困率は他の世帯類型に比べて高いことがわかっている[2]。世帯内での助け合う余力がほぼないか、少ないと貧困リスクが高くなるということである。2018年時点で、全体の貧困率が15.4％であるのに対し、勤労世代（20〜64歳）は、単身女性24.5％、単身男性19.8％、母子

世帯25.2％、父子世帯23.2％と推計されている。65歳以上の高齢者世代では、単身女性46.1％、単身男性32.1％となっている。女性世帯の貧困率が高いこともわかる。これらの世帯類型では高貧困リスクとなり、社会的孤立が起きやすいため、絶対的貧困を回避し、貧困・孤立を防ぐ政策において優先順位が高くなる必要がある。

　この貧困リスクの集中は、貧困リスクの普遍性よりも理解されにくい。この理解がないと、社会保障が、困窮者と困窮する可能性の高い人に、重点を置いてターゲットを定めて実施されなくなるが、実効性のある政策が採用されるようになるには、多くの人がこの点を理解することにかかっている。この意味では、貧困を可視化する調査や統計、貧困に対する理解を促進する教育や広報が重要になる。

　「リスクは誰にでもあり貧困に陥る可能性がある」「しかしながらリスクは集中する」の両方を同時に考えて社会全体で備え政策化しておくほうが、自分がそうなったときにも自然に助けられる関係性を得ることになる。逆にいうと、そうしないと、誰もが実際身に起こったことに対して、自力救済のみになっていき、社会はいざというときに助けてくれないという悪循環に陥ってしまうことになろう。

☑ 貧困の帰結と政策

　次に、貧困の影響や帰結について考えてみる。貧困状態が持続すると、その帰結には生活困難が生じ、ときに栄養失調、病死、餓死といった生死にかかわる深刻な緊急事態が起こりえる。

　大都会の外れで家族三人が人知れず亡くなっていた。餓死だったかもしれないというからやり切れない。痛ましい最期を迎える前に、異変を告げるサインを救済に結びつけるすべはなかったのか。二十日昼すぎ、さいたま市のアパートの一室で三人は見つかった。（中略）警察によれば、六畳の和室に六十代の夫婦が、四畳半の和室に三十代の息子が布団に横たわっていた。食べ物は見当たらず、水の入ったペットボトルが脇に置かれていただけだった。二カ月くらい前に息絶えたようだ。現金はほとんどなく、しばらく水だけで飢えをしのいでいたらしい。（中略）この半年間は家賃の支払いが滞り、水道料金も未納だった。電気やガスも止められていた。ポストは郵便物でいっぱいだった。[3]

3）2012年2月23日『東京新聞』、記事の一部を抜粋。

　貧困は生命・生活へ破壊的影響をもたらし致死性をもつ。筆者はこの新聞記事からそう読み取る。では貧困の本質とは何だろうか。社会学者は次のようにいう。

4）見田宗介『まなざ
しの地獄』河出書房新
社、2008.

> 　貧困とはたんに生活の物質的な水準の問題ではない。それはそれぞれの具体
> 的な社会の中で、人びとの誇りを挫き未来を解体し、『考える精神』を奪い、
> 生活のスタイルのすみずみを『貧乏くさく』刻印し、人と人との関係を解体し
> 去り、感情を涸渇せしめて、人の存在そのものを一つの欠如として指定する、
> そのようなある情況の総体性である。[4]

　貧困による個人・家族の「誇り」「未来」「精神」「生活スタイル」「関係」
「感情」など、人間や生活への悪影響が読み取れるだろうか。貧困は、つい
には人間存在の否定までも引き起こし、居場所がこの世に皆無となるまで
追い詰められることとなる。貧困による生命・生活への破壊的悪影響を最
重視・最優先とするならば、貧困は、その予防のためにも、救済のために
も、さまざまな角度から、貧困に対する政策の一環として社会や制度の実
態を点検する必要がある。

貧困に対する政策の課題

　日本経済は、1956年度から1972年度までの「高度経済成長期」（実
質GDP平均増加率9.3％）、1973年度の第一次オイルショックから1990
年度のバブル経済崩壊までの「安定成長期」（同4.3％）、1991年度のバ
ブル崩壊から2018年度までの「長期停滞期」（同0.7％）と時期区分が
できるが、経済成長率（実質GDP増加率）は長期的に低下を続けてきた
（図3）。

図3　実質GDP増加率

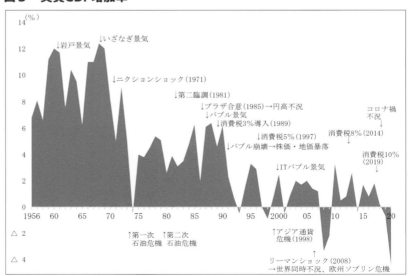

長期停滞期には、何度もマイナス成長を経験した。1993年はマイナス0.5%となったが、その前年ころから大都市を中心に野宿生活をせざるをえない人が増え、全国調査では2003年1月に25,296人となった。リーマンショック直後には、2008年にマイナス3.4%、2009年にはマイナス2.2%と景気は落ち込んだ。このときは、製造業派遣分野などの非正規労働者が解雇され、家賃を払えなくなったり寮を追い出された住居喪失者があふれた。長期停滞期には、剥き出しの絶対的な貧困が顕在化することも多くなった。日本でコロナ禍が始まる2020年にはマイナス4.5%と戦後最低であった。マイナス成長になると、生産性の向上やイノベーションがなければ、企業は解雇や新規採用の抑制、賃金カット、非正規雇用を増やす方向に舵を切る。実際、長期停滞期には企業は、非正規労働者を増やし正規労働者の雇用を抑制した。1993年ころから2004年ころまで企業は正規労働者を抑制したため大学新卒の求人倍率が落ち込み、就職氷河期とも呼ばれた。パート・アルバイト・派遣社員・契約社員・嘱託などの非正規労働者の採用を男女ともに増やし、男女計では1985年に16.4%であったが、1990年には2割、2005年に3割を超え、2019年には4割近くになった。長期停滞期を通して、貧困リスクの高い社会に移行している。

今後の展望

　かつて、明治時代に貧困の実態を明らかにするために取材した横山源之助（1871〜1915）は、「いかなる時代いかなる社会においても、貧民なきはあらじ。しかも社会の進歩につれて貧民の数増加しゆくが如く、我が国の如きも近年人口の増殖顕著なるとともに、到るところ生活の窮迫を訴うる声聞こゆ」[5] と書いた。貧困問題は、時代を問わず存在するものであろう。しかし、貧困は、ある社会環境のなかで、質と量を変えて多様な形態・姿で現れる。バブル経済崩壊後の長期停滞期においては、日本の経済構造や人口構造のダイナミックな変容が起こり、格差の拡大と貧困層の増加が進行した。その結果、それまでの市場、国家、家族の枠組みによっては十分に守られない人々を多く生み出した。個人や家族は、家族内・地域内での相互扶助に頼れなくなることが多くなり、貧困リスクの高い社会環境で生活している。その意味では、市場と家族による生活保障には限界があるからこそ国家による社会保障が生まれた歴史的経緯に立ち戻る必要がある。貧困に対する政策は、いつの時代も、可視化のための実態調査をも

5）横山源之助『日本の下層社会』岩波文庫、1985.（初版1899.）

とに、最低生活保障を実現するために、まずは分配にかかわる最低賃金制度、再分配にかかわる社会保険や公的扶助制度の客観的評価やモニタリングが肝要となる。政策や制度のなかには対象とする範囲、その実現のための方策が書き込まれており、実態とのズレがないか、政策が届いているかどうかを常に確認する必要があるからである。

しかしながら、生活困窮していても「生活保護などの社会保障に頼らず、自分で活路を見出し家族同士で助け合えるはずだ。探せば仕事はあるはずだ」といった感情や言説は社会のあちこちで根強くある。これは、家族依存主義と新自由主義のハイブリッドなイデオロギーであり、困窮に至った原因も現在の困窮状態もすべてその人・家族の責任に帰す政策へとシフトする原動力になってしまう。だが、このイデオロギーが強まることで、生死にかかわる悲惨な事態を多く生み出だすことになるのは明らかである。

マクロ経済の悪化や政策の弱体化による高貧困リスク社会のなかで、絶対的貧困の進行、相対的貧困による社会的不利の蓄積がある。いかに貧困が生命や生活に深刻な影響を与えてしまうのかを念頭に置いて政策を作り、定点観測をし、政策を更新していくしかない。

(松本一郎)

COLUMN

日本に貧困はない？

小泉内閣（2001〜06）の司令塔であった総務大臣（当時）竹中平蔵は、「格差ではなく貧困の議論をすべきです。貧困が一定程度広がったら政策で対応しないといけませんが、社会的に解決しないといけない大問題としての貧困はこの国にはないと思います」と述べた（朝日新聞2006年6月16日）。生活保護法があり日々貧困対策は行われているのに不可解にも「貧困はない」と発言しているが、これは「貧困の非争点化（イシューとさせない）の政治」であったのではないだろうか。大臣や有力な政治家が「貧困はある」と言えば、貧困対策の不作為が可視化され、国民から追加の貧困対策（財政出動）を迫られるからである。

4／日本の高齢者福祉政策

Q20 「高齢期」をどうとらえるか、政策の課題と展望は？

人生の高齢期をどうとらえるか

☑ 高齢者の人類史

21世紀になり、人口の高齢化は、先進地域（ヨーロッパ、北米、日本、オーストラリアおよびニュージーランドからなる地域）のみならず、開発途上地域（日本を除くアジア、アフリカ、中南米、メラネシア、ミクロネシアおよびポリネシアからなる地域）でも進展すると言われている（表）。

先進地域と開発途上地域の高齢化率

	2020年	2060年*
先進地域	19.3%	28.2%
開発途上地域	7.4%	16.4%

＊中位推計
資料：UN, World Population Prospects : The 2019 Revision
出所：『令和3年版高齢社会白書（全体版）』内閣府、p7.

つまり、21世紀はどの国でも、高齢化社会を迎える。そうしたことから、人類史のなかで、高齢者がどのように扱われてきたかを知ることにより、現在の高齢者に対する国や社会の対応を検討し、将来を考えるうえでの手立てが明確になるに違いない。

この点では、穂積陳重の著書『隠居論』（有斐閣、大正4年刊）が参考になる。同書については、一番ケ瀬康子と古林佐知子の共著が的確にまとめているので、それによりながら紹介しよう[1]。

まず、穂積は「高齢者に対する扱いを【食老】【殺老】【棄老】【隠居】【優老】という段階」でとらえている。

【食老】は、「食糧の欠乏状況のなかで、弱肉強食の要求にもとづき、高齢者を食べていた時期」である。「後には、その老人の智徳や心胆さらに知勇を継ぐためのもの、また食肉によって敬愛の礼を示すもの、さらに疫病、治療の方法とするためなどで、習俗としての食老は残されてきた」のであった。しかし、人間が人肉を食することは、習俗とはいっても忌み嫌わ

1) 一番ケ瀬康子、古林佐知子『「老人福祉」とは何か』ミネルヴァ書房、pp8〜12、1988.

れていった。

　その次が、【殺老】で、「食糧がまだとぼしかったころ、結局は食老と同じく、さまざまの理由をつけて行っていた習俗」であった。例えば、他界で幸せになるから殺老は親孝行であるとして、高齢者を殺していた。

　しかし社会の生産力が高まっていき、社会全体の経済が豊かになって、食糧もだんだんに豊かになっていくと、【棄老】へと変化していった。要するに食べたり殺したりすることの残酷さに耐えきれず、棄てるという形に変わっていったのだった。当時の共同体による生活では、年をとり耕作することや狩猟をすることができなくなれば、高齢者は共同体の生活を維持していくために、やむをえず棄てられたのであった。

　さらに、食糧がどんどん豊かな時代となるなかで、高齢者を棄てるのではなく、【隠居】するという習俗に変わっていった。それが現在の定年に引き継がれていく。

　穂積は、高齢者への扱いを歴史的な展開のなかでまとめていたが、今後の段階として、「【優老】の段階へ進まなければならない」と述べていることに注目したい。「優老の習俗は、老人を敬う心をもつものが多くなることによって可能となるという、いわば『内的要因』」について述べ、外因としては「①生活資料の充実、②平和生活の発達、③慣習の勢力」を挙げている。加えて、「高齢時に優遇されることは、当然の人権であることを『老人権』として表現」していた。

☑ 「日本高齢者人権宣言」の採択

　第二次世界大戦後、平和な生活、戦争のない社会づくりを目指すようになったのは、まさに穂積の考えのとおりである。国連や諸外国の影響を受けながら、我が国においても高齢者の人権宣言、高齢者憲章をつくろうとする動きとなった。2022年11月の第35回日本高齢者大会にて、ようやく「日本高齢者人権宣言」が採択された（表）。

　これは、日本高齢期運動連絡会や日本高齢期運動サポートセンターが策定したもので、「日本政府に、この高齢者人権宣言が掲げる理念、原理、原則にもとづく立法、政策の実現、そして、高齢化・長寿先進国として、国連の高齢者人権条約制定にリーダーシップを発揮することを強く求め」、そして「高齢者の人権保障を実現するために、日本高齢者人権宣言を高齢期運動の共通の理念・目標とし、世界中のすべての年齢の人々と連帯した行動をとる」[2]ことを宣言している。

2）日本高齢期運動連絡会・日本高齢期運動サポートセンター『高齢期運動ブックレットNO.7 日本高齢者人権宣言』pp3〜4、2022.

高齢者の人権に関する日本と国連の動向について

年	日本の高齢者人権に関する動向	海外・国連の高齢者人権に関する動向
1945		国際連合憲章（国連憲章）
1948		世界人権宣言
1961		アメリカ高齢者市民憲章を「ホワイトハウス会議 高齢化問題」にて採択
1963	老人福祉法 制定	
1965		アメリカ高齢者法 制定
1979	国際人権規約 批准	
1981	高齢者人権宣言案 （全国老後保障地域団体連絡協議会）	「国際高齢者の日」（10月1日）設定
1982		第1回「高齢化世界会議」（ウィーン）にて「国際行動計画」策定
1987	第1回全国高齢者大会（京都）	
1988	第2回全国高齢者大会（福島）にて 日本高齢者憲章採択	
1991		「高齢者のための国連原則」採択
1992	「日本高齢者運動連絡会」結成、 国連第1次要請団	「国際高齢者年」を1999年に実施を決定
1998	高齢者NGO会議発足	
1999		「国際高齢者年」
2002	第2回高齢化世界会議・NGO世界集会 （マドリード）120人参加	第2回「高齢化世界会議・NGO世界集会」（マドリード）にて「高齢化国際行動計画」策定
2006		国連に人権理事会創設（ジュネーブ）
2010	高齢者NGO会議、国連に要請行動	国連の総会にて「高齢化に関するワーキンググループ」設置を決定
2011		第1回、第2回「高齢化に関するワーキンググループ」開催
2012		第3回「高齢化に関するワーキンググループ」開催
2013		第4回「高齢化に関するワーキンググループ」開催
2014	第5回「高齢化に関するワーキンググループ」1名参加	第5回「高齢化に関するワーキンググループ」開催
2015	第6回「高齢化に関するワーキンググループ」3名参加	米州機構（35か国加盟）「高齢者人権条約」決議 第6回「高齢化に関するワーキンググループ」開催
2016	第7回「高齢化に関するワーキンググループ」3名参加	第7回「高齢化に関するワーキンググループ」開催 国連人権理事会「高齢者のすべての人権を享受するための独立専門家の報告者」承認
2017	第8回「高齢化に関するワーキンググループ」10名参加	
2018	第9回「高齢化に関するワーキンググループ」9名参加	
2019	第10回「高齢化に関するワーキンググループ」7名参加	
2020	日本高齢者人権宣言（第1次草案）	第11回「高齢化に関するワーキンググループ」コロナパンデミックのため延期
2021	日本高齢者人権宣言（第2次草案）	第11回「高齢化に関するワーキンググループ」開催
2022	日本高齢者人権宣言（第3次草案） 第35回日本高齢者大会（京都）にて宣言採択	第12回「高齢化に関するワーキンググループ」開催 国連・世界人権宣言キャンペーン（2022.12.10〜2023.12.10）
2023	第13回「高齢化に関するワーキンググループ」2名参加	第13回「高齢化に関するワーキンググループ」開催

出典：日本高齢期運動連絡会・日本高齢期運動サポートセンター『高齢期運動ブックレット NO.7 日本高齢者人権宣言』2022年、p8を参考に筆者作成

☑ 人生100年時代の到来と少子化による人口減少

　我が国では、1940年代までは「人生50年」と言われていた。たび重なる戦争により、戦死、空爆や空襲による戦災死、食糧難、栄養不足、結核などによって、長生きをすることが難しかった。

　しかし第二次世界大戦後、日本国憲法により恒久平和を願う戦後復興のなかで、公衆衛生の向上、医学・医療技術の進歩、栄養状態の改善などが図られていった。そうした結果、1984年に女性の平均寿命が80歳を超え、その年の「厚生白書」では、当時の渡部恒三厚生大臣が「我が国は、今や世界一の長寿国となり、かつて人生50年といわれたものが、人生80年の時代を迎えております。人生80年時代の到来は、戦後国民の不断の努力の成果であり、我が国経済社会の発展の象徴であります。この成果を今後十分に活かしていくことこそ、21世紀の豊かな国民生活、活力あふれる社会を築いていくための大きな「鍵」となるものであります」[3]と刊行にあたる言葉を残している。

3）厚生省『厚生白書（昭和59年版）』1984.

　以降、男女ともに平均寿命が延伸し、2013年には男性80.21歳、女性86.61歳となり、男女ともに80歳を超えた。

　しかし、上記の渡部大臣が言う「大きな『鍵』」は言葉だけに終わり、日本は、実は21世紀に突入してから、少子化という問題が改善されず、「少子高齢化」という問題が現れるようになった。国も、我が国の経済社会を揺るがしかねない人口減少社会を迎えたことを強調している。人生100年時代を迎えても、多数の高齢者を少ない若者が支える社会になると、若者に不安が広がリ、世代間対立を生む原因になってしまう。

☑ 高齢者の人権保障の実現

　長生きができる国になったからこそ、高齢者の人権が保障される社会づくリを目指し、実現することが重要である。それは、すべての年齢の人々の人権が保障されることにつながるからである。したがって、穂積が述べた「優老」という段階を21世紀に実現することこそ、人類史において重要な課題になる。若者たちもやがて高齢期を迎えるのである（コラム参照）。

高齢者福祉政策の課題と展望

☑ 家族を前提とした在宅ケアの払拭

　第一次世界大戦前の1874年に制定された恤救規則の基本的な考え方は、「隣保相扶の情誼」であった。それを受け継いだのが、第二次大戦後、

1980年代の臨調行革路線の下での福祉見直しの根拠となった「日本型福祉社会」論であった。自助努力と、家族や地域連帯により福祉を支えることを前提とした福祉社会という考え方であった。つまり、家族を前提とした在宅ケアの推進でしかなかった。

　しかし1990年代以降、高齢化、核家族化の進展により、高齢者の単独世帯や高齢夫婦のみの世帯数が増大した。そのため国は、家族で介護を担うのは限界に達したと見て「介護の社会化」を打ち出し、介護保険制度を創設した。国民の多くは、家族ありきの在宅ケアではない介護保険制度に期待を寄せたが、それから20余年が経過した。ここでは介護保険制度から見た「介護の社会化」の実態について考えてみたい。

☑ 介護保険制度下の実状

　まず、要介護者に対する主な介護者の続柄を見ると、「同居している人」が54.4％であり、その性別は「男性」35.0％、「女性」65.0％[4]と女性が圧倒的に多くなっている。すなわち妻、娘、嫁が依然として主な介護者になっている現状がある。次に要介護者等と同居している主な介護者の年齢を見ると、男性の72.4％、女性の73.8％が60歳以上となっている[4]。このことから、要介護者と主な介護者の組合せは、夫婦ともに高齢者同士である場合と、親・子ともに高齢者同士である場合とがあり、いわゆる「老老介護」の状態にあることがわかる。

　一方、介護や看護を理由に離職した者を見ると、2016年10月〜2017年9月までの1年間で約9.9万人、そのうち女性の離職者は約7.5万人で、全体の75.8％を占めている[4]。介護を必要とする者が出てきた場合、特に女性が介護を担わなくてはならない実態があることを示している。その背景には、既存の介護保険制度だけでは在宅サービスが不十分であることや、施設入所を検討しても、すぐに入所できなかったり、経済的な条件で適当な施設が見つからなかったりすることがあるといえよう。

　このように見てくると、介護保険制度による「介護の社会化」はまだまだ不十分であるといわざるをえない。言い換えれば、現在の介護保険制度における「介護の社会化」とは、たんに介護保険財政に社会保険方式を導入し、社会化したにすぎないともいえよう。2000年以前の老人福祉制度は、国と地方自治体による財源であったが、介護保険制度では、40歳以上の国民が支払う介護保険料によって財源の50％を確保するしくみになった。しかし、この先も高齢者の単独世帯や夫婦世帯が増加することが予想されている。そうであるならば、家族介護を前提とせず、真の「介護の社

4）内閣府『高齢社会白書（令和4年版）』pp29〜31.

会化」を目指すという視点でもって、在宅ケアの体制づくりを真剣に検討しなければならない時期に来ているといえよう。

☑ 老人福祉法の目的と基本的理念の実現

　我が国の「老人福祉法」では、その第2条と第3条で、その基本的理念が次のように示されている。すなわち「生きがいを持てる健全で安らかな生活を保障される」こと、また「その希望と能力とに応じ、適当な仕事に従事する機会その他社会的活動に参加する機会を与えられるものとする」こと、である。

　以下、この2点から、高齢者福祉政策の課題を考えてみたい。

　まず、年金生活をしている高齢者は、はたして「健全で安らかな生活を保障」されているだろうか。2004（平成16）年から「マクロ経済スライド」制度が導入され、年金額の伸び率が抑えられるにもかかわらず、各種保険料（介護、医療）や税金の引上げ、食料品や水道光熱費の高騰により、高齢者の生活はたいへん厳しくなっている。

　また、高齢者が働くことについては、「その希望と能力とに応じ」て仕事をすることができる社会になっているだろうか。総務省の「労働力調査」によると、2021年の65歳以上の就業者数は、前年に比べて6万人増えて909万人となった。18年連続で増加し、過去最多を更新している。就業率は25.1％であり、特に65〜69歳に限ると、50.3％と初めて5割を超えた。要するに2人に1人が働いている。しかし、60歳を境に、非正規の職員、従業員の比率が上昇し、65歳〜69歳では、男性67.8％、女性83.9％が非正規雇用となっている。

　この統計が示すのは、1つには、高齢者が年金だけでは生活ができないために働かなくてはならない現状があること。2つには、長い高齢期を考えると、少しでもゆとりのある生活をするために、元気なうちに働いて少しでも貯金をしておこうとする高齢者が多いこと、である。

　こうした高齢者の実態からうかがえるのは、高齢者が「働かざるを得ない」という実情、つまりは食べていかれないから働かざるを得ないことになっているため、高齢者がそれぞれの希望に基づいて働いているとはとても言えない、ということである。さらに、年齢とともに非正規雇用の占める比率が高まっているのは、そもそも雇用者が高齢者の「能力」を低いものと判断していることがあるのではなかろうか。

☑ 世代間対立の処方箋

　高齢者福祉政策の課題は、高齢者対若者という世代間対立の視点だけでは解決できない。なぜなら、高齢者の介護が必要となったときと同様、若者たちが子育てを必要とするようになったときにそれを家族が担うことを前提とした福祉政策の考え方では、限界があるからである。

　年金制度についても同様であり、若い世代が安心して生活できる賃金の確保や労働条件の確立を目指すことは、自分の将来の年金の安定にもつながるからである。

（宮崎牧子）

COLUMN

すべての年齢の人にとって暮らしやすい社会を築き上げよう

　第2回高齢者問題世界会議（スペイン・マドリード、2002年4月8〜12日）におけるコフィー・アナン国連事務総長の演説の一部である。あなたの高齢者観を形成する一助にしてほしい。

　「アフリカでは、老人が1人亡くなると図書館が1つ消えるといいます。地域によって言い回しは違うかもしれませんが、この言葉が意味するところは文化にかかわらず真実です。高齢者は、過去と現在、そして未来を結ぶ仲介者なのです。その知恵と経験は、社会にとってかけがえのない宝です。（中略）

　より多くの人がよりよい教育を受け、長生きをし、健康でいられる期間が長くなるにつれて、高齢者はこれまでになく社会に貢献することができますし、実際に貢献しているのだということを認識する必要があります。社会とその発展への高齢者の積極的な参加を促すことによって、高齢者の貴重な能力と経験を生かすことができます。働くことが可能でそれを望む高齢者には、働く機会が与えられるべきです。また、すべての人が、一生にわたって学び続ける機会をもつことも必要です。」

　なお、全文は、第2回高齢者問題世界会議、国連広報センター（unic.or.jp）を参照。

5／日本の地域福祉政策

Q 21 「地域福祉」を
どうとらえるか、
政策の課題と展望は？

「地域福祉」とは何か

　地域福祉は、社会福祉法第1条で「地域における社会福祉」とされている。さらに第4条では「地域福祉の推進」が規定され、「地域住民、社会福祉を目的とする事業を経営する者及び社会福祉に関する活動を行う者」は相互に協力し、地域福祉推進の推進に努めなければならないと明記されている。

　地域福祉が法律に明記されたのは、2000（平成12）年の社会福祉法が初めてだった。措置制度から契約制度、施設入所から在宅ケア、分野別縦割り福祉から分野横断型包括的支援の変化により、「地域における社会福祉」（地域福祉）が、社会福祉法の目的になった。しかしながら、地域福祉は、時代のニーズとともに、その時々に求められる社会福祉の課題に焦点をあて発展してきた。そのため、「地域における社会福祉」だけでは、漠然としており、その意味がよくわからない。また、地域福祉に該当する英訳はなく、地域福祉は日本独自の国産概念である[1]ので、海外との比較研究ですべてを理解することはできない。

　日本の地域福祉は、時代のニーズに合わせて、英米のソーシャルワーク理論を参考に概念を形成した。そして、個人と地域の課題解決に取り組み、社会政策の知見を取り入れながら発展してきた。さらに、コミュニティソーシャルワーク（地域基盤ソーシャルワーク）を通して、その実践の集積と普遍化から、社会政策形成や理論化につなげ、その検証と改善の循環から変化し発展し続けている。

　以下は、1960年代から2020年代までの地域福祉キーワードに基づく、変化と発展の過程である。

☑ 地域組織化（Community Organization）

　日本の地域福祉は、1960年代から1970年代にかけて、コミュニティ

1）杉岡直人「現代の生活と地域福祉概念」田端光美『地域福祉論』建帛社、2001.

のあり方や社会福祉協議会の地域組織化に焦点化された。高度経済成長により、1961年の国民皆保険・皆年金制度から、1973年の健康保険法や年金制度改正まで、社会保険や年金制度が整備された。一方で、都市の過密や農村の過疎などから地域社会が変化し、新しいコミュニティのあり方や組織化が模索された。多様なコミュニティ研究と、その実践としてアメリカのコミュニティ・オーガニゼーションの影響を受けた「地域組織化」の方法が、社会福祉協議会の実践理論の拠り所となった。

☑ 在宅福祉（Community Care）

日本の高齢社会到来は、1970年代の人口推計より予測されており、1970年代から1980年代にかけて、英米のコミュニティ・ケア研究を取り入れた在宅福祉研究が発展した。

1974年に出版された岡村重夫の「地域福祉論」[2]では、現代の地域福祉論にもつながる多くの提起をしている。岡村は、地域福祉の構成要素として、①コミュニティ・ケア、②一般地域組織化、③福祉組織化、④予防的社会福祉を挙げ、対象者は「児童」「高齢」「心身障害者」「その他」として、分野横断型の地域での社会福祉実践を提起した。そしてこれらの推進は対象者のニーズに基づき、長期的な社会福祉計画のもとで地域福祉サービスとして発展させるべきと述べている。さらに公衆衛生の予防概念に基づき「予防的社会福祉」を提起し、問題発生の予防、早期発見と対応の予防、課題の悪化予防の3点を挙げている。これらは現代の社会問題として、生活困窮、孤独、ひきこもり、8050問題等の対応にも活用され、地域福祉実践のひとつとして引き継がれている。

また、日本の在宅福祉サービスの考え方に影響を与えたひとつとして1968年のイギリス「**シーボム報告**」がある。1970年代日本は、福祉政策として社会福祉施設が建設される時代であったが、地方自治体ごとに展開されるイギリスのコミュニティ・ケアの考え方は、施設福祉と在宅福祉のあり方を問いかけた[3]。1979年全国社会福祉協議会発行の『在宅福祉サービスの戦略』では、在宅福祉サービスの基本的枠組みとして、①予防的福祉サービス、②専門的ケアサービス、③在宅ケアサービス、④福祉増進サービスを挙げ、介護を社会化し地域で在宅のままケアする構想を提示した。この在宅福祉サービスの考え方は、その後の地域福祉にも大きな影響を与えた。

2）岡村重夫『地域福祉論』光生館、1974.

シーボム報告
1968年のイギリスで、フレデリック・シーボム卿によって出された「地方自治体とパーソナルソーシャルサービスに関する委員会」報告書である。対象者分野別の福祉サービスを統合し、包括的サービス提供を行う地方自治体の再編成を提起した。1世帯1名のソーシャルワーカーによるジェネリックソーシャルワークを整備し、コミュニテケアの推進にもつながった。

3）大橋謙策『地域福祉とは何か』中央法規出版、pp28〜30、2022.

☑ 住民参加

1980年代から1990年代にかけて、住民参加や住民自治が社会福祉でも活発になってきた。身近な生活問題の解決や、来るべき高齢社会の介護問題に備えて、ボランティア活動や住民参加型福祉活動に取り組まれ、「有償ボランティア」をいう言葉も生まれた。そして、全国各地で住民参加型の相互支援を行う団体が活動を行い、高齢者とのコミュニケーションや認知症等の理解のために小中学校の福祉教育だけでもなく、地域においても住民対象の福祉教育が広がっていった。

1991年に全国の社会福祉協議会で実施された「ふれあいのまちづくり事業」は、住民参加と行政等の連携により、共に支え合う地域づくりを目指した活動で、現在の地域共生社会にもつながる取組みであった。

☑ 地域包括ケア

1990～2000年代にかけて、高齢者の在宅ケアは、英米のコミュニティ・ケアやケースマネジメントを取り入れて高齢者の地域包括ケアとして発展した。

地域包括ケアの源流は、1970年代の広島県尾道市の公立みつぎ総合病院にあり、患者を中心に病院と在宅を結び、地域における継続的医療体制を整備した。

社会福祉分野では、1980年代から1990年代かけて、社会福祉法人等による実験的なコミュニティ・ケアが各地で行われた。東京都東村山市の社会福祉法人白十字会の取組みもそのひとつである。そのほか、新潟県長岡市の高齢者総合ケアセンターこぶし園や、富山県氷見市社会福祉協議会の地域総合福祉推進事業、および岩手県遠野市が老人福祉計画を活用して実施した医療保健福祉連携も、先駆的な取組みとして挙げられる。その後、地域包括ケアと類似した実践は、先駆的な地方自治体で取り組まれ発展した。

そのひとつとして長野県茅野市がある。現在の地域包括支援センターのモデルは、2000年以降に長野県茅野市で地域福祉計画に基づき設置された保健福祉センターである。茅野市は、鎌田實氏の諏訪総合病院の地域医療が先駆的な取組みとして評価されていた。それらに加え、茅野市の地域福祉計画では「やらざあ100人衆」として住民参加による自主的な活動を組織し、住民と行政の協働で計画を策定した。そして、市内4地区の保健福祉センターに、保健師、看護師、福祉事務所ケースワーカー、社会福祉協議会専門員を配置し、ワンストップで相談支援とアウトリーチをする体

制を整備した。厚生労働省は、これを「地域包括支援センター」のモデルとしたのである[4]。このように地域包括ケアの源流は、医療系だけでなく福祉系にも見出された[5]。病気や障がいより、活動や参加に焦点をあて、地域でその人らしく暮らし続ける生活モデルによる実践は、地域福祉でも取り組まれた。

さらに厚生労働省の政策として、2014（平成26）年には「地域包括ケアシステム」の言葉が「医療介護総合確保推進法」に初めて使われた。地域包括ケアは、海外での類似概念として"Integrated Care"がある。それは単一の概念でなく多様な枠組みや定義があるので[6]、日本においても医療と福祉分野で多様な定義により展開した。そして高齢者福祉分野や地域福祉分野で蓄積した地域包括ケアは、地域共生社会の展開につながっていった。

☑ 地域共生社会と包括的支援体制

2015（平成27）年に、厚生労働省より地域包括ケアシステムを高齢者だけでなく全世代に拡げる構想[7]が出され、2016（平成28）年には厚生労働大臣を本部長とした「我が事・丸ごと」地域共生社会実現本部が設置された。2017（平成29）年の厚生労働省による地域共生社会の定義は、「制度・分野ごとの『縦割り』や「支え手」「受け手」という関係を超えて、地域住民や地域の多様な主体が『我が事』として参画し、人と人、人と資源が世代や分野を超えて『丸ごと』つながることで、住民一人ひとりの暮らしと生きがい、地域をともに創っていく社会」[8]である。これは、1970年代からの地域福祉実践の蓄積が、地域共生社会実現として注目される時代になったともいえる。

地域共生社会は、日本の人口減少と少子高齢化、地域や家族の支え合いの減少、社会経済担い手の減少、分野を超えた複合的で複雑な支援事例の増加を背景として構想された。そして、これらは国の施策として全国の地方自治体で実施されるように、以下のように社会福祉法が改正された。

まず、2017（平成29）年に社会福祉法第5条の「福祉サービス提供原則」に地域福祉推進時の住民連携、第106条の3「包括的支援体制整備」に市町村が制度の狭間や分野を超えた支援に努めることが規定された。さらに2020（令和2）年には、第6条に市町村が複合事例や制度の狭間事例に取り組む「重層的支援体制整備事業」と国や都道府県の後方支援が、そしてそれらの計画的推進のため第107条の「市町村地域福祉計画」が努力義務となった。また、第106条の4の「重層的支援体制整備事業」とし

4）竹内武「長野県茅野市：地域福祉計画」日本地域福祉研究所監修、中島修・菱沼幹男編『コミュニティソーシャルワークの理論と実践』中央法規出版、pp262〜276、2015.

5）二木立『地域包括ケアと地域医療連携』勁草書房、p4、2015.

医療介護総合確保推進法
2014（平成26）年制定の「地域における医療及び介護の総合的な確保を推進するための関係法律の整備等に関する法律」が正式名称で、主な内容は以下の3点である。①新たな基金の創設と医療・介護の連携強化、②地域における効率的かつ効果的な医療提供体制の確保、③地域包括ケアシステムの構築と費用負担の公平化。

6）筒井孝子『地域包括ケア構築のためのマネジメント戦略：Integrated Careの理論とその応用』中央法規出版、p38〜39、2014.

7）厚生労働省：新たな福祉サービスのシステム等のあり方検討プロジェクトチーム「誰もが支え合う地域の構築に向けた福祉サービスの実現─新たな時代に対応した福祉の提供ビジョン」（2015（平成27）年9月17日）

8）「ニッポン一億総活躍プラン」（平成28年6月2日閣議決定）や『地域共生社会』の実現に向けて（当面の改革工程）」（平成29年2月7日厚生労働省「我が事・丸ごと」地域共生社会実現本部決定）により、地域共生社会実現に向けた改革が進められた。

て「相談支援」「参加支援」「地域づくりに向けた支援」「アウトリーチ事業」「多機関協働事業」が法定事業として定義され、財政支援を含めて規定した。これらの法制化は、各地のコミュニティソーシャルワーカーによる課題提起と実践成果がその政策化の要因のひとつとして貢献した。

☑ コミュニティソーシャルワーク

　2001年に大橋がコミュニティソーシャルワークの定義を提起し、各地の社会福祉協議会で取り組まれた。コミュニティソーシャルワークは、アウトリーチにより問題発見し、個別支援と地域支援を一体的に行い、家族員を個別にアセスメントしながら、分野を超えた複合的な課題解決に取り組む。さらにソーシャルインクルージョンを進める住民参加活動を促進し、公私連携による社会的環境醸成を進める。そして、それらが市町村で展開できるよう地域福祉計画を活用して行政の運営管理やソーシャルワークが展開できるシステム構築を目指す。コミュニティソーシャルワークは、生活困窮、孤立、ひきこもり、ごみ屋敷、8050等の社会問題に取り組み、各地で問題解決への成果を挙げた。それらの地域性を生かした実践成果は、地域共生社会政策の発展にも寄与したといえる[9]。

☑ 実践と政策を循環し発展する「地域福祉」

　地域福祉は、1960年代から2020年代まで社会的ニーズに合わせて約60年間で急速に変化し発展した。一方で武川によれば、地域福祉研究者たちは、社会福祉法に規定する「地域福祉」以上の意味を地域福祉概念に与えてきたという[10]。地域福祉の実践者や研究者は、地域で暮らす人々の課題に寄り添い、人々の幸せな生活（well-being）を目指した実践や研究を行い、それらは地域共生社会政策と法律改定にも影響を与えた。これからも地域福祉は、個人や家族支援だけでなく、地域の多様な人々との協働による地域づくりから地方自治体のまちづくりまで、時代ニーズの合わせた多様な面をもち、変化し発展し続ける概念といえるのではないか。

地域福祉政策の課題と展望

☑ 地域福祉の概念

　「地域福祉」が法律に規定されたのは、2000年の社会福祉法以降である。武川が指摘したように、地域福祉研究者たちは、社会福祉法に規定する「地域福祉」以上の意味を地域福祉概念に与えてきた。

9）日本地域福祉研究所監修「コミュニティソーシャルワークの理論と実践」中央法規出版、2015. および日本地域福祉研究所監修「コミュニティソーシャルワークの新たな展開」中央法規出版、2019.

10）武川正吾「地域福祉の主流化その後―地域福祉と多文化共生社会」上野谷加代子編『共生社会創造におけるソーシャルワークの役割』ミネルヴァ書房. p20、2020.

社会福祉法に規定した「地域福祉」以上の意味とは、例えば大橋の概念定義によれば、「地域福祉とは、自立生活が困難な個人や家族が、地域において自立生活できるようにネットワークをつくり、必要なサービスを総合的に提供することであり、そのための必要な物理的、精神的環境情勢を図るため、社会資源の活用、社会福祉制度の確立、福祉教育の展開を総合的に行う活動」[11]と、盛りだくさんの内容である。

しかしながら、既存学問の統合科学的要素の強い地域福祉研究では、概念定義にあまり重点を置かず、地域福祉の構成要素を重視した[12]。鈴木五郎は、岡村重夫、三浦文夫、前田大作、阿部志郎、井岡勉、右田紀久恵の著作より、地域福祉の構成要件を以下のように整理した。①要援護の状況にある人への対人援助サービス、②要援護者を包含・支援する地域改善活動、③福祉コミュニティづくり、④地域福祉計画づくり、⑤住民参加と公私関係論、の5点を挙げた[13]。これらは、現在の地域福祉論やコミュニティソーシャルワーク実践とも共通点が多い。

☑ 地域共生社会政策に至るまで変遷

そのため、地域福祉政策の言葉はあまり明確ではなく、あえてその関連をたどれば、地方分権、在宅福祉、介護保険、地域包括ケア等の政策に見出すことはできる。日本の地域祉は、それらの政策を利用しながら、あるいは政策や法律制定、改定につながる実践成果を提起しながら、戦後第3の節目ともいう「地域共生社会政策」を推進した。ちなみに、厚生労働省によれば、第1の節目は1961（昭和36）年の「国民皆保険・皆年金」で、第2は2000（平成12）年の「公的介護保険制度」、そして第3が2015（平成27）年の「地域共生社会政策」である。

しかしながら、大橋は、社会保障・社会福祉政策の視点より、地域共生社会政策は第5の節目と述べている[14]。第1の節目は、厚労省見解と同じであるが、第2の節目として1971（昭和46）年の「社会福祉施設緊急整備五か年計画」を挙げている。1970年前後は地域福祉分野で、在宅福祉やコミュニティ・ケア研究が始められていた。しかし政策としては実らず、施設入所政策が2005（平成17）年の**障害者自立支援法**制定時まで続いた。第3の節目は、1990（平成2）年の福祉関係八法改正である。社会福祉行政が、国から市町村に権限委譲し、地方分権化、市町村主権化が始まったときである。地域共生社会政策は市町村主体に計画・実施し、厚生労働省は政策提言や助言にとどまるが、この起点は1990年にあった。第4の節目は厚労省と同じ介護保険制度である。介護保険制度に至る

11）大橋謙策「高度成長と地域福祉問題―地域櫛の主体形成と住民参加」吉田久一編『社会福祉の形成と課題』川島書店、1980.

12）前掲3）pp8〜9.

13）鈴木五郎『地域福祉の展開と方法』史創社、1981.

14）前掲3）pp111〜117.

障害者自立支援法
平成17年法律第123号、平成24年「障害者の日常生活及び社会生活を総合的に支援するための法律」（障害者総合支援法）に改題

までの在宅福祉研究や実践、福祉分野からの地域包括ケアの試行的取組みは、介護保険制度創設にも生かされている。そして、第5の節目が地域共生社会政策である。地域共生社会政策は、市町村行政が地域福祉計画策定を住民主体、多機関連携でどれだけうまく進めているか。そして、社会福祉法人が施設の入所者ケアだけでなく、地域の公益的事業を住民参加も得てどのように積極的に進めるかによってもその成果は変わる。

☑ 地域共生社会の実現に向けて

地域共生社会政策は突然現れたわけでなく、厚生労働省も3度の提言をしたが、約25年間実らなかった。1度目は1990（平成2）年の生活支援地域福祉事業の基本的考え方[15] で、多問題家族、社会的孤立、入退院支援等の問題提起とアウトリーチ、チームアプローチ、公私連携よる支援を指摘した。2度目は、2000（平成12）年「社会的な援護を要する人々に対する社会福祉のあり方検討会」報告書（検討会座長：阿部志郎）で、社会的援護を要する人々への問題発見と解決、行政連携、社会福祉法人の地域貢献、住民ボランティア活動による地域づくり等を提言した。3度目は、2008（平成20）年の**「地域における「新たな支え合い」を求めて―住民と行政の協働による新たな福祉」**で、制度の谷間、複合課題家族、ひきこもり、孤独と孤立等の課題解決のため、住民と行政のパートナーシップによる地域づくりと、コミュニティソーシャルワークの必要を提起した。これらの課題対応のためには、戦後約70年続いた社会福祉の縦割り行政や、社会福祉法人の施設ケア中心のサービス提供、ケースワーク中心のソーシャルワーク等を全面的に改革する必要がある。地域共生社会政策は、今後の行政や社会福祉関係者の取組みしだいで、衰退もするし、発展もする節目となる可能性がある。さらに、社会福祉やソーシャルワークは、一億総活躍社会に向けて人々の参加や活動の場を広げることに尽力すべきだが、自助や互助の奨励により共助や公助を衰退させ、社会保障削減の片棒をかつぐことがなきように、十分注意しなければならない。

地域共生社会政策がその理念のように、「制度・分野ごとの『縦割り』や「支え手」「受け手」という関係を超えて、地域住民や地域の多様な主体が参画し、人と人、人と資源が世代や分野を超えつながることで、住民一人ひとりの暮らしと生きがい、地域をともに創っていく社会を目指す」ために、利用者や住民主体の「地域福祉」の実現のため、社会福祉関係者は全力で取り組んでいかなければならない。

（神山裕美）

15) 厚生労働省社会局保護課：生活支援事業研究会（座長：大橋謙策）

地域における「新たな支え合い」を求めて―住民と行政の協働による新たな福祉
厚生労働省：これからの地域福祉のあり方に関する検討会（座長：大橋謙策）報告書、2008（平成20）年3月

6／日本の障がい者福祉政策

22 「障がい」をどうとらえるか、政策の課題と展望は？

「障がい」をどうとらえるか

☑ 障がい者福祉の独自性

　障がい者福祉の特徴として、多くの障がいが先天的に、あるいは発達期に、すでに発現し、生涯にわたって継続的な課題として存在するため、乳幼児期から高齢期までのライフステージ全体を見据えた、一貫性のある支援が求められる。当然のことながら障がい当事者のニーズは一人ひとり異なり、発達障がいや難病等、支援対象となる種別が多く、ライフステージ全体を視野に入れることで、療育・教育や労働、介護等、分野や制度が複雑になる。この意味で射程範囲の広い領域であるといえる。

　内閣府が発行している『令和4年版 障害者白書』によると、身体障がい者436万人、知的障がい者109万4000人、精神障がい者419万3000人となっており、国民の約7.6％が何らかの障がいを有していることになる。しかし、対象となる人口は圧倒的に少なく、社会保障全体における予算規模も比較的小さいなかで、複数の府省にまたがって施策を行っている。

　これまで、日本国憲法第13条（基本的人権の尊重）、第14条第1項（法の下の平等）、第25条（生存権）等を根拠として、各分野での施策を実施してきており、近年では、**障害者権利条約**（以下、権利条約）を批准したことにより、権利を保障する実効的な枠組みができてきている。条約は憲法よりも下位にあるが、他の法律よりも上位に位置する。具体的な障がい者施策は、**障害者基本法**第11条第1項に基づく障害者基本計画により形成されている。第1条に掲げられた「共生社会の実現」という目的の下で、各府省が実施する分野別施策（差別の解消・権利擁護および虐待防止、安全・安心な生活環境、情報アクセシビリティ、防災・防犯、行政等における配慮の充実、保健・医療、生活支援・意思決定支援、教育、雇用・就業および経済的的自立、文化芸術活動・スポーツ等、国際社会協力・連携の11項目）を設定している。各分野に共通する横断的視点として、「条約の理念

障害者権利条約
正式名称「障害者の権利に関する条約」。障がい者の人権や基本的自由の享有を確保し、障がい者の固有の尊厳の尊重を促進することを目的として、障がい者の権利を実現するための措置等を前文と50条で規定しており、2006（平成18）年に国連総会で採択され、日本は2007（平成19）年に署名、2014（平成26）年に批准している。2022（令和4）年8月には国連審査を受け、重い勧告・改善を指摘されている。

障害者基本法
障害者福祉施策の基本事項と国および地方公共団体の責務を規定したもので、心身障害者対策基本法が1993年に改正され、現在の名称になった。改正にあたっては、内閣府に障がい者制度改革推進会議を設置し、障がい当事者の参加のもとで議論を重ねた。

の尊重及び整合性の確保」「共生社会の実現に資する取組の推進」「当事者本位の総合的かつ分野横断的な支援」等の観点が挙げられており、各分野の有機的な連携の下、施策を総合的に展開し、切れ目のない支援を行うことが重要になる。

☑ 医学モデルと社会モデル

　障がいを個人の心身機能の障がいによるものとし、個人的な問題としてとらえる考え方を「医学モデル」といい、障がいによって生じる問題の解決の基本的な責任は個人にあるとする。その結果、治療という個人への介入が、問題解決の基本的な方向性とされる。

　一方、障がいがあると、多くの人が当然できていることができなかったり、周囲から理解されずに困ったり、つらい思いをしたりすることがある。これは、社会が障がい当事者や高齢者、外国人等、多様な人々がいることを考慮せず、多数を占める人たち中心に作られているからである。そのため、障がい当事者にとっては、不利益をもたらす物理的・制度的・文化情報面・意識上の「社会的障壁」が生まれ、生活しにくく、生きづらい環境となっている。「社会モデル」は、障がいは社会（モノ、環境、人的環境等）と個人の心身機能の障がいがあいまって作り出されているものであり、その障壁を取り除くのは社会の責務であるとし、社会全体の問題としてとらえる考え方である。

　頸髄損傷による四肢麻痺の当事者である障がい学者のマイケル・オリバーは、「孤立した個々の障害者が日常生活の中で経験する問題は彼ら個人の欠陥、または機能的な制限の直接的結果であるという考え」を押しつけている「障害の個人的悲劇理論」を批判し、障がい者を個別の境遇を抱えた個々の犠牲者というよりも「社会的な配慮を受けずに無視されてきた集合的な犠牲者」として見出す「社会的抑圧理論」を提示するとともに、これが普及すれば、社会政策は個々人を扶助するより差別や抑圧を緩和させる方向に変わっていくだろうと論じている[1]。

　「社会モデル」は、権利条約においてその考え方が示されており、批准に向けて、**障害者雇用促進法**の改正や、**障害者総合支援法**、**障害者差別解消法**等、新しい法律が成立した。障害者基本法第2条（障害者の定義）では、本人の心身機能の障がいのみでとらえるのではなく、社会的障壁という社会との関係性によってとらえることになり、第4条（差別の禁止）第2項で、社会的障壁のために困っている障がい当事者がいた場合、物事の本質を変えたり、多大な負担を強いたりしない限りにおいて、多様な方法

1）マイケル・オリバー、三島亜紀子・山岸倫子・山森亮・横須賀俊司訳『障害の政治―イギリス障害学の原点』明石書店、2006.

障害者雇用促進法
正式名称「障害者基本法や障害者の雇用の促進等に関する法律」

障害者総合支援法
235頁側注参照

障害者差別解消法
正式名称「障害を理由とする差別の解消の推進に関する法律」

116

を駆使して必要かつ合理的な配慮をしなければならない「合理的配慮」を規定した。

　これまでともすれば、障がい当事者の機能障がいの克服への努力に関心が寄せられがちだったが、社会的障壁を取り除いていくためには、社会の側が心身の機能障がいの特性に対する理解を深めるとともに、障がい当事者とのコミュニケーションを通じて、社会的障壁によってどのような困り事や痛みがあるのかに気づくことが重要である。

　また、**糸賀一雄**は、「この子らはどんな重い障害をもっていても、だれと取り替えることもできない個性的な自己実現をしているものである。人間と生まれて、その人なりに人間となっていくのである。その自己実現こそが創造であり、生産である。私たちの願いは、重症な障害をもったこの子たちも立派な生産者であるということを、認め合える社会をつくろうということである。『この子らに世の光を』あててやろうという哀れみの政策を求めているのではなく、この子らが自ら輝く素材そのものであるから、いよいよ磨きをかけて輝かそうというのである。『この子らを世の光に』である。この子らが、生まれながらにしてもっている人格発達の権利を徹底的に保障せねばならぬということなのである」[2]と述べ、障がい当事者が社会の主人公として、人間としての輝きを放ちながら生きていけるような社会の実現を目指す重要性を強調している。

> **糸賀一雄**
> 知的障がい児の福祉と教育に生涯を捧げた実践家。1946年に戦災孤児と知的障がい児のための施設「近江学園」を、1963年重症心身障がい施設「びわこ学園」を創設し、実践に基づく名言を数多く残している。

2）『糸賀一雄著作集Ⅱ』日本放送出版協会、1982.

障がいの当事者とは誰か

☑ 当事者と非当事者の関係性

　当事者とは誰かと問われ、障がい当事者「本人」であるとするとすっきりするように感じるが、本人とその他を区別すれば差異を強調することになり、理解者や支援者を遠ざけることになる。一方で、当事者と非当事者との二項対立からの脱却が言われているが、すべての人々を当事者としてひとくくりにすることには違和感がある。中西と上野は「誰でもはじめから『当事者である』わけではない。この世の中では、現在の社会のしくみに合わないために『問題をかかえた』人々が、『当事者になる』。社会のしくみやルールが変われば、いま問題であることも問題でなくなる可能性があるから、問題は『ある』のではなく、『つくられる』。そう考えると、『問題をかかえた』人々とは、『問題をかかえさせられた』人々である、と言いかえてもよい」[3]と言っている。

　「社会モデル」の考え方に基づけば、社会に存在する「関係者」（ステー

3）中西正司・上野千鶴子『当事者主権』岩波新書、2003.

クホルダー）も支援役割を担うべきであると考えられる。このことは本人が利用する障がい福祉サービスの費用を負担する意味でも自覚する必要がある。豊田は「障害を抱えこませた社会の側にも当事者としての意識やアクションを求めるもの」[4]と言っている。また、コミュニティソーシャルワークの支援対象は地域に存在する人々すべてになる。自分とは関係のない問題だと考えている者に対する「当事者性」の喚起は、「当事者予備軍」（潜在的当事者）と位置づけたとしても、そうなる可能性の低い者にどのように伝えるかは依然課題として残る。多くの人々が生活のしづらさを抱え、誰もが何らかの当事者になり得る現代だからこそ、共感性は高いと考えられる一方で、自分のことで精一杯で他者のことに気持ちを向ける余裕がないことも考えられる。ただし、ある課題に対しては「関係者」で、別の課題については「本人」という相互性に着目することは可能である。本人の存在に気づくことで意識や行動が変容し、課題解決に関与することで、傍観者として課題の周縁部に位置するのではなく、より「当事者性」を帯びる。この意味で本人と関係者は、課題に対して同心円状に位置している。地域のなかに存在する課題を、「我が事」として考えることができる力をいかに醸成するかは、関与するソーシャルワーカーの手腕にかかっている。

☑ 支援者の当事者性を考える

　「支援者」（ソーシャルワーカーを含む）については、支援の本質を考えることを通して、本人支援にかかわる者としての「当事者性」がある。支援とは、依頼の意味を理解し、補うことである。支援者は依頼内容の達成により主体性を獲得することができ、支援を求める主体と支援を提供する主体との相互作用で支援は実現可能となる。しかし支援依頼は自らできないことを露呈することになるため、スティグマを伴うことは否定できない。ためらいや思うように伝達できない苦しみに配慮し、支援者は支援の妥当性を相手の確実な応答により確認することが重要である。声を発することができない人からの支援依頼に対しては、発したいであろう声を読み取る支援者側の努力が重要で、相手の要求を積極的に慮る支援者からの問いかけは必須である。鷲田は「他者の現在を思いやること、それは相手の思いがわからないから思いやるのであって、理解できるから思いやるのではない」[5]と言っている。つまり、支援者の「当事者性」とは、本人との関係性のなかで、支援者がその課題解決に関与する一主体となることで立ち上がってくるものである。

4）豊田正弘「当事者幻想論」『現代思想』26巻2号、pp100～113、1998.

5）鷲田清一『「聴く」ことの力－臨床哲学試論』TBSブリタニカ、1999.

障がい者に対する政策の課題と展望

☑障がい者政策の変遷

　障がい者に対する政策の変遷を、中川と新田は、明治期から第二次世界大戦敗戦（1945）直後を「排除と隔離の時代」、身体障害者福祉法制定（1949）から国際障害者年（1981）までを「保護と更生の時代」、以降障害者自立支援法制定（2005）までを「自立支援と参加の時代」、以降現在までを「共生と包摂の時代」と区分している[6]。「共生と包摂の時代」である今日は、権利条約に基づき国内の政策を実施する必要がある。締約国は、国連障害者権利委員会に対して、定期的に政府報告等を提出することが義務づけられており、2022年8月、それを踏まえた建設的対話が行われた。その後に採択された「総括所見」で、障がい者の脱施設化および自立生活支援、精神障がい者の非自発的入院および隔離・拘束にかかわる法制度の見直し、インクルーシブ教育を受ける権利の認識、意思決定を代行する制度から支援を受けて意思決定をする仕組みへの転換等、多岐にわたる事項に関して見解および勧告が示された。

　今後より権利条約と障がい者政策との整合性の確保が求められ、各府省において、勧告を踏まえた「障害者基本計画」（第5次；2023〜2027（令和5〜9）年度）が策定された。ライフステージに応じた支援の全容を図に示し、そのいくつかを解説しておく。

6）中川純・新田秀樹「第2章 日本の障害法 1 日本の障害法の歴史」菊池馨実・中川純・川島聡編著『障害法』成文堂、pp32〜37、2021.

☑障害者権利条約第19条

　権利条約第19条（自立した生活及び地域社会への包容）は、入所施設や精神科病院から地域への移行のあり方を問うている。方向性に異論はないが、入所するときも、そこで暮らし続けることも、退所するときも、政策の転換期に他者の意向によってだとすると、障がい当事者の意思や主体性尊重の観点から疑問が生じる。特に地域生活支援の質量ともに乏しいままの、単なる生活空間の移行は「ダンピング」（投げ捨て）でしかない。地域移行は、本人の背中を押す施設や病院と、新しい生活を受け止め、支える地域との連携が必須である。本人の「どこで」だけではなく、「いつから」「誰と」「どのように」暮らしたいのか、意思表明から選択・決定、実現の過程での丁寧な意思決定支援なくしては実現しない。

☑障害者権利条約第24条

　権利条約第24条（教育）第1項で、人間の多様性の尊重等の強化、障

ライフステージに応じた支援（2022 年版）

【義務教育】（通常学級、特別支援学級、特別支援学校小中学部、訪問教育）【学童保育】【障害児通所支援】（児童発達支援・放課後等デイサービス・保育所等訪問支援等）【障害児入所支援】【高等教育】（高等学校、特別支援学校高等部、専門学校、大学）

【早期発見・早期療育】（妊産婦・新生児・未熟児訪問指導、乳幼児健康診査）【保育所等】（保育所・幼稚園・認定こども園）【就学前教育】（障害児保育、特別支援学校幼稚部）

児童相談所・児童発達支援センター、教育委員会

【育児支援】（地域子育て支援センター・児童家庭支援センター等）

【活動の場の確保】（自立訓練、日中一時支援、地域活動支援センター等）
【福祉的就労・作業所】
【就労支援】（就労移行支援・就労継続支援、就労定着支援・障害者就業・生活支援センター等）
【一般就労の促進】（障害者職業センター、ハローワーク等）【社会参加の促進】【福祉事務所・障害者相談センター】

【スポーツ・文化芸術活動、生涯学習】（学外活動・スポーツ・レクリエーション、講座・講習会・各種イベント参加、地域での交流等）

家族支援（きょうだい支援、親離れ・子離れ、親自身の高齢化）→

発達障害支援（発達障害者支援センター）→

医療的ケア児支援→

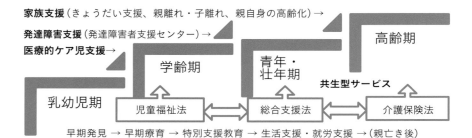

乳幼児期　学齢期　青年・壮年期　高齢期　共生型サービス

児童福祉法 ⟷ 総合支援法 ⟷ 介護保険法

早期発見 → 早期療育 → 特別支援教育 → 生活支援・就労支援 →（親亡き後）

個別の支援計画による一貫した支援

相談支援事業（自立生活援助・計画相談・地域移行・地域定着・障害児相談）

地域（自立支援）協議会・地域生活支援拠点・精神障害者にも対応した地域包括ケアシステム

【保健・医療】（健康診査・健康教育・健康相談、機能訓練・訪問指導、訪問看護、保健所・保健センター・精神保健福祉センター・リハビリテーションセンター、かかりつけ医・専門的医療）【生活支援】（居宅介護・重度訪問介護・同行援護・行動援護・生活介護・短期入所等、補装具、地域生活支援事業、施設入所支援、共同生活援助、住宅確保）
【所得保障】（障害年金・生活保護）【サービス利用促進】（サービスの質確保・苦情解決・利用者保護制度）【司法】（手続きにおける配慮、選挙等における配慮）【生活環境】（交通機関・公共的施設のバリアフリー化・移動の自由、住宅のバリアフリー化、情報のバリアフリー化、心のバリアフリー化・福祉教育、防災・防犯）【人的資源】（地域住民・ボランティアによる活動、民生委員児童委員、当事者団体等）

作成　沖倉智美

がい者が精神的および身体的な能力等を可能な最大限度まで発達させ、自由な社会に効果的に参加することを可能とするとの目的の下、障がいのある者と障がいのない者が共に学ぶインクルーシブ教育を確保することを求めている。現状においては、特別支援教育として、障がいのある児童生徒等が通常学級から隔離されている場面もあり、高等教育を含む学校教育における障がいのある児童生徒等に対する適切な支援を行うことができるよう環境の整備に努めるとともに、合理的配慮の提供等のいっそうの充実を図る必要がある。

☑ 障害者権利条約第16条

権利条約第16条は「搾取、暴力及び虐待からの自由」を挙げているが、障害者虐待の防止、障害者の養護者に対する支援等に関する法律（障害者虐待防止法）施行から10年以上経過した現在も、虐待事件は増加し続けている。また、障害者差別解消法の3年後見直しの議論を踏まえた意見書が2020（令和2）年に公表され、差別の定義・概念の明確化や民間事業者の合理的配慮提供の義務化、障がい当事者や事業者から個別の相談に応じる自治体の窓口体制の拡充、国と地方の連携が論点として挙がった。これを踏まえて、2021（令和3）年5月、障害者差別解消法が改正された。民間事業者に合理的配慮の義務化に対する準備期間を提供する観点から、2024（令和6）年4月1日から施行される 。

一方、**成年後見制度利用促進法**に基づき、2022（令和4）年3月「第二期成年後見制度利用促進基本計画」（2022〜26（令和4〜8）年度）が閣議決定され、成年後見制度の見直しに向けた検討と権利擁護支援策の総合的な充実、成年後見制度の運用の改善、後見人への適切な報酬の付与、地域連携ネットワークづくりの推進を柱として、計画に基づいた施策を実施することになった。権利条約第12条（法律の前にひとしく認められる権利）が、障がい当事者を法的能力によって差別することを禁止し、本人に不足する判断能力を意思決定支援により補い、本人が法的能力を行使できるようにする「支援つき意思決定」に転換するように求めていることを鑑みれば、日本の制度は法改正を含めた制度改革が迫られることになる。

☑ 障害者権利条約第27条

権利条約第27条（労働及び雇用）では、障がい当事者に多様な働く場と働き方を保障し、その労働環境の整備に努めることを締約国に課している。2021（令和3）年6月には、「障害者雇用・福祉施策の連携強化に関

成年後見制度利用促進法
正式名称「成年後見制度の利用の促進に関する法律」。成年後見制度が十分に利用されていない現状を鑑み、国が利用促進を図るために、利用者がメリットを実感できる制度・運用への改善や、権利擁護支援の地域連携ネットワークづくり等を盛り込んだ基本計画を作り、それに基づき市町村が具体的方策を講じることを目的として、2016（平成28）年に成立した法律。

する検討会」による報告書がまとまり、雇用施策と福祉施策の連携強化に関する対応策の具体的な検討の方向性として、障がい者のニーズの把握と就労能力や適性の評価の在り方（就労アセスメント等）、就労を支える人材の育成・確保（雇用・福祉の分野横断的な基礎的研修の確立等）、障がい者就労支援体系のあり方を整理している。就労支援とは、アセスメントを通して当事者が働く場や働き方を選択・決定するだけではなく、その場に定着するまでの一連のプロセスである。加えて、所得保障の観点からすると、障害者年金や生活保護制度のあり方を検討することも重要である。

☑ 共生社会の実現に向けて

「私たちのことを、私たち抜きに決めないで」のスローガンの下で展開された当事者運動の結実として、権利条約が誕生した。インクルージョンを推進する観点から、障がい当事者を政策の客体ではなく、必要な支援を受けながら、自らの決定に基づき社会に参加する主体としてとらえるとともに、政策の検討および評価に当たっては、障がい当事者が決定過程に参画することを保障し、その意見を反映させることが求められる。このことの実効性を担保するには、意思決定支援は必須要件である。加えて、社会的障壁の除去を進めるためには、行政機関やサービス提供事業所、非営利団体、地域住民といった関係者が、障がいのある人と障がいのない人が同じ地域社会でともに暮らし、学び、働く共生社会（インクルーシブな社会）という共通の目標の実現に向け、障がい当事者とともに協働していくことが重要である。

（沖倉智美）

私たちのことを、私たち抜きに決めないで
障がい当事者間で使われているこのスローガン "Nothing About Us Without Us" に基づき、国連本部で行われた権利条約の起草会合に、各国の障がい者団体も同席し、発言する機会が設けられた。その過程は『国際障害者年から40年の軌跡：障害のある人の分岐点―障害者権利条約に恥をかかせないで』（日本障害者協議会編、やどかり出版、2021）に詳しい。

7／日本の子ども家庭福祉政策

Q 23 「子ども」を どうとらえるか、 政策の課題と展望は？

子どものとらえ方

☑ **言葉の表記の多様性—「子ども」「子供」「こども」「児童」**

「子ども」「こども」「子供」の表記は、法律や行政機関、新聞、教育現場、名称、行事などなど、生活のなかで多様性をもって使われている。

行政機関 や法令、メディア、教育現場（福祉・看護・保育など）では「子ども」の表記が多く使われており、「こども」表記は小さな子どもでも読みやすいよう「こどもの日」「こども園」などで平仮名が使われ、公文書・公用文などでは「子供」表記が使われている。全国の教育委員会では、文部科学省が従前使用してきた「子ども」「こども」の表記が残り、学識者より教育行政および教育現場での表記のあり方に関する指摘もなされた。

2013年、文部科学省は「供」に差別的な意味はないとして、常用漢字表に基づき「子供」表記の統一を基本的に指示した。さまざまな意見があるなかで、「子供」の「供」は、お供の供として親の付属物、子どもは大人の所有物のニュアンスをもたせ、また、供養の供え物などを連想させるとして、今日においても、差別的表記という考えを払拭し切れたとはいえない。

特に日本が「**子どもの権利条約**」を批准した1994年以降、大人の従属物ではない人権をもった人としてとらえることを意図し、「子供」よりも「子ども」という表記が多くなった。

以上、「子どもの権利条約」の趣旨を踏まえ、いまだ「子供」がもつ差別的な表記という考えを払拭し切れていないことから、筆者は「子ども」表記を支持する。

一方、「子ども」「児童」という言葉は、必ずしも明確に区分されずに使用されている。児童福祉法といった法律、あるいは行政用語として「児童」という言葉が用いられてきたが、近年新たに制定された法律では「子ども」を使うことが多い。また、「子ども」「児童」の年齢区分は、法律や制度によって異なっている。児童福祉法では、「満18歳に満たない者」を児

子どもの権利条約
1989年に国際連合総会で採択され、世界中すべての子どもたちがもつ権利を定めた国際条約である。196の国と地域で締約されており、締約国・地域は条約の実行と進捗状況報告の義務がある。日本政府は1994年に批准した。
ＡＲＣ平野裕二の子どもの権利・国際情報サイト https://w.atwiki.jp/childrights/
日本ユニセフ協会サイト「子どもの権利条約」https://www.unicef.or.jp/about_unicef/about_rig.html

童と定めているが、「母子及び父子並びに寡婦福祉法」では児童を20歳未満と定義している。そして、民法では、18歳未満の者を未成年者と定めている。佐々木は大人と子どもが年齢によって区分される成年制度の創設を子どもの社会制度上での認識として位置づけ、その対象規定が子どもという認識を一般化させたと説いている[1]。したがって、「子ども」「児童」は保護の対象として位置づけられている。

筆者は、子どもとは成長発達していく存在で大人の保護を必要とするが、生まれたときからすでに人間で、権利の主体として生きる存在であるととらえたい。

☑ 社会子育て観

子どもは「宝」と古くから呼称され、「家の宝」「地域の宝」「社会の宝」「国の宝」として位置づけてきた。また、子どもは「未来の宝」とも呼ばれ、次代を担う子どもとして期待されている。**コルチャック**は、「子どもは今を生きているのであって、未来を生きるのではない」という子ども観をもち、子どもの今を生きる権利を大切にすることが未来につながると主張していた。

子どもの概念は歴史的変遷とともに変化したように、子ども観も普遍的なものでなく変化している。例えば、所有物としての子ども、保護の対象としての子ども、権利主体としての子どもなど、また、政策においても、戦前の「産めよ増やせよ」政策や、現在の少子化対策では、子どもをどうとらえているのか、政策基盤は子育て観につながっていくと思われる。

2023（令和5）年4月、子どものための政策をまとめて行う行政機関として「こども家庭庁」が発足した。子どもは国の宝として守り育てようと表現しつつも、「子どもの育ちは家庭が基盤」とした子どもや家族の支援重視の子育て観が反映されたようなネーミングである。原案の「こども庁」の名称は、「子どもを中心に置く社会」の実現を目指していた。「社会全体で子どもを支えていく」という理念の後退につながることが懸念されるところである。

厚生労働省が公表した「子ども虐待による死亡事例等の検証結果等について」によると、第1次報告から第18次報告の計1,534人（集計対象期間：2007年1月1日〜2022年3月31日の死亡事例）の内訳を見ると、心中以外の虐待死が939人、心中による虐待死が595人となっている。一人ひとりの尊い子どもの命が虐待によって断たれている現実の背景には、子どもを親の所有物としてとらえる子ども観がある。「親子心中」が児

1）佐々木光明「子どもと大人の関係」津田玄児編『子どもの人権新時代』日本評論社、p320、1993.

コルチャック
1878〜1942
ユダヤ系ポーランド人。小児科医、作家、教育者等多彩な活動を行った。1911年から孤児院「ドム・シェロト」の院長となる。「子どもの権利条約の精神的な父」（ユニセフ）と言われている。

童虐待として社会的に認知されておらず、親子心中なら仕方がないという社会の風潮があり、問題意識が低いといえる。

　また、厚生労働省の統計によると、2021年度の児童虐待相談対応件数は207,659件（速報値）で、過去最多となっている。データをとり始めた1990年は1,101件であったが、この32年間で188倍に増えた。

　子どもは自分が生まれ育つ家庭を選ぶことができない。成長発達途上にある子どもの第一次的な養育責任を負っているのが家庭になっているが、その家庭に問題が生じた場合、子どもの権利が侵害されることも考えられる。家族機能の脆弱化に加えて、コロナ禍での子どもの貧困や児童虐待、ドメスティックバイオレンス（DV）被害の増加などによる子育て環境の課題が指摘されている。虐待を行った親自身が孤立しやすく、孤立することで子どもに必要な社会資源を提供することが難しくなってしまう。子育てや生活苦に悩む親や家庭に社会全体で手厚く支えていくことが求められる。

　子育ては家庭だけが担うのではなく、社会子育て観の醸成は喫緊の課題である。

☑ 子どもの権利

　1900年に刊行された**エレン・ケイの『児童の世紀』**は、世界各国に強い影響を与えたが、20世紀は子どもの世紀にならなかった。その後、**子どもの権利に関するジュネーブ宣言**（1924）、**子ども権利宣言**（1959）が採択された。その30年後の1989年に子どもの権利条約が採択された。

　コルチャックの「子どもは、だんだんと人間になるのではなく、すでに人間である」という考えは、「子どもの権利条約」に大きな影響を与えた。18歳未満の子どもは権利をもつ主体と位置づけ、大人と同様一人の人間としての人権を認めるとともに、成長の過程で特別な保護や配慮が必要な子どもならではの権利も定めている。

　子どもの権利条約の定める権利には、「生きる権利、育つ権利、守られる権利」という受動的権利に、「参加する」という能動的権利が加わった。特に第12条「意見表明権」は、子どもが自由に意見を表明する権利があり、子どもの年齢や成熟度に応じて考慮されるものである。

　日本は国連の「子どもの権利条約」に5年後の1994年に批准した。**国連・子どもの権利委員会**は、2019年に日本政府の報告書を審査した後、公表した第4回・第5回目の総括所見で、日本政府に主要な懸念領域および勧告を行った。そのなかで緊急の措置がとられなければならないとし

エレン・ケイの『児童の世紀』
スウェーデンの思想家、教育家。著書に『児童の世紀』(1900)。「20世紀こそは児童の世紀として子どもが幸せに育つことのできる平和な社会を築くべき時代である」と論じ、子どもを権利の主体としてとらえていた。

子どもの権利に関するジュネーブ宣言
1924年に国際連盟総会において採択された。これは、国際連盟による最初の子どもの権利宣言で、「人類、すなわちすべての国の人々は子どもに対して最善の努力を尽くす義務を負う」ことが規定された。

子ども権利宣言
1959年に国際連合総会で採択された。前文ではジュネーブ宣言を受け継ぎ、「人類は、児童に対し、最善のものを与える義務を負う」ことが明記された。「子どもは子どもとしての権利をそれぞれもつ」と宣言した。

国連・子どもの権利委員会
子どもの権利条約の実施状況を国際的にチェックしている機関。年に3回、スイスのジュネーブで会合をもち、各国から定期的に提出される報告書などをもとに、条約の実施状況の審査・検討を行っている。

て、第1回から引き続き指摘している「子どもの意見の尊重」「家庭環境を奪われた子ども」を挙げた。

「子どもの意見の尊重」では、日本政府は、意見を聴かれる権利を子どもができる環境の提供と、すべての子どもが意味のある形でかつエンパワーされる参加を積極的に促進するよう、子どもの意見が正当に重視されることを確保するよう勧告された。

「家庭環境を奪われた子ども」でも、子どもを家族から分離すべきか否かの決定に義務的司法審査を導入し、子どもの保護のために必要でありかつ子どもの最善の利益に合致する場合に、子どもおよびその親の意見を聴取した後に行われることを確保することを勧告された。

また、「虐待、ネグレクトおよび性的搾取」では、子どもの暴力、性的な虐待および搾取が高い水準で発生していることを懸念し、子どもに対するあらゆる形態の暴力の撤廃に優先的に取り組み、かつ措置をとるよう勧告された。

日本は条約を批准し30年近くなるが、いまだに子どもは保護の対象といった社会規範が見られ、どんな小さな子どもにも権利があるというのが政策面からも一般世論にも浸透しているとはいえない。子どもの権利条約で明らかにされた「子どもの最善の利益」「意見表明権」などをもとに、社会全体が「権利の主体である子ども」の新たな子ども観を転換していく必要がある。

子ども家庭福祉政策の課題

☑ 家庭責任の強調と財源確保

少子化対策に関する政府の取組みの流れを整理し、政策の課題を述べる[2]。日本は、1990年の「**1.57ショック**」を契機に、出生率回復のための「少子化対策」の検討が進められてきた。最初の政策は1994（平成6）年の**エンゼルプラン**である。少子化対策が前面に出されたと同時に、「家庭における子育てが基本」という考えが注記され、子どもの最善の利益という視点は不十分であった。さらに、1999（平成11）年に**新エンゼルプラン**が策定され、各地方自治体においても策定が進められたが、財源確保ができないなかで再び家庭責任重視の視点が強調されることになった。

2000年代に入って少子化対策が本格化し、2002（平成14）年に少子化対策プラスワン、2003（平成15）年に少子化社会対策基本法、次世代育成支援対策推進法、2004（平成16）年には少子化対策大綱、子ども・

2）平川則男「子ども子育ての社会化をめぐる議論の変遷―こども家庭庁設置法案と安定財源」『自治総研』48巻522号、pp1-23、2022. を参考にした。

1.57ショック
1990に公表された前年の合計特殊出生率（15〜49歳までの女性の年齢別出生率を合計したもの）が1.57と、それまで最低だった「丙午（ひのえうま）」の1966年の1.58を下回ったことが判明したときの衝撃を指している。

エンゼルプラン
正式名称「今後の子育て支援のための施策の基本的方向について」（文部・厚生・労働・建設4大臣合意）

新エンゼルプラン
正式名称「重点的に推進すべき少子化対策の具体的実施計画について」（大蔵・文部・厚生・労働・建設・自治6大臣合意）

子育て応援プランが策定された。2006（平成18）年「新しい少子化対策について」では、「各種施策がより大きな効果をあげる上で重要なのは、社会全体の意識改革に取り組むことが重要」として国民運動を展開した。2010（平成22）年には、子ども・子育て応援プランが見直され、子ども・子育てビジョンは「子どもが主人公（チルドレン・ファースト）」「『少子化対策』から『子ども・子育て支援』へ」「生活と仕事と子育ての調和」の3つを目的とした。一方、2012（平成24）年に制定された**子ども・子育て支援法**の第2条において「父母その他の保護者が子育てについての第一義的責任を有するという基本的認識の下に」という文言があり、再び家庭責任を強調する内容となった。

☑ 頻出する第一義的責任

その後、2015（平成27）年にスタートした子ども・子育て支援新制度は、「量」と「質」の両面から子育てを社会全体で支えると掲げ、財源の確保に最大限努力するとされたが、不十分なままで経過した。

2016（平成28）年に改正された児童福祉法では、第2条第2号「児童の保護者は、児童を心身ともに健やかに育成することについて第一義的責任を負う」が新設された。武藤は「親が第一義的な養育責任を持てない状態があるところをこのように親の責任を強調することが、また子どもの権利が守られずに虐待につながるのではないか」との危惧と、「国及び地方公共団体の養育責務が2次的であってよいとの解釈がなされ、子どもは社会で育てるという思想や理念がこの規定で時代逆行につながらないか」と疑問を投げかけた[3]。

「保護者」の「第一義的責任」という文言は、近年の日本の政策においても強調されている。2000年代以降、子どもにかかわる法律の制定・改正では、2003（平成15）年の次世代育成支援対策推進法と少子化社会対策、2007（平成19）年の改正児童虐待の防止等に関する法律、2012（平成24）年の改正児童手当法と子ども・子育て支援法、2013（平成25）年のいじめ防止対策推進法において保護者の「第一義的責任」が定められている。

さらに、2022（令和4）年に子どもの権利全般を包括的に保障する法律として成立した「**こども基本法**」の第3条第5号にも「こどもの養育については、家庭を基本として行われ、父母その他の保護者が第一義的責任を有する」と記されている。

子育てするなかで孤立し、さまざまな困難を抱え疲弊している保護者は

子ども・子育て支援法
「子ども・子育て支援給付その他の子ども及び子どもを養育している者に必要な支援を行い、もって一人一人の子どもが健やかに成長することができる社会の実現に寄与すること」を目的として、2012（平成24）年に制定された。

3）武藤素明「児童福祉法改正と社会的養護の課題」『子どもと福祉』vol.9、p73、2016.

こども基本法
こども施策を社会全体で総合的かつ強力に推進していくための包括的な基本法として、2022（令和4）年に成立し、2023（令和5）年に施行された。こども施策の基本理念のほか、こども大綱の策定やこども等の意見の反映などについて定めている。

少なくない。特に、社会的養護を受ける子どもの家庭の多くは、家族、親族、地域など「関係性の貧困」の実態が浮き彫りになってきている。

武藤は、「保護者」の「第一義的責任」という文言は無意識的に社会規範となり社会子育てを後退させると言わざるを得ないと指摘した[4]。社会子育て観の醸成がなければ、子育ては完全に家庭責任にとどまってしまう。今後は財源確保、社会子育てと子どものwell-beingについて重要な政策課題として挙げる必要がある。

4）前掲3）に同じ。

☑ 要保護児童の権利侵害

日本では、社会的養護を必要とする子どもは約42,000人がおり、うち里親委託は2割強で、7割以上は児童福祉施設に入所している。そのうえ、児童養護施設の在籍期間が10年以上の子どもが2割強もいる。親子分離の期間が長く、家族再統合支援の難しさはあるが、子どもにとっては**パーマネンシー**が保障されず、権利侵害にあたるといえる。

また、2008（平成20）年の改正児童福祉法において、被措置児童等虐待の定義、児童養護施設等における虐待を発見した者の通告義務、通告があった場合の都道府県や都道府県児童福祉審議会等が講ずべき措置、措置の公表等施設内虐待の防止のための規定を新設された。2011年度から2020年度までの10年間で、全国の届出・通告受理件数は2,604件、うち都道府県等が虐待と認めた件数は845件となっており、社会的養護の場においても深刻な権利侵害が起きている。

一方、2022（令和4）年の改正児童福祉法では、「児童相談所等は入所措置や一時保護等の際に児童の最善の利益を考慮しつつ、児童の意見・意向を勘案して措置を行うため、児童の意見聴取等の措置を講ずることとする。都道府県は児童の意見・意向表明や権利擁護に向けた必要な環境整備を行う」と明記している。措置の段階で子どもの意見・意向を聴くことはいうまでもないが、施設入所あるいは里親委託後の生活においても、子どもの希望や意見などを述べる環境が作っていかなくてはならない。しかし、大舎制（20人以上の集団生活）という施設形態を採っている児童養護施設においては、集団生活であるがゆえに子ども一人ひとりの声が反映されることは極めて困難な状況にある。

さらに、施設に置かれている第三者委員会が機能しておらず、今後は施設形態の見直しと、子どものアドボカシー機関の設置、子どもの権利を擁護するシステムの構築は急務の課題である。

パーマネンシー
permanencyは、「永続性」や「恒久性」を意味する。2017（平成29）年に厚生労働省が打ち出した「新しい社会的養育ビジョン」では、永続的解決（パーマネンシー保障）の徹底（子どもに永続的な養育環境を保障すること）を掲げている。

子ども家庭福祉政策の展望

☑ 少子化対策、子育て支援から子育ち支援への転換

　少子化対策としての子育て支援が論じられているが、未来の大人のために今を生きる子どもを犠牲にしてはならない。2022年「こども家庭庁」の政策の基本理念では、常にこどもの最善の利益を第一に考え、こどもの視点で、すべてのこどもの健やかな成長、Well-being の向上に取り組むとしている。子どもの視点、すなわち、子ども主体の子育ち支援の推進が求められる。子育ち支援とは、「子どもが育つのを支援する」ことで、親（保護者）支援にもなる。基本理念を浸透させ子育ち支援の政策への転換が問われる。

☑ 子どもを権利の主体とする実践

　児童福祉法の第2条に「全て国民は、児童が良好な環境において生まれ、かつ、社会のあらゆる分野において、児童の年齢及び発達の程度に応じて、その意見が尊重され、その最善の利益が優先して考慮され、心身ともに健やかに育成されるよう努めなければならない」と定めており、国民に子どもの意見が尊重され、その最善の利益が優先して考慮されるよう努めることなどを義務づけた。石原は、子どもの最善の利益を考慮すべきは「公的若しくは私的な社会福祉施設、裁判所、行政当局又は立法機関」（子どもの権利条約第3条第1項）を含むすべての活動においてであり、条約の用語を使いながらも、締約国や公的な機関・専門機関の責任を明記せず、国民に努力を求めるものになっている限界を指摘した[5]。

　2022年に成立した「こども基本法」には、国連・子どもの権利委員会の再三の勧告に沿わず、「子どもを権利の主体とする」という文言の明記はない。子どもが権利の主体として尊重され、子どもが意見を表明する機会の確保、表明された意見が正当に重視される保障が重要である。政策理念の文言が明記され、施策の具現化を求めていく必要がある。さらに「子どもの権利」について子どもと大人に継続的に教え意識の変容への実践が重要である。子ども、特に権利侵害をされている子ども自身がどのような権利があるのか、正しく学ぶことは虐待防止につながり自他を大切にできる。大人も同様に継続的に学び、子どもの権利への共通認識が求められる。

☑ 社会子育て観を政策に反映

　ソーシャルペダゴジー[6]は「社会における子育て」などと訳され、子ど

5）石原剛志「2016年改正児童福祉法と子どもの権利条約」『子ども白書2017』本の泉社、pp49〜53、2017.

6）マーク・スミス、レオン・フルチャー、ピーター・ドラン、楢原真也監訳『ソーシャルペダゴジーから考える施設養育の新たな挑戦』明石書店、2018.

も福祉と教育・心理を横断する概念で、大陸ヨーロッパ諸国では、子どもの育ちを支える理論と実践を結びつけるとして広く普及し、施設や里親での子育てを含めた社会的養育にも大きく貢献している。子どもとともに働くこうした学際的な実践家が連携協働することは子どもの健やかな成長、Well-being の向上に必須であり、ソーシャルペダゴジーは社会子育て観の醸成に期待できる。

（金潔）

子どもの人権や政策に関する年表

1940年代	1946旧生活保護法、日本国憲法、民生委員令、47児童福祉法（民生委員は児童委員を兼ねる）、48［国連］世界人権宣言、少年法、民生委員法
1950年代	1950新生活保護法、51児童憲章、59［国連］児童の権利に関する宣言
1960年代	1961児童扶養手当法、64母子福祉法、特別児童扶養手当法、65［国連］国際人権年、母子保健法、66［国連］経済的、社会的及び文化的権利に関する国際規約、市民的及び政治的権利に関する国際規約
1970年代	1971児童手当法、79［国連］国際児童年、国際人権規約批准
1980年代	1981母子及び寡婦福祉法、89［国連］子どもの権利条約
1990年代	1994［国連］国際家族年、子どもの権利条約批准、エンゼルプラン、主任児童委員制度、97児童福祉法一部改正、99新エンゼルプラン、男女共同参画社会基本法
2000年代	2000社会福祉法、児童虐待防止法、01児童福祉法一部改正、DV防止法、02少子化対策プラスワン、03少子化社会対策基本法、次世代育成支援対策推進法、児童福祉法一部改正、04少子化対策大綱、子ども・子育て応援プラン、児童福祉法一部改正、発達障害者支援法、06認定こども園法、07児童福祉法・児童虐待防止法一部改正、08児童福祉法一部改正、スクールソーシャルワーカー活用事業、09子ども・若者育成支援推進法
2010年代	2012子ども・子育て支援法、児童手当法一部改正、13生活困窮者自立支援法、子どもの貧困対策法、いじめ防止対策推進法、14児童福祉法一部改正、母子及び父子並びに寡婦福祉法、15子ども・子育て支援制度、16児童福祉法一部改正、17新しい社会的養育ビジョン
2020年代	2022こども基本法、児童福祉法一部改正、23こども家庭庁設置

作成　松本一郎

8／日本の医療福祉政策

24 「医療保険」を どうとらえるか、 政策の課題と展望は？

我が国の医療保険政策の歴史

☑ 医療保険制度の歩み

世界初の社会保険は1883年にドイツで誕生した。しかし、日本は制度化が遅れた。日本の医療保険制度の歩みをたどってみよう。

第一次世界大戦をきっかけとした各種産業の発展により雇用が増大し、労働者が大幅に増えた。しかし第一次世界大戦が終わると「戦後恐慌」と呼ばれる状況が起き、大量の失業者が発生した。そのため労働争議が頻発、労働運動も激化した。また深刻な不況は農民の小作争議も頻発させることとなった。

政府は、現状の労使関係の対立は社会不安の大きな要因のひとつであり改善が必要だと考えた。さらに戦争をきっかけに経験した産業の発展を続けていくためには、**労使協調**が重要であるとも考えた。そのため当時のドイツにならい、労働者の生活上の不安のひとつである疾病に対する負担を軽減することを目的とし、1922（大正11）年「健康保険法」を制定（1927（昭和2）年施行）した。

昭和に入ってから1927年の金融恐慌、1929年に始まる世界恐慌の影響を受けて恐慌が相次いで発生した。また東北地方を中心に大凶作等が発生し、農村を中心とする地域社会を不安に陥れた。困窮に陥った農家では**欠食児童**や婦女子の身売りが続出した。農家における困窮と病気、重い医療費負担が重大な社会問題となっていたが、さらに農村や漁村の多くが無医村であったことや劣悪な健康状態なども加わり、何らかの解決を図らなければならない状態に陥っていた。

内務省は、農山漁村における貧困と疾病の連鎖を切断し、併せて医療の確保や医療費負担の軽減を図る方策として、市町村区域を単位とする医療保険制度を検討した。そして、農民等を被保険者とする「国民健康保険法」が1938（昭和13）年に制定（同年施行）された。

労使協調
雇用条件をめぐる対立関係を基盤とする労使関係ではなく、労働者と使用者が協力することによって利潤を上げ、その結果労働者の雇用条件をよくすることを目指す労使関係のあり方。

欠食児童
家庭の経済的困窮や飢餓、災害等の理由により、成長のために必要な食事をすることができない児童のこと。

国民健康保険は、地域住民を対象とする普通国民健康保険組合（市町村単位）と、同種同業の者で構成する特別国民健康保険組合により運営され、その設立も加入も基本的には任意であったため、未加入の人々が多く存在した。

しかし日本はこの後、戦時体制に突入することになる。厚生省は健兵健民政策を推進し「国保なくして健民なし」として国民健康保険の普及を図った。1942（昭和17）年には、国民健康保険の強制設立や、組合員加入義務の強化などを内容とした国民健康保険法の改正が行われ、第二次世界大戦の終戦まで一定の拡大が図られた。

☑ 国民健康保険の市町村公営化

第二次世界大戦後、日本の医療保険制度は崩壊寸前の状況に立たされた。戦災による工場・設備の破壊、軍需産業の停止などにより、事業を休廃止する組合が続出した。また、健康保険の適用除外である零細企業の労働者とその家族や、国民健康保険を実施していない市町村の居住者は、公的保険のない状態に置かれていた。医療機関の被害も大きく、医薬品や医療材料も乏しかった。

戦後の厚生行政は貧困・失業対策が中心となっていたが、1948年ごろから医療保険の再建に向けた取組みが始まる。国民健康保険法改正を行い、実施主体を国民健康保険組合から市町村公営に移行した。市町村に国民健康保険事業の運営を義務づけるとともに、市町村に住所を有する者は被用者保険加入者等でない限り強制加入とする国民健康保険法の全面改正が1958（昭和33）年に行われた（施行は1959（昭和34）年、市町村に対する義務化は1961（昭和36）年）。こうして1961年に、国民誰もが一定の自己負担で必要な医療を受けることができる「**国民皆保険制度**」となった。

この医療保険制度では**診療報酬**を用いた。診療報酬では、個々の診療行為についてそれぞれ点数を設定し、それを積み上げて算出する出来高払い制度を基本とした。健康保険法制定後しばらくは各保険者で1点単価が異なっていたが、1958年には全国一律の報酬体系となった。

1961年の国民皆保険制度達成時における患者の自己負担は、被用者保険については本人が負担なし、家族が5割であり、国民健康保険は5割であった。その後、1968年には国民健康保険が3割負担となり、続いて1973年には、被用者保険の被扶養者も3割負担となった。また同年には、自己負担の一定額（月額3万円）以上を超える額を支給する高額療養費支

国民皆保険制度
すべての国民の健康に対する医療を保証するために、国民全員が健康保険の加入することを求める制度。例外として、生活困窮のため生活保護を受給しており、保険料負担ができない場合がある。

診療報酬
一つひとつの医行為や、薬科に対して、厚生労働大臣が定めた報酬。単位は点で、保険診療では1点10円で計算する。医療費はこの診療報酬で定められた点数を行われた医行為、処方された薬科等を足し上げて計算される。

給制度が創設された。

☑ 高齢者医療費の実質無料化

　我が国の医療保険制度は、大きく分けて被用者保険と国民健康保険に分かれており、さらにかつては加入する医療保険によって保険料や給付率が組合によって異なっていた。わかりやすい例では、医療専門職が入ることの多い組合（医師国保、厚労省第二共済など）は、自身も感染等で疾病になる可能性が高いことから、高負担ではあるが高給付である。

　また高齢者は、有病率が高くなることや、慢性疾患を抱えて生活を送ることも多いことから継続的に医療を必要とする。そのため医療費負担をいかに軽減するかが大きな問題となっていた。こうしたなかで、1969年に東京と秋田県が老人医療費の無料化に踏み切ったことを契機に、各地の地方公共団体が追随し、1972年には、2県を除いて全国で老人医療費が無料化される状況となった。このような状況を踏まえ国の施策として1972（昭和47）年に老人福祉法が改正され、1973（昭和43）年から老人医療費支給制度実施されることとなった。この制度は、70歳以上（寝たきり等の場合は65歳以上）の高齢者に対して、医療保険の自己負担分を、国と地方公共団体の公費を財源として支給するものであった。そのためこの年を当時の総理であった田中角栄が福祉元年と呼んだ。

　この制度により、1970年から1975年までの5年間で、70歳以上の受療率が約1.8倍になり、「必要以上に受診が増えて病院の待合室がサロン化した」との問題も指摘されるようになった。また介護サービスを必要とする高齢者の受け皿が家庭や福祉施設に乏しいとともに、社会福祉施設に入所するよりも医療機関への入院のほうが手続きも容易なうえ、老人医療費は無料であるため、介護の必要な高齢者を病院に入院させる「**社会的入院**」を助長しているとの指摘もされるようになった。このように老人医療費の無料化は、必ずしもよい評価だけとは言えない状況であった。

☑ 高齢化・医療技術高度化に伴う医療費の増大

　我が国の医療費は増加し続けている。医療費増大をもたらす背景としては、前述した医療提供体制の整備・充実や高齢者向け健康保険等の充実に加え、高齢化や医療技術の高度化の影響も大きい。

　高齢化の状況について見ると、65歳以上の人口は、1947年の374万人から戦後一貫して増加し1970年には739万人、1995年には1826万人となり、2020年には3617万人となっている。高齢化率は1947年

社会的入院
医学的な根拠ではなく、自宅での介護力不足や利用すべき適切な社会資源の不足、経済的問題、受入れ先の偏見、誤解等の社会的な要因を理由とする入院。

には5％に満たなかったが、1970年に7％、1994年に14％を超え、2020年には28.7％となっている。先にも述べたように高齢者は慢性疾患等の有病率が高いため医療費は増加する

　次に医療技術の高度化について見ると、新しい検査、治療、薬等が次々に開発された。このような技術革新は、戦後、不治の病といわれた結核やがんなどの疾患に対して、治療効果が高く期待できる状況となっている。

　さらに1970年代以降は、自動分析器やCT、MRIなどの診断技術や、カテーテルや内視鏡を使って行う医療技術など、より高度な非開胸や非開腹の手術が盛んに行われるようになった。これらの技術は、日々開発、改良され、医療用ロボットや遠隔医療などの技術も発展している。その開発、試験等にもコストはかかるため、その影響もあり医療費増大の一因になっている。

☑ 老人保健法の導入

　老人医療費無料化以降、高齢化や医療技術の発展のため医療費は増大していた。加えて老人医療無料化の年に起きたオイルショック（1973年）による経済成長の鈍化もあり、高齢者の加入者が多い市町村国保の財政負担は重くなった。こうしたなかで、高齢者の医療費の負担の公平化を目指して、**老人保健法**が1982（昭和57）年に成立した。

老人保健法
2008（平成20）年に「高齢者の医療の確保に関する法律」（高齢者医療確保法）に題名改正

　老人保健法においては、各医療保険制度間の負担の公平を図る観点から、全国平均の高齢者の加入率に基づいて算出された出処金を各医療保険者で等しく負担する仕組みが新たに導入された。老人医療費の一定額を患者が自己負担することとなり、老人医療費無料化は廃止された。

☑ 特定療養費

　1984（昭和59）年の健康保険法改正において、新しい医療技術の出現や、患者のニーズの多様化に適切に対応すべく特定療養費制度が導入された。

　特定療養費制度は、高度先進医療や特別の療養環境の提供にかかる部分について、一定のルールの下で保険外診療との併用を認める制度であり、その内容は、高度で先進的な医療技術の技術料相当部分にかかる費用や、いわゆる差額ベッド代や予約診療など特に定められたサービスにかかる費用である。これらの特定療養費については自己負担としつつ、併せて発生する入院・検査費用などの、本来保険給付の対象となる基礎的部分についての療養費は給付される。

☑ 診療報酬・薬価

　保険者から医療機関に支払われる診療報酬・薬価等については、1958年に全国一律の料金体系になって以降一貫して引上げが行われていたが、高度成長の終焉以降その伸びは小さいものとなっている。

　日本は諸外国に比較して薬剤比率が高く、その理由として、薬価基準に従って保険者から医療機関に支払われる薬価と、医療機関が実際に市場から購入する実際の価格（実勢価格）との間に大きな差（薬価差）があり、薬を使えば使うほど医療機関の収入が増える仕組みになっていることがかねてから指摘されていた。そこで、薬価調査の結果に基づき、1967年以降毎年のように実勢価格に合わせていく形で薬価引下げが行われた。

　診療報酬については、医療技術の進歩などにより引き上げられてきたが、2002年、近年の賃金・物価の動向や厳しい経済動向を踏まえ、医師の技術料等に関する診療報酬本体についての1.3％、薬価等についての1.4％（薬価ベースでは6.3％）を合わせて2.7％の引下げが行われることとなった。診療報酬本体について引下げが行われるのは初めてのことであった。

☑ 医療保険の一部を介護保険に移行

　2000（平成12）年から始まった介護保険制度では、これまで高齢者福祉と老人医療の双方に分かれていた介護サービスを一つの制度として統合した。これにより、医療保険制度が事実上担っていた老人医療のうち、介護的色彩の強い部分が介護保険に移行することとなった

☑ 医療の機能分化

　1992（平成4）年の第2次医療法改正以降、医療機関の機能分化が進んでいる。三次救急、二次救急、一次救急、地域包括ケア病棟、回復期リハビリテーション病棟、医療療病床と、病床ごとにさまざまな機能分化が進み、その機能に基づき、受診先や入院先、転院先を選択するようになった。これは医療機関内だけでなく、例えばリハビリテーションの一部は介護施設へ移行するなど、医療、保険、福祉の領域にまたがった機能分化が進んでいる。

　機能分化は診療報酬のあり方にも強く影響している。それぞれの機能に合わせた診療報酬の**包括払い方式**が導入された。また「社会的入院」の批判を改善するために、**根拠に基づく医療**の積み重ねから導かれたそれぞれの機能に対して妥当な医療期間を過ぎると、入院基本料の点数が下がる

包括払い方式
病状と医療行為の組合せごとに定まった報酬が支払われる方式。病状に応じた標準的な治療に基づいて報酬が設定されているため、標準的かつ効率的でない医行為や投薬をすると、医療機関の収入が悪化する。

根拠に基づく医療
evidence-based
medicine
多様な根拠に基づいて、慎重に決定する医療のあり方をいう。この場合の根拠とは最新の医学研究の科学的成果はもちろんであるが、患者の意思や社会からの評価等も根拠として採用される。

ようにもなっている。このように機能分化と診療報酬を密接に関連づける診療報酬の改定が行われている。その結果、医療機関が機能分化に応じた治療成果を上げているかどうかが、医療機関の収入に大きく影響することとなった。

そのため医療機関は収入を向上させるためにも、より適切かつ効率的な医療を行うことが必要となった。その結果患者には、質の高い医療が提供される可能性が高まった。そして従来医療機関の機能分化が明確でなかった際に生じていた機関機能の重複、それに伴う人や機材等の医療資源の重複なども軽減されることとなった。そうすることで、社会全体の医療費の削減にも貢献している。このように現在の機能分化は、保険者、医療機関、患者のすべてにとってよい効果をもたらしている側面がある。

医療保険政策の課題と展望

☑ 機能分化とクリティカルパス

約20年前、後に某国立大学で教員となるような経験豊富な脳外科医が「日本の皆保険の仕組みは、人の命を大事にしているという意味で、世界でもトップクラスのいい仕組みだよ」と話してくれた。ただし現在進んでいる少子高齢化は、社会保障費の財源や医療人材の供給も含め、多様な点で医療サービスの提供に制限をもたらす。そのため日本の高い評価の皆保険制度はその姿を変えざるを得ない。

ではどのように変わっていくのか。ひとつの流れとして医療の機能分化がある。機能分化は前述したように、社会保障費も含めたさまざまな資源の効率化だけでなく、医療の質の向上にも寄与している。現状に合わせたひとつの大きな医療保険制度のあり方を改善する有用な方向性だと考える。

そしてこの機能分化の枠組みは効率性を重視し、個別性を軽視して患者を単純に機能に当てはめるものではない。機能分化とともに進展している**クリティカルパス**では、一般的な治療過程に当てはまらない場合にそれをエラーとしてとらえ、無理に標準化しようとするのではなく、一般的でないことを個別性として尊重し丁寧に検証する。この流れは単純な効率化だけでなく、患者を主体とした医療の発展にもポジティブに影響していると考える。

クリティカルパス
疾患や病状ごとの標準的な治療における医行為や各専門職のかかわりの工程を示したものである。目的は標準的な治療過程を確認することであり、示されている過程どおりに進めることではない。

☑ 医療資源の限界と応能、応益負担

　医療保険に関しては、これまでも保険料や医療費の自己負担分などで、**応能負担**、**応益負担**は導入されてきた。しかしながら応能、応益、どちらにしても、医療が必要とされる場面は、疾病により身体、精神にかかわる大きな変化に伴い生活に大きな影響があるという特殊性を鑑み、過大な負担を求めてこなかった。どのような医療を受けたとしても、高額療養費制度によって、本人の収入で支払い可能な金額の上限が設定されている。

　しかしながらこれからの少子高齢化のなかで、社会保障費の財源が逼迫することを前提とすると、機能分化だけで対応できない可能性もある。少し考えてみよう。例えばある抗がん剤は、標準的な使用で1人の患者に対して1年間の薬価が約1000万円かかる。それを日本全国で1000人使えば100億円の薬価がかかることとなる。

　これまでの考え方は、自分自身がその抗がん剤の適用となるがんにかかる可能性もあり、人の命に重い軽いはないので、病気になった人は受けたい医療を自ら選択し、その費用はみんなの保険料や税金を使い助け合いましょうという考え方であった。それは個人の医療費が1000万であろうが1万円であろうが関係はない。

　ただしこの考え方がずっと支持されるのであろうか。先の抗がん剤の使用で1年間にかかる100億円の薬科は、多くの人の保険料と税金でまかなわれる。その1人あたりの負担が少子高齢化のなかでどんどん重くなる。それが支持できない場合には、アメリカのように高額の医療費負担をするか、高額の保証が出る任意の健康保険に入るという考え方もある。またある国では、自由な医療機関や医療内容の選択ではなく、それぞれにホームドクターのように決められた医療機関にかかり、そのなかで判断された内容の医療を受けるという考え方もある。

　なんにしても少子高齢化の進展は、これまでの医療保険制度のあり方の変更を迫ってくる。そこで直面させられるのは、健康を守る役割の医療において、限られた財源や資源をどのように分配するのがよいのかを問われることである。

（倉石智帆・新保祐光）

応能負担
能力に応じた負担。健康保険で言えば、収入の多い人が保険料を多く負担し、収入の少ない人は保険料の負担を少なくすること。

応益負担
利益に応じた負担。医療で言えば、かかった医療費の額に応じて医療費を支払う。そのため高額の医療を受ける場合には、高額の負担が求められる。

9／日本の精神保健福祉政策

Q25 「精神保健福祉」を どうとらえるか、 政策の課題と展望は？

　「精神保健福祉」とは、人々の「こころ」の問題とそれにより生じる健康と福祉の問題を、社会福祉と精神保健の視座から明らかにし、その問題解決を図る政策と実践のことを示す。

　ここでは、精神保健福祉の政策を中心に述べる。

近代の精神医療政策

☑ 明治維新と精神病者監護政策

　日本の精神保健福祉政策の歴史は、明治維新とともに幕が開いた。新たに発足した日本政府は、ロシアとの国境問題や欧米諸国との不平等条約などの解消に向けた外交的な課題に直面した。こうしたなか、外国人が往来する都市部、外国船寄港地の治安維持という政策課題を背景に、1900（明治33）年には、「精神病者監護法」が制定された。

　この法律では、公安上の観点から精神障がい者の家族を「監護義務者」とし、その者の責任において、精神障がいのある家人を私宅、または精神病院で監置することを義務づけた。さらに、精神障がいのある家人を監置する際には、最寄りの警察署を経て住所地の地方長官（現在の都道府県知事）に届け出ることを義務づけた。これにより、道府県の行政が、精神障がいのある住民の所在や保護・監督の状況を管理する仕組みを築いた。

> **監置**
> 人を牢屋などに留め置くこと。

☑ 精神病院政策とドイツ精神医学の影響

　精神病者監護法の制定により、多くの精神障がい者が私宅監置によって、過酷で悲惨な生活を強いられるようになった。この実態を調査し、私宅監置の患者に近代的な精神医学に基づく保護と治療の必要性を社会と政治に訴えたのが呉秀三、片山国嘉など、ドイツで精神医学を学んだ医師であった。呉は、ドイツのハイデルベルク大学に留学し、クレペリンが体系化した疾病分類に基づく精神医学を学び、日本において近代精神医学の基

礎を築いた。

　呉が師事したクレペリンは、精神医学を体系化する過程において、精神病院の設立および近代化の重要性を論じた。クレペリンの精神医学では、疾病分類の方法として、原因の探究、症状の確認、経過の観察、病気の進行などの所見を総体的にとらえることを重視していた。この方法により病気をとらえるために精神病院の場を利用したのである。この理論と方法は、精神障がいの救済と近代精神医学の構築と精神病院設立に奔走した呉の意志からは乖離したが、**精神科病院**での隔離収容に偏重した戦後日本の精神医療政策を下支えした。

戦後日本の精神衛生政策

☑精神衛生法の成立

　精神病者監護法と精神病院法に基づく我が国の精神医療政策は、戦時体制のなかにあって発展することはなく、精神障がい者の多くが私宅監置による過酷な生活を強いられていた。それでも、第二次大戦前の1940（昭和15）年には、公立、民間合わせて2万5000床の精神病床が稼働していた。しかし、戦争により精神病床は4000床にまで減少した[1]。他方、戦争体験や戦後の社会混乱に起因する精神疾患を抱える人が激増し、精神保健医療体制の構築が政策上、急務となった。

　この事態に対応するため、民間精神病院の連合組織である日本精神病院協会が作成した、精神保健医療に関する法律の草案をもとにして1950（昭和25）年、「精神衛生法」が議員立法により成立した[2]。この法律では、私宅監置など精神病院以外への精神障がい者の収容を禁じた「施設外収容禁止規定」が設けられた。また、同法では、都道府県に公立精神病院の設置を義務づけるとともに、精神病院への入院手続きを法的に定めた。具体的には、**自傷他害の恐れのある者**について、**精神衛生鑑定医**の診察結果に基づいて都道府県知事が、精神病院への入院を命令する「**措置入院**」、精神衛生鑑定医の診察の結果、精神障がい者であることが認められ、**保護義務者**の同意によって入院が成立する「**同意入院**」という2つの入院形態が規定された。他方、患者本人が、精神病院への入退院を自らの意志で決定することは、法的に認められていなかった。

　精神衛生法の制定・施行により、私宅監置の状態にある人や未治療の精神障がい者の受入先となる精神病院の設置が、重要な政策課題となった。国は、壊滅的な状況にあった精神医療体制を整備するために、1954（昭

精神科病院
精神科病院の名称については、2006（平成18）年に制定、施行された「精神病院の用語の整理等のための関係法律の一部を改正する法律」により、政策上「精神病院」の名称が「精神科病院」へと変更された。

1）厚生省保健医療局精神保健課『我が国の精神衛生（精神衛生ハンドブック）昭和59年度版』厚生環境問題研究会、pp6〜7、1985.

2）広田伊蘇夫『立法百年史―精神保健・医療・福祉関連法律の立法史』批評社、pp5〜46、2004.（筆者が一部改変）

自傷他害の恐れある者
精神症状により、自分で自身の身体や生命を害する行為に及ぶ恐れがある者、および他者の健康や財産を害する行動に及ぶ恐れがある者のことを示す。

精神衛生鑑定医
精神衛生法において、同意入院にかかる入院の要否判定のための診察、都道府県知事の監督、命令に基づく措置入院の要否判定のための診察などの権限を有する資格をもつ医師のことを示す。現在の「精神保健指定医制度」のもととなった制度である。

和29）年に非営利法人による精神病院の設置に対する国庫補助を開始するなど、精神病床を民間の力で整備するための政策を進めた。その結果、1993（平成5）年には精神病床が36万床に達した[3]。

☑ ライシャワー事件と保安処分

他方、精神障がいのある人の地域ケアや地域生活支援の体制は整備されず、入院医療に偏向した精神衛生体制が築かれていった。さらに、1965（昭和40）年には、ライシャワー駐日アメリカ大使が、精神疾患を有する少年に刺傷される事件が起きた。いわゆる、ライシャワー事件である。

ライシャワー氏は、新たな日米安全保障条約締結後の日米関係の修復において、最重要人物の一人であった。そのため、この事件が政治と社会に与えた影響は大きかった。新聞やテレビでは「精神病者の犯罪」「精神障害者の野放し」など、精神障がい者に対する国民の恐怖をあおるかのような報道が連日、繰り返された。その結果、内閣や国会では、治安強化を目的とする精神衛生法の改正や精神障がい者に対する「**保安処分**」を盛り込んだ刑法改正などについての議論が活発化した。しかし、その後、精神科医や患者家族会などが、治安強化を目的とする法改正に対する反対運動を展開し、精神保健医療の充実を訴えた。このことも報道で広く取り上げられた。その結果、治安強化と精神保健医療の充実の双方を折衷的に盛り込んだ精神衛生法の改正法が、1965（昭和40）年に成立した。

精神医療政策の破綻と精神保健医療政策の再構築

☑ 進まない地域精神医療

新たな精神衛生法では、治安対策の強化として、自傷他害の恐れのある精神障がい者を緊急に強制入院へと結びつける「緊急措置入院」が制度化した。また、保健対策の強化として、保健所を地域の精神衛生（今日の精神保健）の第一線機関として政策上位置づけ、地域で暮らす精神障がい者の訪問指導や相談体制を強化した。さらに、精神科への外来通院治療を後押しするために、精神科の外来受診にかかる「通院医療費公費負担制度」を新設した。さらに、1975（昭和50）年には、精神科デイケアを診療報酬の対象にした。これらの施策は、G.カプランによる「予防精神医学」（1964）の理論をモデルにして設計された[4]。予防精神医学とは、①疾病の発生予防（第1次予防）、②疾病の早期発見・早期治療（第2次予防）、③疾病の再発防止・アフターケア（第3次予防）という、3つの局面によっ

措置入院
都道府県知事が強制診察を命令した患者について、精神衛生鑑定医2名以上による診察の結果、2名の鑑定医が精神障がいによる自傷他害の恐れがあると判定した場合に、その者に対して都道府県知事が入院を命令する制度を示す。

保護義務者
保護義務者（保護者）制度は、精神障がい者の医療と保護に関するさまざまな役割を配偶者や親権者などに義務として負わせた。同意入院への同意のほか、精神障がい者に医療を受けさせることなどの義務が精神衛生法に規定されていた。この制度は、2015年の法改正によって廃止された。

同意入院
精神保健法の制定に伴い、「医療保護入院」という入院制度に変更された。

3）厚生省公衆衛生局精神衛生課『我が国の精神衛生』p19、1967. および『我が国の精神保健福祉(精神保健福祉ハンドブック：平成23年度版)』太陽美術、p785、2012.

保安処分
社会の安寧を目的として、触法行為を繰り返す危険のある者の隔離、もしくは改善・治療のための国家による処分のことを示す。

4）新福尚武監訳『カプラン・予防精神医学』朝倉書店、pp17〜18、1970.

140

て、精神障がいの発生、再発、進行を予防するという理論である。

　新たな精神衛生政策では、保健所の訪問活動や相談活動により、未治療、あるいは治療中断の状況にあった精神障がい者を発見し、精神病院へと結びつける施策は活発に機能した。他方、精神科デイケアなど、精神障がいの再発予防やアフターケアにかかる施策・システムは、診療報酬上の問題や入院医療に偏向した根強い精神医療体制に阻まれ、低調であった。

　その結果、地域から精神病院への入院は促され、精神病院から地域への退院は滞るという歪な精神医療の体制が強化されていった。

☑ 精神保健法の成立

　さらに、**精神科特例**によって少ないマンパワーで運営される精神病院では、入院患者に対する暴力や違法な拘束が続発した。その最たる例が、「報徳会宇都宮病院事件」である。この事件は、1984（昭和57）年に発覚した、看護職員の暴力による患者の死亡、患者による違法な医療行為、病院職員による患者の使役など患者に対する凄惨な人権侵害が、日常的に行われていたものである。その後、日本政府は、国連との協議関係をもつNGOs団体である国際法律家委員会と国際保健専門職委員会の合同調査チームによる調査を受け入れた。1985（昭和60）年には、合同調査チームが日本政府と国連人権委員会に、調査結果の報告および勧告を行った。日本の精神医療制度は患者の人権にかかる法的保護に欠き、**国際人権規約**B規約に定められた患者の諸権利を精神障がい者に対して保証していないとの内容であった。この勧告を受けて、日本政府は精神衛生法の全面的な改正を国連人権委員会小委員会の場で表明し、1987（昭和62）年精神衛生法の改正法である「精神保健法」が成立した。

　この法律では、精神科入院患者の人権擁護を担う第三者機関である精神医療審査会の設置を都道府県に義務づけたほか、「精神障害者社会復帰施設」を法定化した。さらに、精神科への入院制度についても改定がなされ、患者本人の意志に基づく「任意入院」が新たな入院形態として新設された。さらに、同意入院は、「医療保護入院」として制度上の変更がなされ、患者の入院および入院継続の妥当性について、精神医療審査会の審査を受けることとなった。しかし、法施行後も、精神病床は増え続け、精神病床の利用率が100％を超える状況は続いた。また、医療職者による患者への人権侵害事件が続発した。

精神科特例
精神科病院における医療スタッフの配置人数について、特例的に一般病院よりも少なく設定した制度上の基準のこと示す。精神科病院では医師数を患者48人に1人（一般病院では患者16人に1人）、看護師数を患者6人に1人（一般病院では、患者4人1人）という配置基準を設けている。

国際人権規約
国際人権規約とは「経済的、社会的及び文化的権利に関する国際規約（A規約、社会権規約）」「市民的、政治的権利に関する規約（B規約、自由権規約）」および「選択議定書」の3つの条約の総称である。

☑ 相次ぐ法改正

ところで、日本では、少子高齢社会の本格的な到来を見据えて、1990年代より社会保障制度の構造改革が進められた。そのなかでも、1995（平成7）年には、社会保障制度審議会が、医療費の適正化を目的に長期入院、社会的入院の解消のための施策の推進について勧告した。こうした社会保障制度改革の波は、精神保健医療政策にも押し寄せた。

まず、1993（平成5）年には、精神保健法が改正され、「施設外収容禁止規定」が廃止された。これにより、福祉施設やグループホームなど、精神科病院以外で、精神障がい者がケアを受けることの法的な整備が図られた。1994（平成6）年には地域保健法が成立し、地域保健施策に精神保健事業が位置づいた。また、1995（平成7）年には、精神保健法が改正され「**精神保健福祉法**」が成立し、精神障がい者を対象とする社会福祉施策が法的に位置づいた。さらに、1997（平成9）年には、精神科病院の社会的入院者の退院促進、および精神障がい者福祉を推進するマンパワーとして精神保健福祉士国家資格が制度化された。1999（平成11）年には、精神保健福祉法が改正され、精神障がい者福祉の実施主体が都道府県から市町村へと制度上、移管された[5]。2004（平成16）年には、厚生労働大臣を本部長とする「精神保健福祉対策本部」より「精神保健医療福祉の改革ビジョン」が示された。

精神保健福祉法
234頁側注参照

5）実際に精神障がい者福祉施策の実施基盤が都道府県から市町村へと移管されたのは、2002（平成14）年のことである。

☑ 改革ビジョン以降の状況

この改革ビジョンは、精神科長期入院者のうち、「（病院外での）受入条件が整えば退院可能な者」を約7万人と推計し、その解消を10年間で行うことを明記した。この改革ビジョンに基づき、精神保健医療改革が今日まで進行している。精神病床の機能分化、「精神障害にも対応した地域ケアシステムの構築」とその実現のための退院支援プログラムや治療方法の開発、精神的不調の早期発見に向けたセルフチェックなど第1次予防を指向したプログラム開発など、この数年で精神保健医療政策は、外形上大きな変貌を遂げた。

障害者権利条約
115頁側注参照

しかしながら、2022（令和4）年9月には、国連・権利委員会が**障害者権利条約**に基づき、精神科入院患者の人権上の問題に対する指摘と医療保護入院の撤廃などの勧告を行った。そして、現在もなお、精神科病院における入院患者の人権侵害事件が毎年のように報道で報じられる。つまり、外形上は整っても、内実は国際的な批判を受け続け、本質的な課題は根強く残ったままの状態にあるのが、今日の精神保健福祉政策と言えよう。

精神保健福祉政策の始動と発展

☑ 精神保健福祉政策の始まり

　我が国の精神保健福祉政策が本格化したのは、1993（平成5）年に成立した障害者基本法の第2条（障害者の定義）に、精神障がいが位置づいて以降である。それ以前は、精神障がい者は政策上、障がい者施策の対象ではなく、精神医療の対象であった。そのため、戦後から障害者基本法成立までの間、精神障がい者に対する福祉施策は、生活保護制度とその制度に基づく救護施設や更生施設などの保護施設に限られた。

　他方、1970年代より、先進的な精神医療を提供する医療機関が、欧米で発達した作業療法、家族療法、心理教育、治療共同体などにかかる理論を援用し、集団精神療法、（院外）作業療法、住居プログラムなどのリハビリテーションや居住支援を制度に頼らずに展開した。

　同時期には、やどかりの里における地域生活支援の実践や十勝・帯広地域の精神保健福祉ネットワークによる地域を基盤としたケアシステムの構築などの先駆的な好事例が登場した。こうした活動は、精神障がい者のリハビリテーション、生活支援、地域保健ケアにかかる理論を創り出し、今日の精神保健福祉政策にも影響を与えている。

☑ 精神保健ボランティア

　また、1980年代に入ってからは、**国際障害者年**の影響もあり、各地で無認可の小規模作業所がつくられた。小規模作業者は法外施設でありながらも、精神保健福祉に関する制度・サービスの整備が進まないなか、精神障がい者の地域生活と社会参加を支えた。さらに、かながわボランティアセンターが、「精神保健ボランティア講座」の養成プログラムを開発し、全国へと普及した。このプログラムは、社会福祉協議会、保健所、精神科病院、小規模作業所、家族会などが協働してプログラムを企画・運営し、時間をかけてボランティアを育成するところに特長があった。

　この活動から形成された組織間、支援者間のネットワークや連携システムは、地域の精神保健福祉に潜在するニーズの把握やそれに対応する社会資源の開発の原動力となった。さらに、この講座で養成されたボランティアは、地域でのサロン活動、配食サービス、グループホームや小規模作業所の設立など、精神障がい者の地域生活を支える社会資源の創出の原動力となった。つまり、「精神保健ボランティア講座」は、単なるボランティア育成プログラムではなく、精神保健福祉に関する地域の福祉課題を地域住

国際障害者年
国連において、障がい者にかかわる理解の促進や政策の推進を世界規模で進めるための指針として「国連障害者行動計画」を採択し、加盟各国に行動を求めた。「完全参加と平等」をスローガンに、1981年を「国際障害者年」とした。そのうえで、この年を起点に行動計画の実施期間として、「国連・障害者の10年」がスタートした。

民が解決する、地域福祉活動のしかけとして機能したのである。また、このしかけづくりには、保健所や精神科病院、小規模作業所などのメンタルヘルス・ソーシャルワーカー（MHSW）が、中心的な役割を果たした。

☑ 精神保健福祉法と障害者総合支援法の成立

　その後、障害者基本法、地域保健法の制定に伴い、精神障がい者の福祉施策の整備に向けて、1995（平成7）年に精神保健法が改正され、「精神保健福祉法」が制定された。この法律により、精神障害者保健福祉手帳や精神障害者社会復帰施設が制度化され、精神障がい者にかかわる福祉施策が徐々に整えられた。さらに、2005（平成17）の**障害者自立支援法**の成立により、精神障がい者のための福祉サービスは、市町村を基盤に他の障がい種別と統合して整備されることになった。こうして、精神保健福祉施策は、支援、サービスのメニューと供給量、および提供と創出のしくみを整えてきた。

　さらに今日では、「障害者総合支援法」に基づく地域自立支援協議会、障がい者の相談支援体制の充実や「精神障害にも対応した地域包括ケアシステムの構築」のための協議の場の設置など、地域による精神保健福祉の基盤形成に向けた施策が、精神保健福祉政策の重要課題となっている。

　その一方で、地域自立支援協議会の形骸化の問題、地域の支援ネットワークを拠り所とする**地域移行支援事業**の実施率の低さなど、精神科長期入院者の退院を促進し、地域で暮らす精神障がい者の相談支援体制を拡充するための施策は、今なお多くの課題を抱えている。

（鈴木孝典）

障害者自立支援法
113頁側注参照

地域移行支援事業
精神科病院、障害者支援施設に入院、入所している障がい者を対象に退院、退所の動機づけ、退院、退所後の住居の確保、生活支援体制の整備など、地域生活へ移行するために必要な相談支援を行う事業を示す。国が2003（平成15）年に、「精神障害者退院促進支援事業」として制度化したのが起源である。現在は、障害者総合支援法の自立支援給付による、個別給付のサービスとして制度上、位置づいている。

10／日本の人口構造に対応した政策

Q 26 人口構造の変化をどうとらえるか、政策の課題と展望は？

人口構造の変化が社会保障に及ぼす影響

　社会保障制度とは、社会保険、公的扶助、公衆衛生と医療、社会福祉によって、「すべての国民が文化的社会の成員たるに値する生活を営むことができるようにすること」(**社会保障制度審議会** 1950年勧告) である。

　これは、お金の流れで見れば、社会の構成員から社会保険料や税金等の形でお金を集め、必要とする人々に給付する、所得再分配の過程である。

　近年の日本における少子高齢化という人口構造の変化と人口減少は、こうした「所得の再分配」を基盤から揺るがす。なぜなら少子高齢化に伴う「**生産年齢人口**の減少」により、そもそも当初所得が縮小する可能性が高く、同時に「高齢化」によって政策的な支援が必要な人々が増加し、その費用が増大するからである。

　そこで、この稿では、社会保障・社会福祉の問題群を「人口構造の変化」を軸に据えて、とらえてみたい。

第二次世界大戦後の日本における人口構造の変化

　まず、第二次世界大戦後の日本における人口構造の変化と今後の予想について確認しておこう。

　国勢調査によれば、日本の総人口は、第二次世界大戦後の1950年には約8320万人であったが1970年には約1億467万人に増加した。2008年には約1億2808万人でピークとなり、その後、長期人口減少過程に入った(『令和3年版厚生労働白書』)。2020 (令和2) 年国勢調査では総人口は約1億2615万人となった。

　また、国立社会保障人口問題研究所の2017 (平成29) 年予測 (出生・死亡ともに中位推計。以下、平成29年予測) によれば、2045年には約1億642万人と、1970年とほぼ同じ人口になると見込まれる。

社会保障制度審議会
社会保障制度に関して調査、審議、勧告を行う内閣総理大臣の諮問機関。1950 (昭和25) 年勧告で社会保障制度の基本的な枠組みを示した。1962 (昭和37) 年、1995 (平成7) 年にも勧告を公表。2001 (平成13) 年に廃止。

生産年齢人口
生産活動を中心となって支える人口。日本では15歳以上64歳以下の人口を指す。15歳以上の就業者と失業者の合計である「労働力人口」と混同しないこと。

1970年と2045年の総人口はほぼ同じと予測されるが、その構造は著しく異なる。2020年国勢調査結果と「平成29年予測」をグラフにして、年齢別の構成比の変化を見てみよう。

　このグラフから、皆さんは、どのようなことに気づくだろうか。

　まず、1970年から2020年の変化を見ると、総人口が増加していること、そのうち高齢者の増加が著しいこと、生産年齢人口はあまり変わらないが全体に占める割合は低下していること、年少人口が減少していることが読み取れるだろう。

　2020年から2047年予測の変化はどうだろう。1970年と2047年予想を比べてみるとどうだろうか。それぞれに考えてみてほしい。

日本の人口構造の変化

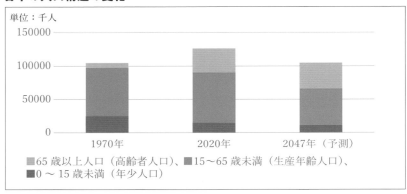

資料：国勢調査、国立社会保障人口問題研究所の平成29年予測（出生・死亡ともに中位推計）をもとに作成

人口構造の変化に対応した政策

　次に、人口構造の変化に即した①高齢化に対する政策、②少子化に対する政策、③生産年齢人口の減少に対する政策を、少し紹介していきたい。

　だがその前に、3点、皆さんと確認しておきたいことがある。

　1点目。社会福祉政策はソーシャルワークのミクロ、メゾ、マクロのレベルのうち、マクロレベルに当たり、制度により具体化される。ソーシャルワーカーは、制度を使いこなすことによってミクロ、メゾの支援を実践できる。

　2点目。制度・政策は根拠法によって、財源が確保され、安定的に実施される。理解のため、根拠法規定、関係省庁の通知を確認してほしい。

　3点目。全国一律の制度ができる前には、民間による先駆的な実践、地方自治体単位での制度が実施されることが多い。ソーシャルアクションを含めた、ミクロレベル、メゾレベルのソーシャルワーク実践によって制度

の創設が促されるのである。ソーシャルワーカーにとって、制度はただ与えられるだけのものではなく、作っていくものでもある。

☑ 高齢化に対する政策

一介護保険制度の創設

まず**高齢化率**の内訳をみよう（国勢調査をもとに作成）。高齢者の高齢化が進んだことがわかる。

高齢化率の内訳	1970年	2020年
65歳以上人口比率	7.1%	28.6%
うち75歳以上の割合	2.1%	14.7%

日本では「**健康寿命**」は70歳代前半である。したがって、75歳以上の人口の増加は、医療や介護の支援が必要な人の増加を意味する。また、経済的には、働いて稼ぐことが難しい人の増加を意味する。

介護保険制度は、こうした高齢化に伴う問題に対処するために、**社会保障制度審議会1995年勧告**（以下「95年勧告」）で創設が提案された。1997（平成9）年には介護保険法が成立し、2000（平成12）年に施行された。現在、高齢者支援サービスを公的に提供する中心的な制度である。

制度創設の背景を人口構造から見ると、1970年に日本は「高齢化社会」になり、わずか24年後の1994年には「高齢社会」となった。この高齢化スピードは**他の先進国**と比べて非常に速く、高齢化に伴う課題があらわになった。「95年勧告」では、高齢化による公的年金と介護費用の増加を指摘し、さらに「同居率の低下、女性の就労の増加などから、従来要介護者の介護の大部分を行ってきた家族による介護が困難になってきた」とも指摘した。そして介護保険の創設を提言したのである。

制度の内容はここでは記さず、皆さんには次の点を伝えたい。

1点目。介護問題の解決には社会保険という方法が採られた。被保険者自身による保険料納入を前提とし、要介護等になった場合に、保険者から、サービス購入代金のうち自己負担を除く部分が給付される（事業者が代理で受領）。受給権利は、本人が無拠出の場合よりも強いため、障がい福祉サービスや生活保護の介護扶助より介護保険給付が優先される。

利用者は、保険料と利用時の自己負担の2回、費用を負担する。創設時、保険料は応能負担、自己負担は応益負担であったが、財源を確保するために近年の改正で自己負担においても応能負担化が進んでいる。

健康寿命
世界保健機関（WHO）の定義によれば、健康上の問題で日常生活が制限されることなく生活できる期間のことである。2019年時点で男性72.68歳、女性75.38歳である（厚生労働省）。

社会保障制度審議会1995年勧告
総理府社会保障制度審議会事務局『社会保障体制の再構築（勧告）〜安心して暮らせる21世紀の社会をめざして〜』（1995（平成7）年7月4日）のこと。

他の先進国の高齢化
例えばフランスは1865年に7％、114年後の1979年に14％になった。

147

2点目。介護保険制度の創設にはソーシャルワークが影響を与えた。訪問介護事業は、長野県の家庭養護婦派遣事業（1956）から始まった。また1968年に全国の民生委員が社会福祉協議会と協力して実施した「居宅寝たきり老人実態調査」が介護の社会問題化の契機となったのである。

☑ 少子化に対する政策
―1990年代以降、あの手この手

　少子化が政策課題として注目されるようになったのは、1990年代以降である。それまでの合計特殊出生率の変化を見てみよう。

　合計特殊出生率は、1940年代後半に第一次ベビーブームで4を超えたが、1949〜50年代に急減し、その後2前後で推移した。しかし、1974年以降**人口置換水準**未満になり、1990年には、1966年の**丙午**の合計特殊出生率を下回り、社会に「1.57ショック」と呼ばれる衝撃が走った。

　日本では、戦後、多子が困窮の原因と考えられ、各家庭では子どもの数を制限する行動が採られていた。しかし、「1.57ショック」以降、政府は少子化に危機感を募らせ、女性の仕事と家庭の両立を可能にするために育児休業等さまざまな制度を創設し、児童手当の拡充など支援策を実施してきた。2012（平成24）年には、消費増税を財源として、子ども・子育て支援新制度が創設され、近年は父親も対象として育児休業が拡充されている。

☑ 生産年齢人口比率の低下に対する政策
―高齢者と女性を労働力化

　生産年齢人口は、1970年の約7212万人から1995年に約8717万人に増加した後減少に転じ、2020年に約7509万人となった。2020年には、総人口に占める割合が59.5％と6割を切った。

　日本の高度経済成長期には、生産年齢人口の増加が経済成長を押し上げた「人口ボーナス」があった。しかし、1995年以降は生産年齢人口が減少し、経済にマイナスに作用する「人口オーナス」の状態である。

　そこで、「生産年齢人口」は減少しても、実際に労働を行う「**就業者数**」を少しでも増やそうという政策が採られてきた。

　具体的には、高齢者の就業を支援する政策（**高年齢者雇用安定法**）、女性が結婚・出産・介護などでも働き続けやすくする政策（**男女雇用機会均等法、育児・介護休業法、女性活躍推進法**）が実施され、さらに時代の要請に応じて改正されている。

　雇用労働者の非正規雇用化が同時進行し、新たな課題が生じているが、

人口置換水準
人口が増加も減少もしない均衡した状態となる合計特殊出生率の水準のこと。日本では2.07程度。

丙午
「丙午の年に生まれた女性は夫を食い殺す」などの迷信があり、女児の出生が避けられてきた。1966（昭和41）年が丙午に当たることから合計特殊出生率は1.58と前後の年に比べ極端に低かった。

就業者数
15歳以上の従業者と休業者を合わせた人数。年齢の上限はない。これに完全失業者数を合わせると「労働力人口」である。

高年齢者雇用安定法
昭和46年法律第68号、正式名称「高年齢者等の雇用の安定等に関する法律」

男女雇用機会均等法
昭和47年法律第113号、正式名称「雇用の分野における男女の均等な機会及び待遇の確保等に関する法律」

育児・介護休業法
平成3年法律第76号、正式名称「育児休業、介護休業等育児又は家族介護を行う労働者の福祉に関する法律」

女性活躍推進法
平成27年法律第64号、正式名称「女性の職業生活における活躍の推進に関する法律」、10年間の時限立法

就業者数について見れば、女性、高齢者の就業率上昇が就業者数を底上げし、2020年の就業者数は6676万人、2021年の就業者数は6713万人と生産年齢人口がピークだった1990年代後半の水準（1997年6557万人）を維持している。2019年には、子どものいる世帯の母親も7割以上が仕事を有している（『2019年国民生活基礎調査』）。

今後の人口構造の変化に伴う問題

人口構造の変化は今後も続いていく。今後、どのような課題があり、その展望はいかなるものか、皆さんと一緒に考えてみたい。

今後の人口構造の変化を考えるうえで、重要となるのは2025年と2040年ごろである。2025年には「団塊の世代」の人々が後期高齢者になる。また2040年ごろには「団塊ジュニア」が高齢化し生産年齢人口が激減する。このことがもたらすさまざまな問題群のうち、①医療・介護の問題、②社会保障財源の問題、③移民・外国人労働者の問題を中心に考えてみよう。

団塊の世代
戦後1947年から1949年の第一次ベビーブームに生まれた人々。出生数は年間270万人ほどであった。

団塊ジュニア
1971年から1975年の第二次ベビーブームに生まれた人々。

☑ 医療介護の問題

まず、2025年以降、医療・介護ニーズが増加すると予測される。

政策的には、これを抑えるために、健康寿命の延伸、介護予防の推進が求められる。健康増進法等に基づいて、市町村や都道府県が健康増進計画を策定し、介護保険法に基づく介護保険事業計画でも介護予防・重度化防止について策定することが求められている。

一方、医療・介護ニーズの増大に対応する資源の不足が指摘されている。

こうした状況に対処するために、医療・介護サービスの提供体制を整えることが必要となる。1989（昭和64）年制定の**医療介護総合確保推進法**に基づいて、2014（平成26）年に地域における医療及び介護を総合的に確保するための基本的な方針（総合確保方針）が策定され、改正されている。総合確保方針は、2025（令和7）年に医療と介護を総合的に提供できる体制を構築することを目的に、地域医療構想を目指す医療計画（都道府県）と地域包括ケアシステムを目指す介護保険計画（都道府県と市町村）の整合性を求めている。

医療介護総合確保推進法
111頁側注参照

もはや、医療と介護を別の政策課題とする非効率は許されないということの表れだろうと筆者は考えているが、いかがだろうか。

障がい領域でも障がい者の高齢化や高齢化に伴う障がい者の増加が生じ

るため、さまざまな福祉サービスにおいて、低コストで効率的に、ニーズに合うサービスを提供する工夫が求められるようになる。厚生労働省を中心に、社会福祉連携推進法人制度創設、ロボットやIT等新たな技術の活用などが推進されているのは、こうした背景があると考えられるだろう。

また、「**地域共生社会**」は人口減少社会において、地域社会を維持するための政策といわれる。住民をコーディネートし、社会資源を創出して効率的な地域共生社会を実現するための人材として、専門性の高いソーシャルワーカーが期待されているのである。

☑ 社会保障財源の問題

高齢化は、社会保障の費用を増大させる。2019年度の**社会保障給付費**（ILO基準）は合計で123.9兆円であり、部門別に割合を見ると「医療」が32.9％、「年金」が44.7％、「福祉その他」が22.4％である。高齢化は、合計すると給付費の8割近くを占める「年金」と「医療」の増加をもたらし、2040（令和22）年度には社会保障給付費は190兆円に膨らむと試算される（平成30年内閣官房、内閣府、財務省、厚生労働省推計）。

また、2040年ごろに生産年齢人口が激減する。予測される莫大な財源を賄うには、まず、就業者の減少を食い止める必要がある。このため、高齢者や女性に対してはもちろん、これまで労働者として十分に活かされてこなかった障がい者、がん患者など傷病を有する者、生活保護受給者、生活困窮者などに対する就労支援も、これまで以上に求められると考えられる。しかし、こうした、社会的に不利な立場の人々が雇用される場合、賃金等労働条件が本人の労働能力よりも低く抑えられやすい。ワーキングプアやひとり親世帯の子どもの貧困問題を解決するためにも、同一労働同一賃金を実現し、また、社会のデジタル化に対応した労働能力の向上によって収入増を図り、保険料や所得税を負担できる労働者を増やすことが望ましいと考える。就業形態の多様化に対する政策も必要だろう。

一方、公費の源である税金は、働かない高齢者も広く負担する消費税を中心にしていくことは今後の安定的な財源のために必須だと考える。

☑ 移民・外国人労働者の問題

人口減少に対する最も即効性のある解決策は、外国から移民を受け入れることである。しかし、移民に関する議論は、労働力としてだけではなく、来日する人々を日本社会の「構成員」として包摂する覚悟があるのかどうか、広い視野で深く検討することが必要である。

在日外国人も、基本的人権を保障され、福祉を保障されるべき存在である。我々はソーシャルワーカーとして、この問題も看過できない。

ソーシャルワークのグローバル定義の日本における展開では「日本に住むすべての人々の健康で文化的な最低限度の生活を営む権利を実現し、ウェルビーイングを増進する」とあるからである。

＊　　　＊　　　＊

少子高齢化、生産年齢人口の減少という人口構造の変化を受けて、政府は「**全世代型社会保障構築会議**」を設けて検討している。我々は社会保障・社会福祉政策全般にわたり、大きな改革を進めるべき時代にいる。

(田幡恵子)

全世代型社会保障構築会議
2021（令和3）年から開催されている。全世代対応型の持続的な社会保障制度を構築するために、社会保障全般を総合的に検討する会議。子ども・子育て、若者世代への支援に重点を置き、医療・介護制度改革も議論。

COLUMN

韓国・中国の少子高齢化は激烈！

日本は世界に先駆けて少子高齢社会を経験している。高齢化率を見ると日本は2005年から世界のトップクラスである。2020年時点では、日本：28.8％、フランス：20.8％、韓国：15.8％、中国：12.0％などとなっている。しかし、見るべきは高齢化率の水準だけではない。スピードも非常に重要である。少子高齢化のスピードでいえば、日本よりも韓国や中国のほうが早い。高齢化社会（高齢化率7％）から高齢社会（同14％）になるのに要した年数は、日本は24年であった。フランス（126年）など先進諸国と比べると極めて早かったが、韓国は18年、中国は23年（予測）と日本を上回る。それは、韓国や中国で少子化が急激に進んでいるからである。

合計特殊出生率を見よう。韓国では2022年には0.78まで低下した。背景として、結婚が出産の前提である文化、教育費の重い負担、若年層の高失業率などが指摘されている。また、中国では2022年には1.03であり、人口も減少に転じた。中国では1979年から2016年に実施された「一人っ子政策」（1組の夫婦に原則2人以上の子を禁じた政策）の影響が大きい。同政策が廃止されてからも、一人っ子になれた人々は2人以上の子をもとうとしないという。

2060年には高齢化率は韓国では40％を超え、中国でも30％を超えると予測されている。少子高齢化の先陣を切る日本がどのような政策で少子高齢化を乗り越えるのか、隣国も注視しているのではないだろうか。

(参考文献『令和3年版高齢社会白書』など)

基本文献

1. 社会福祉政策と思想家・理論家
斎藤純一・谷澤正嗣『公共哲学入門』NHK 出版、2023.
デイヴィッド・ガーランド、小田透訳『福祉国家』白水社、2021.
吉田久一『日本社会福祉理論史』勁草書房、1995.

2. 日本の社会福祉政策の系譜と課題
池田敬正『日本における社会福祉のあゆみ』法律文化社、1994.
横山和彦・田多英範編『日本社会保障の歴史』学文社、1991.
右田紀久恵・古川孝順・高沢武司編『社会福祉の歴史 新版』有斐閣、2001.

3 日本の貧困低所得福祉政策
岩田正美『貧困の戦後史』筑摩書房、2017.
横山源之助『日本の下層社会』岩波文庫、1985.
吉田久一『改訂版 日本貧困史』川島書店、1993.

4. 日本の高齢者福祉政策
厚生労働統計協会『国民の福祉と介護の動向』各年度版
全国老人福祉問題研究会編『高齢者福祉白書 2019』本の泉社
内閣府『高齢社会白書』各年度版

5. 日本の地域福祉政策
大橋謙策『地域福祉とは何か』中央法規出版、2022.
岡村重夫『地域福祉論』光生館、1974.
田中英樹・神山裕美『社協・行政協働型コミュニティソーシャルワーク』中央法規出版、2019.

6. 日本の障がい者福祉政策
中西正司・上野千鶴子『当事者主権』岩波新書、2003.
藤井克徳『国際障害者年から40年の軌跡 障害のある人の分岐点 障害者権利条約に恥をかかせないで』やどかり出版、2021.
マイケル・オリバー、三島亜紀子・山岸倫子・山森亮・横須賀俊司訳『障害の政治―イギリス障害学の原点』明石書店、2006.

7. 日本の子ども家庭福祉政策
エレン・ケイ、小野寺信・小野寺百合子訳『児童の世紀』冨山房、1979.
日本子どもを守る会編『子ども白書』各年度版、かもがわ出版
マーク・スミス、レオン・フルチャー、ピーター・ドラン、楢原真也監訳『ソーシャルペダゴジーから考える施設養育の新たな挑戦』明石書店、2018.

8. 日本の医療福祉政策
池上直己・キャンベル『日本の医療』中公新書、1996.
田中千枝子『保健医療ソーシャルワーク論』勁草書房、2008.
吉原健二・和田勝『日本医療保険制度史 第3版』東洋経済新報社、2020.

9. 日本の精神保健福祉政策
青木聖久『精神障害者の経済的支援ガイドブック』中央法規出版、2015.
岡田靖雄『日本精神科医療史』医学書院、2002.
広田伊蘇夫『立法百年史―精神保健・医療・福祉関連法規の立法史』批評社、2004.

10. 日本の人口構造に対応した政策
落合恵美子『21世紀家族へ 第4版』有斐閣、2019.
厚生労働省『令和2年版厚生労働白書―令和時代の社会保障と働き方を考える』2020.
広井良典『人口減少社会のデザイン』東洋経済新報社、2019.

(松本一郎)

第3部
ソーシャルワーク

　第3部はソーシャルワークに関する内容である。大きく分けると、形成過程、重要な概念、各領域という構成になっている。

　形成過程を学ぶのは、現在があるのは過去の積み重ねのうえにあるためである。今までどのようなものの影響を受け、どのように変わってきたのか。時代背景と関連づけながら、学ぶことでより本質的な理解に近づくことができる。

　重要な概念については、ソーシャルワークの価値としての利用者本位、人間の尊厳、現在のソーシャルワークのキーワードである地域を基盤とした実践、そして実践のなかで避けて通れない倫理的ジレンマである。実習でも、実際に仕事をするときも、専門職としての視点は重要となる。その専門職としての視点に不可欠な概念である。

　最後は、各領域の実践の特徴である。内容は、対象者についてその特性をどうとらえるか、対象者の生活はどのような特徴があるか。支援の特徴は何かを軸にまとめた。

　上記のようなコンセプトで編集に臨んだが、内容の統一性という視点では、少し不十分な状態となってしまった。それは裏を返せば、執筆者の個性や思いがあふれる内容だということをでご容赦願いたい。

1／ソーシャルワーク論の系譜

Q27

ソーシャルワークの グローバル定義とは何か

ソーシャルワークの源流と実践原理

　西洋生まれのソーシャルワークは、イギリスにおけるキリスト教徒の慈善組織協会（COS：Charity Organization Society）の教会活動に始まる。その後のソーシャルワークへの進展は、自発的で主体性を重んじるボランティアが専門性を身につけたソーシャルワーカーとして社会的に認知されていった。その**実践原理**には、キリスト教の信者が理想とする「無償の愛（charity）」となる隣人愛や友愛などの実践行為が根源にある。そのキリスト教の福祉思想には「自立」を目指す人間が神との契約を結び、「神の愛（アガペ：agape）」を経てから「慈善の愛（カリタス：caritas）」として結実する。その典型的な研究には、**イエズス会**司祭でロヨラ大学教授F.P.バイステックの『ケースワークの原則』（1957）があり、結語で「クライエント一人ひとりを天なる父の尊い幼な子とし〜」「愛という動機をともなって〜」「自らが神の摂理の道具となるよう願う」と締めくくる、まさにキリスト教ケースワークの象徴的な言説である。

　その一方、東洋生まれのソーシャルワークの源流は、仏教経典を意訳した中村元が『慈悲』（1989）で「呻きの共感」と訳した「四無量心（慈・悲・喜・捨）」の行為に始まる。そして、「生きとし生けるもの（衆生）」が「覚リ（自律）」を求めれば「誰もが覚れる（仏性）」とする。それを「誓願する人（菩薩）」が苦しむ人々と、共に歩む修行を重ねる姿を理想像にする。その実践原理は「すべての事象は縁によって起こる（縁起）」と考え、誰も同じ生命の尊厳を重視する「平等観」に支えられ、その人生の歩みには、この世に生まれ、老い、病み、死を迎える、4つの根源的な苦悩（四苦）からの解放の境地を共に求め合うことにある。

　日本仏教の福祉思想には、あらゆる生命は、互いに共存し合う「共に生きる（共生）」関係から、与えられた命が生かされる「縁起観」に包摂され、四苦の苦悩からの解放を求め合う「自他不二」「同行二人」とした自分

実践原理
実践原理とは、物事の根源に依拠する本質的な要素。福祉実践では支え合う行為と能力が変わらないもともと存在する根本的な要素であり、実践者の信念対立を退けて底通する法則や原則が普遍的な原理として認識される。

イエズス会
40頁側注参照

と他者が一緒に歩む関係性を理想的なイメージとして心に刻む。まさに
ソーシャルワーカーがクライエントと共に寄り添い歩む道程における双方
向の実践行為となる。先の『ケースワークの原則』との対比では、キリス
ト者のソーシャルワーカーは、ワーカーとクライエントが「我と汝」の対
峙関係となり、仏教者のソーシャルワーカーは、クライエントと共に歩む
関係となる。その典型が長谷川良信（1919）「〜のために（for）でな
く、〜ともに（together with him）」[1]の主張にある。

1）長谷川冬民『社会事業とは何ぞや（戦前期社会事業基本文献集25 復刻版）』日本図書センター、1996. 長谷川良信は、自ら雅号を「冬民」とした。

ソーシャルワークの定義化と展開

　ソーシャルワークは、世界の各地域が独自の定義で展開してきたが、西
洋生まれのソーシャルワークを「国際定義」（2001）に統一させた後、後
進とされた地域の議論を経てから、地域社会の変革と開発と結束を強調す
る地域・民族の「固有の知」を加えた『ソーシャルワーク専門職のグロー
バル定義』（2014）が国際団体間で採択された。

　そのグローバル定義は、「ソーシャルワークは、社会変革と社会開発、社
会的結束、および人々のエンパワメントと解放を促進する、実践に基づい
た専門職であり学問である。社会正義、人権、集団的責任、および多様性
尊重の諸原理は、ソーシャルワークの中核をなす。ソーシャルワークの理
論、社会科学、人文学および地域・民族固有の知を基盤として、ソーシャ
ルワークは、生活課題に取り組みウェルビーイングを高めるよう、人々や
さまざまな構造に働きかける」と定めている。

　このグローバル定義は、主旨に反しない範囲での修正を認め、グローバ
ル（世界）とリージョナル（地域）とナショナル（国）の重層的な活用を
促すため、西洋や東洋の文化圏に限ることなく、多くの地域風土に根づく
生活習慣や行動規範・様式などの理解を深める課題が残される。

　日本でも古代から神道（八百万の神）に加えて仏教や儒教などの精神性
を拠り所にしてきた宗教的な底流を常に反証して見直す必要がある。そも
そも多様な地域で暮らす人々は、互いに支え合う互助や互酬などの行為が
福祉実践の源流にあり、まさに現在まで脈々と受け継がれてきたという歴
史的で社会的な営みからソーシャルワークの概念や定義が形成されてきた
ことを忘れてはならない。

（石川到覚）

Q28 ソーシャルワークは どのように始まったのか

イギリスがソーシャルワークの発祥地

　ソーシャルワークは、宗教的な理念や価値観と結びつき発展してきた。特に、イギリスにおけるキリスト教慈善活動が、ソーシャルワークの源流の一つとされている。イギリスの慈善活動への参加や寄付は、高貴で豊かな階級の象徴でもあり、社会的な地位の高い有産階級の人々は、積極的に慈善活動に取り組まれた[1]。

　18世紀後半、世界に先駆けて産業革命が起こったイギリスでは、19世紀初頭には、資本主義経済の矛盾により大量の貧困者が生じていた。1834年に制定された新救貧法は、最下層の貧民救済にすぎず、ロンドンでは友愛訪問をはじめ、活発な慈善活動が行われた。その結果、漏救や濫救が生じた。つまり、同じように困窮していても、慈善的な支援が集中する人や地域と、あまり与えられない人や地域があったり、困っていることが違っていても、慈善は均一だったり、的外れだったり、ということが生じてきた。

慈善組織協会（COS）とセツルメント活動の誕生

　そのために、1869年にロンドンで生まれたのが慈善組織協会（COS：Charity Organization Society）である。COSは、個人や団体による慈善活動を組織化し、貧困者に必要な支援を適切に提供するための組織である。つまり、慈善団体が協力し情報交換や活動の調整を行い、友愛訪問員研修による訪問面接やケース記録集積により、適切な支援を効率的に行えるようにしたことである。

　COSとともにイギリスでソーシャルワークの源流のひとつになったのが、セツルメント活動である。その創始者となったバーネット夫妻は、夫が牧師、妻が友愛訪問等社会改良運動を行う教育者で、1872年から東ロンドンの教区の牧師館で貧しい人々のために生活改良運動や支援を行った。その状況は、夫の母校であるオクスフォード大学の研究会で定期報告

1）金沢周作「チャリティの帝国ーもうひとつのイギリス近現代史」岩波新書、2021.

され、多くの学生や講師が共に活動するようになった。そのなかに、アーノルド・トインビーがいたが、将来を嘱望されながら30歳で亡くなった。その死を悼み、1884年にバーネット夫妻は同地区に「トインビーホール」を設立した。バーネット夫妻は、そこをオックスブリッジの学生や講師の活動と研究拠点とすることを目指した。その考え方に感銘して活動した学生のなかに、後に『ベバリッジ報告』（1942）をまとめたウィリアム・ベバリッジや、1945〜51年にイギリスの首相を務めたクレメント・アトレーがいた。

アメリカで育ったソーシャルワーク

　イギリスの友愛訪問やCOSの活動は、アメリカにも伝わり、1882年にニューヨークでCOSが結成された。COSの職員は友愛訪問員（フレンドリービジター）と呼ばれ、貧困に苦しむ人々の家庭を訪問し、資源につなげる活動を行った。そのなかの1人として、メアリー・リッチモンドがいた。彼女は、友愛訪問員としてキャリアをスタートし、精神保健診断とストレングスに基づく実践のパイオニアとなった。リッチモンドは、社会理論を実践し、複数の社会システムの相互作用が個人に与える影響に注目した。さらに、『社会的診断』（1917）、『ケースワークとは何か』（1922）を出版した。この2冊の著作によってケースワークが確立し、慈善からソーシャルワークへ転換した節目となった。

　イギリスのセツルメント活動は、1988年にトインビーホールを訪れたジェーン・アダムスによってアメリカに伝わった。アダムスは、貧困層の窮状を理解するために生活を共にする「トインビーホール」に感銘を受け、1889年にシカゴの貧困地域に「ハル・ハウス」を設立した。これがアメリカのセツルメントの第1号となり、たちまち全米に広がった。やがて「ハル・ハウス」は、大規模な社会福祉団体となり、アダムスは1931年にノーベル平和賞を受賞した。

（神山裕美）

Q 29 現代のソーシャルワーク理論にはどのようなものがあるのか

時代の変遷によるソーシャルワーク理論の変化

　メアリー・リッチモンドによって確立したケースワークの定義は以下のとおりである。「ソーシャル・ケース・ワークは、人間と社会環境との間を個別に、意識的に調整することを通して、パーソナリティを発達させる諸過程から成り立っている」[1]。この定義は、現在にも続くソーシャルワーク論の原点ともいえる。

　しかしながら、ソーシャルワーク理論は、時代の変遷により変化する。1918年第一次大戦後のアメリカでは、退役軍人への心のケアが増加した。ケースワークにおいても、フロイトの精神分析の影響を受けた診断学派への傾倒があり「素人の精神分析家」への批判が生じた。その後、1929〜39年には、世界大恐慌によりアメリカ経済は急落し、失業と貧困に直面し心の問題だけでなく社会問題への関心も高まった。1923〜29年のミルフォード会議において、どのような分野にも共通するソーシャルワークとして、「ジェネリックソーシャルワーク」の概念が議論されたが、個人と社会の問題を統合するソーシャルワーク理論には至っていない。

個人と社会の問題をつなぐソーシャルワーク理論

　アメリカの奴隷制度は19世紀初頭に廃止されたが、黒人への差別は現代に至るまで根強く残っている。1950〜60年代の公民権運動は、黒人が政治や社会参加の権利を求めた市民運動である。このような社会情勢のなかで、ソーシャルワークも個人の心理的な成長や問題解決だけでなく、社会的な権利擁護やエンパワメントを志向するアプローチが注目されるようになった。ソーシャルワークは、個人と社会の二極のいずれかに注目する議論がなされてきたが、公民権運動の高まりは、両者をつなぐ視点が求められた。その後システム論や、1980年代の個人と環境の相互関係から生活問題を全体的な理解する「生活モデル」[2]、人と環境の交互作用をミクロ、メゾ、エクソ、マクロレベルでとらえる生態学的視点[3]により、個人

1）リッチモンド,M.E 著、小松源助訳『ソーシャル・ケース・ワークとは何か』中央法規出版、1991.

2）カレル・ジャーメイン他著、小島蓉子編訳・著『エコロジカル・ソーシャルワーク：カレル・ジャーメイン名論文集』学苑社、1992.

3）ユリー・ブロンフェンブレンナー著、磯貝芳朗他訳『人間発達の生態学（エコロジー）－発達心理学への挑戦』川島書店、1996.

と社会環境を連続的につなげる考え方が受け入れられるようになった。

　1990年代には、クライエント主体にケースワーク、グループワーク、コミュニティワークを一体化した、ジェネラリストソーシャルワーク論が、ソーシャルワークの知識・技術・価値を構造化した。ジェネラリストソーシャルワークでは、個人・家族・集団・組織・地域の支援対象に問題解決だけでなく強さを伸ばす支援に着目する。そして、クライエントと家族も含めて支援し、組織や地域で支え、不足する社会資源があれば開発し、サービス提供の仕組みを創る。

　地域共生社会において、「個人を地域で支え」「個人を支える地域を創る」ために、総合相談、参加支援、地域づくり支援を一体的に行う、ジェネラリストソーシャルワークの理論枠組みが活用できる。

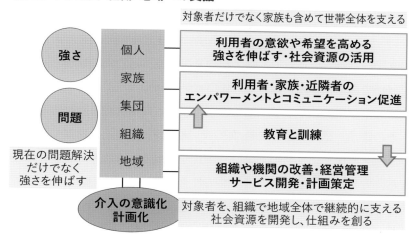

**ジェネラリストソーシャルワークの枠組
―個人から小集団・組織・地域への支援**

作成　神山裕美

ソーシャルワーク・アプローチの発展

　個人の問題に向き合い、成長発達や問題解決を支援するソーシャルワーク・アプローチには多様な種類があり、支援方法に多様な切り口を与えている。

　1930年代にホリスによって確立された「心理社会的アプローチ」は、人・状況とそれらの相互作用に着目し、人間行動の変容や成長発達を目指す。このアプローチは、ソーシャルワークの基本形として、現在でも多様な場面で、他のアプローチとの組合せで使われている。

　1950年代にパールマンによって開発された「問題解決アプローチ」は、

診断主義と機能主義の折衷モデルで、コンピテンス（望ましい行動や思考）に注目し、対象者の問題解決の動機を高め、能力を発揮できる場面を創り、主体的な問題解決を支援する。

　1960年代に行動療法の知見をソーシャルワークに活用したアプローチが「行動変容アプローチ」である。対象者への刺激・行動・結果の関係性をよく観察して、良い刺激が良い行動と結果を生むように働きかける。このアプローチは、言語的コミュニケーションや、面接による支援が難しい対象者にも活用できるアプローチのひとつである。

　1970年代にリードとエプスタインにより体系化された「課題中心アプローチ」は、ソーシャルワーク支援の基本形であり、対象者が認識し解決可能な問題に焦点化し、短期集中で支援するアプローチである。

多様なソーシャルワーク・アプローチ

　「ナラティブアプローチ」は、対象者の人生が問題や欠点によって否定的に支配されたものとしてとらえるのでなく、肯定的かつ建設的にとらえることができるように支援するアプローチである。これもソーシャルワークの特質がよく表れており、他のアプローチとの組合せで使われている。

　そのほか、認知の歪みに気づき、現実場面での修正を通して、多様な認知反応を獲得する「認知アプローチ」や、問題解決された状態を想定しながら、できたことや将来の可能性に焦点を当てて対象者の社会的機能を高める「解決志向アプローチ」などがある。

　これらは、対象者のアセスメントより支援目的を考え、支援方法を工夫するヒントとなる。そして、これらのアプローチは、個人だけでなく、集団や組織の成長や発展、地域組織化や社会資源開発にも応用が可能である。しかし、ソーシャルワークを学ぶ学生が、いきなり集団や組織、地域レベルで活用するのは難しい。そのため、まず自分自身の問題解決や、自分自身を育てるために使ってみると、その効果や欠点もわかりやすいのではないだろうか。配当年次に学んだあとは、できるところから使ってみることを勧める。

（神山裕美）

Q30 欧米のソーシャルワーク論は日本にどのように影響したのか

欧米のソーシャルワークの日本への導入

　1917（大正6）年、宗教大学（現・大正大学）に社会事業研究室（現・社会福祉学科）は開設されている。その礎を創ったのは矢吹慶輝である。矢吹は、大正時代の中期に欧米への留学経験で得た資料をもとにアメリカ社会事業のケースワークを紹介し欧米のソーシャルワークを導入している。そこで日本で最初の社会事業従事者養成の教育実践を行った。しかし、第二次世界大戦までは、社会制度が整わずに限られた欧米のソーシャルワーク理論の紹介にのみとどまっていた。

欧米のソーシャルワークが戦後の日本のソーシャルワーカー養成に与えた影響

☑ 戦後の社会福祉制度の始点

　第二次世界大戦後に連合国軍最高司令官総司令部（GHQ）の主導により1946（昭和21）年11月日本国憲法が公布され、国民主権、平和主義、基本的人権の尊重の3原則が明らかにされ、とりわけ基本的人権の尊重は戦後の社会福祉のあり方の礎となっている。第13条は個人の尊重、幸福追求権、公共の福祉を規定し、第25条第1項は生存権である「健康で文化的な最低限度の生活を営む権利を有する」を規定している。さらに、第2項で「国は、すべての生活部門について、社会福祉、社会保障及び公衆衛生の向上及び増進に努めなければならない」と規定して戦後の社会福祉制度の始点となった。

☑ 戦後のソーシャルワークの導入

　戦後の戦災による孤児や浮浪児の保護の課題から、1947（昭和22）年に児童福祉法が成立し、子どもの健全育成の目的と国と地方公共団体の責任が明記された。そこの福祉専門職として、児童福祉司、児童委員が配置され児童相談所が規定された。さらに、1949（昭和24）年には、戦災に

福祉三法体制
戦後間もない時期に制定された児童福祉法、身体障害者福祉法、生活保護法は、いずれも戦争により生じた生活困窮、戦災孤児、傷痍軍人などの支援対策として制度化されたものである。

社会福祉六法
社会福祉法制のうち、六つの分野に関する法律、児童福祉法、身体障害者福祉法、生活保護法、知的障害者福祉法、老人福祉法、母子及び父子並びに寡婦福祉法を総称したものである。

社会福祉本質論争
1950年代半ば以降の社会福祉理論は「社会福祉の本質」について、「政策」と「技術」という二律背反的な論争を展開した。代表的なものとして、孝橋・岡村理論がある。

岸・仲村論争
公的扶助ケースワークは、公的扶助制度のもとにおいて、ケースワークの民主的な運営が可能とした仲村優一と、それに反してケースワークが制度を固定化し社会保障制度の補完となると批判した岸勇との間の論争である。

ソーシャルワーク専門職のグローバル定義
国際ソーシャルワーカー連盟（IFSW）と国際ソーシャルワーク学校連盟（IASWE）の総合・合同会議において、採択された。2000年に定められたものに改訂が進められ現在の定義になっている。

よる退役傷痍軍人や障がい者の生活困窮のために身体障害者福祉法が成立し、都道府県に身体障害者福祉司が配置された。その後、旧生活保護法を改正し、1950（昭和25）年に生活保護法が成立し、保護を受けることの権利として生存権が明確に保障されるようになった。

　これらにより、**福祉三法体制**が成立し、1951（昭和26）年には社会福祉事業法が施行され、都道府県、市町村に社会福祉主事が置かれた。福祉事務所を福祉行政の第一線機関と位置づけ、「公的扶助ケースワーカー」と呼称される福祉現業員を全国に配置した。それらが社会福祉施設職員の任用基準と呼ばれる基礎資格として社会的役割を果たし、今日のソーシャルワーク教育にも影響を与え続けている。

　しかし、対象者別の各福祉法（**社会福祉六法**）が成立してそれらが規定した名称による職種が制度化されてしまい、ソーシャルワーカーの位置づけと整合性がもてないまま今日に至っている。この間の福祉専門職の議論は、「**社会福祉本質論争**」や「**岸・仲村論争**」などに見られるように政策論か技術論かのどちらかで対応するという二項対立の議論が主であった。

☑ 欧米ソーシャルワーク理論の導入と展開

　欧米のソーシャルワーク理論は、戦後のGHQによる占領期に日本の研究者によって、主にアメリカの文献が翻訳、紹介され、本格的に導入された。GHQは日本のソーシャルワーク教育を担う4年制大学の設置を決定し、カリキュラムとして、ケースワーク、グループワーク、コミュニティ・オーガニゼーション、ソーシャルワークの経営と管理、社会調査、公的扶助、薬学の基礎、精神医学の8つの柱のコースが設定された。これらは、対象別の方法論と欧米のソーシャルワーク理論を学ぶことが中心であった。

　ソーシャルワーカー養成課程が全国の大学に設置されるようになったのは、社会構造の変化に伴って、1987（昭和62）年の「社会福祉士及び介護福祉士法」が制定され、国家資格化されたことが契機となった。カリキュラムにおいても欧米ソーシャルワーク理論が導入され、1970年代から医学モデルによる援助からシステム論や生態学（エコロジー）等、社会環境と人との相互作用において課題が発生するという全体性をとらえる生活（ライフ）モデルへと転換していった。1990年代以降は、欧米のジェネラリスト・ソーシャルワークが基礎理論とされ、国際的にも2014（平成26）年に「**ソーシャルワーク専門職のグローバル定義**」が採択されたことから、現在の日本のソーシャルワーク理論の根幹となっている。

☑️ 日本ソーシャルワーク理論の展開の課題

　しかし、それらが、日本のソーシャルワーク理論に影響はしたものの定着せず、欧米のソーシャルワーク理論と日本の社会福祉実践の乖離が存在し、欧米のソーシャルワーク理論の紹介の域を超えなかった。その理由として、日本の社会福祉サービスの提供が社会福祉基礎構造改革において契約制度に至るまで長らく措置制度に基づいていたことにある。それは、ソーシャルワークの価値である自己決定や個別化等とかけ離れた処遇であることやソーシャルワークの支援プロセスである「インテーク－アセスメント－プラン－モニタリング－エバリュエーション」の支援枠組とは異なる処遇形態となってしまったことによる。

　また、社会的養護の対象であった児童や重度障がいのある人へのサービス提供が入所施設において処遇されていたことから、集団生活を基本にした管理的な処遇がなされていたこともある。特に、現在の日本における社会福祉サービスにおいて、介護保険法や障害者総合支援法に基づく相談支援制度では、ソーシャルワーク理論が志向されているものの、施設におけるケアワークが主になっていることもソーシャルワークが定着しにくい背景となっている。

障害者総合支援法
235頁側注参照

　さらに、社会福祉六法体制による対象別の社会福祉実践となっていることも欧米のソーシャルワーク理論のジェネラリストとしてのソーシャルワーク理論が根づかなかった要因である。

　一方、医療においてソーシャルワーク理論が日本に導入された当初より病院でも社会事業が1919（大正8）年に配置され、1929（昭和4）年には、アメリカで専門的なトレーニングを受けた浅賀ふさが医療ソーシャルワーカーとして採用された。また、最初の精神科ソーシャルワーカー（PSW）が1948（昭和23）年に国立国府台病院に配置された。

　今日、社会福祉制度の狭間にある人々への伴走型支援により、対象者を選ばない地域基盤のソーシャルワーク（コミュニティソーシャルワーク）が台頭、社会福祉協議会を中心に定着し、コミュニティソーシャルワーカーの配置も増えている。

（坂本智代枝）

Q

31 日本のソーシャルワークはどのように始まったのか

日本のソーシャルワークの源流

☑ 仏教思想における慈善

日本の社会福祉の源流は、593（推古元）年の四箇院に遡り仏教思想における慈悲から民衆への普及活動をしながら救済活動を僧侶らが行ったことによる「慈善」の思想である（第1部）。仏教的慈善の基礎には慈悲が根底に位置づけられており、「慈善」とは「平等の精神の発露である慈悲心に基づいて善を行う」[1]とされている。

1) 大正大学社会福祉研究会編『人間っていいな 社会福祉原論Ⅰ』大正大学出版会、p12、2007.

☑ 救済から慈善事業へ

本格的な救済と慈善事業が開始されるのは、明治維新によって近代国家が形成されたことにより急激な**資本主義化のひずみ**による貧困問題が背景にあった。そのころ、日本は富国強兵、殖産興業の影響に伴って農村の困窮により、工業化の発展も相まって賃金労働者が増え、農村から出稼ぎのために劣悪な労働環境で働く子女や貧困の問題が発生していたのである。そこで、貧困者に対する一般的救済として、恤救規則が制定された。それは、家族や親族、地縁関係の相互扶助が基本原則であり、無告の窮民に限って救済の対象とする制限的な救済であった。このころ、**貧困調査**が実施され、貧困の原因が個人の側にあるのではなく、社会構造の問題として取り扱うようになっていった。産業革命が発展する一方、貧富の格差による貧困や児童労働等の問題が発生し、公的な救済は不十分として、キリスト教思想に基づく民間の慈善事業が開始されている（Q17、42参照）。

資本主義化のひずみ
ひずみの本質は、貧富の差の顕在化であり、「庶民の問題」として蓄積されていった。それにもかかわらず、明治政府は、「資本主義化」を欧米諸国に追いつき追い越せと国策を展開した結果、社会のさまざまにところに大きなひずみが生じた。

貧困調査
1899年、横山源之助は『日本之下層社会』を著し、都市の貧民や職人、製糸業、紡績業、製造業などの労働者、小作農民の労働と生活の実態を調査して、欧米並みの貧困問題が発生していることを明らかにしている。

社会事業・社会福祉の形成過程

仏教思想に基づいたいわゆる仏教社会事業への先駆けとして、渡辺海旭、矢吹慶輝、長谷川良信の3名が挙げられる。彼らは、18世紀初頭に欧米に留学して社会事業の現地視察を行い、資本主義のひずみから「労働問題、宗教問題、社会問題」への社会対応として「社会事業（社会福祉）」に

かかわりをもち仏教社会事業の源流に寄与したのである。

☑ 渡辺海旭と矢吹慶輝の社会事業

　渡辺海旭は宗教大学（現・大正大学）教授として比較宗教学・仏教学を専攻しドイツに浄土宗の派遣により10年間留学したことから、ドイツの社会政策に基づいて社会事業を考察し実践している。渡辺は留学帰国後の1911年に「浄土宗労働共済会」を設立して労働者保護について、仏教社会福祉の立場で実践している。さらに、1912年には仏教各宗派有志とともに「仏教徒社会事業研究会」を創設し、日本で初めて社会事業の名称を使用したのである。そこで長谷川良信等の後進の育成に尽力した。

　矢吹慶輝は渡辺に続き、欧米に留学して、アメリカ社会事業のケースワークを日本に紹介し、欧米留学で得た資料をもとに、宗教大学社会事業研究室（現・大正大学社会福祉学科）初代主任教授となり、日本で最初の社会事業従事者養成を行った。研究室開設から翌年1918年に内務・文部両大臣を招いて「宗教大学社会事業研究室開室記念展覧会」を開催した。そこでは、先進的な欧米諸国の社会事業の専門書や先駆的な団体や施設の実績資料を展示している。リッチモンドの『ケースワークとは何か』も紹介したとされている。

　当時は、第一次世界大戦が欧州を主戦場とした人類史上初めての世界大戦のさなかであった。国内では、軍事救護法の公布（1917（大正6）年）、内務省地方局に救護課の設置、民生委員制度の先駆けとなる岡山済世顧問制度の導入などがあった。さらに、独占資本の出現から貧富の差は拡大し、生活困窮と米価の高騰によって富山県各地の女性らによる米騒動（1918年）が起こり、労働争議が各地で起こっていた。加えて、スペイン風邪のパンデミックにも苛まれた。

　そのようななか矢吹は社会事業の実践家として、現在の東京都の公務員として、社会事業（社会福祉）を中心に貧困と疾病の対策を個人および私的団体のみの活動に任せず、国が中心となって行う事業であることを提唱した。一方、浄土宗の福祉活動として、労働児童の教化・教育・養護のセツルメント活動を行った。

　矢吹は1926年に『社会事業概説』、1927年に『社会事業』をまとめている。それらの社会事業の根幹には「**社会連帯思想**」を求め、「**連帯共同思想**」を強調した。平たくいうとそれは、人は寄り合って生きるのだということから、人は生きていくうえでさまざまな問題に直面しても受け身ではなく積極的に考えていく存在であり、そしてそのために人と人が支え

**社会連帯思想
連帯共同思想**
矢吹慶輝は『社会事業概説』（1926）と『社会事業』（1927）のなかで、縦の連帯としての時系列的（先祖－自分－子孫）な連帯と、横の連帯としての社会・空間的（家族・地域・社会・国家）な連帯を示した。

合っていくことが必要であるという考え方である（Q8、10、11参照）。

☑ 長谷川良信のセツルメント活動

長谷川良信は1912年に宗教大学に入学し、同大学教授として就任した渡辺海旭と矢吹慶輝に学び、特に渡辺海旭は「生涯の恩師」となった。長谷川は、宗教大学卒業後1915年に東京養育院巣鴨分院（現在の石神井学園）に勤務し社会事業を実践した。しかし、その後闘病を経て1918年に東京府慈善協会の巣鴨方面救済委員に任命され、同大学社会事業研究室の理事となり、渡辺と矢部の指導のもと研究室運営に尽力した。1918年よりスラム街の仏教伝道活動と奉仕活動を始めた。その活動は、長谷川が中心となって展開するセツルメント活動へと発展し、長谷川の社会事業実践の源流となっている。

同年10月には、宗教大学社会事業研究室実地調査部として、「西巣鴨スラム街（**西巣鴨二百軒長屋**）」に単身移住し生活困窮者と生活をともにして、不就学の年少労働者の夜学会を開設し、住民の身上相談等の救済活動を行った。そして、その活動と同時に同大学社会事業研究室の学生とともにセツルメント活動（隣保事業）を開始したのである。翌年の1919年に地域研究と教育活動を並立させた隣保館「**マハヤナ学園**」として組織化され、総合的救貧計画として、仏教思想を根底とした社会事業を展開したのである。

1919年には、『社会事業とは何ぞや』を著し、①細民救助、②児童保護、③労働擁護、④自治振興、⑤社会教化の5事業を「社会事業五大綱」として提示している。その後、欧米の留学を通して多くの社会事業学校を視察し、社会事業研究室の講座や教授内容に反映した。長谷川のセツルメント活動の実践は、社会事業教育と女子教育に受け継がれ（現・淑徳大学）、そこには、常にtogether with him（彼らとともに）の仏教思想が通底していた。長谷川は、地域福祉実践による実学を重視した教育と実践の両輪となる現在の大正大学社会福祉学科のソーシャルワーク専門職養成の原点を培ったのである（Q12参照）。

(坂本智代枝)

西巣鴨二百軒長屋
大正時代、西巣鴨に32棟220戸がかろうじて建っている集まりで、その多くは、四畳半一間で上下水道の設備もままならない不衛生で修復不能な町とされていた。そこでは、都市部に生活の場を求めて上京した人々が集まり、底辺労働者として困窮した暮らしをしていた。

マハヤナ学園
1918年に長谷川良信が西巣鴨の通称二百軒長屋に移住し、不就学児童・年少労働者の夜学、近隣住民の相談等を始めた。その事業を組織的・継続的に行うために開設したのが「マハヤナ学園」で、隣保事業（セツルメント）活動を展開した。

Q32 日本のソーシャルワークはどのように展開したのか

日本のソーシャルワーカーの資格化

　1980年代に入ると日本は高齢化社会へと様変わりしてきたことから、高齢者介護の専門的対応や社会福祉専門職の資格制度が求められ1987（昭和62）年には「社会福祉士及び介護福祉士法」が制定された。この社会福祉士は英訳ではcertified social workerとされ、「ソーシャルワーカー」と同義として位置づけられていた。さらに、1997（平成9）年には、精神障がいの長期入院の地域移行の課題解決をする専門的人材が求められ、精神保健福祉の国家資格として「精神保健福祉士法」が成立した。精神保健福祉士は当時ではPSW（psychiatric social worker）と呼称されていたが、現在では精神保健福祉士は精神科医療のみではなく、広く精神保健福祉全般にかかわるソーシャルワーク専門職として位置づけられ、MHSW（mental health social worker、精神保健ソーシャルワーカー）へと変更されている。

日本のソーシャルワーカーの職域と役割

　ソーシャルワーク実践領域は多様であり、機関や施設、事業所によって呼称が異なる（表）。各々の場所に応じた職種名で、社会福祉士や精神保健福祉士、および社会福祉主事等の社会福祉専門職が働いている。社会福祉現場では、民間の社会福祉施設や組織における専門職と、医療や精神科医療における専門職と、社会福祉行政における専門職の3つに大きく分けられる。昨今では、生活課題の複雑化や多様化により、従来の六法の枠を超えて、既存の制度では対応できない「**制度の狭間**」の課題を地域や世帯を基盤に対応していく必要がある。従来の問題解決アプローチでは対応できないひきこもりや8050問題等、複雑かつアウトリーチが求められる伴走型支援、いわゆるコミュニティソーシャルワークの方法が求められるようになってきた。

制度の狭間
「狭間」とは、現行の社会福祉制度では、使える制度がない、もしくは不十分な生活課題のことをいう。特定の法律や制度の枠にとどまらない、総合的かつ包括的な支援が社会福祉士や精神保健福祉士に求められている。

社会福祉の分野でソーシャルワークを担う職種と職場

社会福祉の分野	職種名	実践職場
高齢者福祉	生活相談員・介護支援専門員等	特別養護老人ホーム・地域包括支援センター等
子ども家庭福祉	児童福祉司・児童生活支援員・家庭支援専門相談員(ファミリーソーシャルワーカー)等	児童相談所・福祉事務所・児童館・児童家庭支援センター・児童養護施設等
障がい者福祉	身体障害者福祉司・知的障害者福祉司・生活支援員・作業指導員・相談支援専門員等	福祉事務所・身体障害者更生相談所・知的障害者更生相談所・障害者総合支援法に規定される障害者サービス事業所等
母子・父子福祉	母子指導員、父子自立支援員等	児童相談所・母子生活支援施設等
地域福祉	コミュニティソーシャルワーカー・地域福祉コーディネーター等	社会福祉協議会・地域包括支援センター・ひきこもり地域支援センター等
低所得・生活困窮者福祉	ケースワーカー・生活支援員・相談支援員・就労指導員等	福祉事務所・社会福祉協議会・救護施設・更生施設・生活困窮者自立相談支援機関等
医療福祉・精神科医療	医療ソーシャルワーカー・精神科ソーシャルワーカー等	一般病院・精神科病院・診療所・精神科診療所・保健所
教育福祉	スクールソーシャルワーカー	教育委員会・小学校・中学校・高等学校・特別支援学校等
司法福祉	保護観察官・家庭裁判所調査官・社会復帰調整官等	家庭裁判所・保護観察所・少年院・地域生活定着支援センター・刑務所等

日本のソーシャルワークの課題

　社会福祉士と精神保健福祉士の国家資格化の一方で、法制度における対象別の社会福祉主事および児童福祉司等の従来の任用資格の専門職は残ったままで、混在している現状が継続している。また、職場において呼称も多様に存在している（表）。それらは、ソーシャルワーク専門職教育と日本の社会福祉の実践現場との乖離を産む背景にもつながっている。

　現在の社会福祉士および精神保健福祉士養成におけるカリキュラムのなかで、ソーシャルワーク理論は、欧米のソーシャルワークにおけるジェネラリストソーシャルワークが基本に組み立てられ、その他社会保障制度や社会福祉六法などの対象別の法制度を学ぶ構造となっている。しかし、日本の社会福祉実践現場において、法制度の枠組みに基づいた福祉実践が業務として展開され、ソーシャルワーク実践という共通の基盤が見えづらく、もちづらい構造になっていることが大きな課題である。

　さらに、社会福祉士の国家資格化の背景には、高齢者福祉施策の介護人

材が求められ、「ケアワーク」を担う介護福祉士に重点が置かれてきた現状がある。また、日本の社会福祉施策の特徴として、施設福祉における「ケアワーク」を担う生活支援員、介護福祉士や保育士等の職種にも社会福祉士や社会福祉主事等が従事していることも多い。つまり「介護やケアワーク≠ソーシャルワーク」であるが、日本は施設福祉現場が多いことから、ソーシャルワーカーはケアワークも一部包含しながらソーシャルワーク実践を展開している現状である。昨今では高齢者の介護予防や高齢者虐待、および一人暮らし高齢者の孤立なども含めた総合相談を行う地域包括支援センターに、社会福祉士が必置となっている。また、児童福祉法の改正に伴い、ヤングケアラーや子どもの貧困等の複雑な課題に対応する子ども家庭ソーシャルワーカーの資格化が新設されている。これらは、「**生活場面面接**」や「アウトリーチ」等のクライエントの生活の場に積極的に介入する力が求められる。従来型の課題解決アプローチに加えて伴走型の支援が求められているのである。

（坂本智代枝）

生活場面面接
レドル（Redl,F.）によって、1950年代に提唱され発展した面接技法で、ジャーメイン（Germain,C.）は生活モデルに取り入れている。クライエントの生活空間において行われる面接で、施設の居室、病棟の病室、廊下での立ち話、あるいは食事介助や入浴介助のなかで交わす会話もそれにあたる。

COLUMN

こども家庭ソーシャルワーカー

　子ども家庭福祉の現場にソーシャルワークの専門性を十分に身につけた人材を早期に輩出するため、改正児童福祉法により、2024（令和6）年4月から認定資格が導入される。まずは、一定の実務経験のある有資格者や現任者が、国の基準を満たす認定機関が認定した研修等を経て取得する。

　虐待を受けた子どもの保護並びに、要保護児童、要支援児童等の在宅支援等に関し、子どもやその保護者に対して相談支援等を行う。さらに、児童相談所、市区町村、児童福祉施設をはじめとした、子ども家庭福祉にかかる支援を行う幅広い現場で活用できる。

　新たな認定資格の取得者に求められる専門性の程度のイメージとしては、相談援助業務を行う現場職員が初歩的に習得する内容と、特に難しい判断を必要とする事例への対応や指導的役割を担う職員が習得する内容の中間程度（児童福祉司についていえば、児童福祉司任用後研修と児童福祉司スーパーバイザー研修の中間程度）のものを想定することとされている。

2／相談支援の理念

Q 33 「利用者本位」とは どのようなものなのか

利用者本位と当事者主権

　高齢者の介護を社会全体で支え合うしくみとして2000（平成12）年に施行された介護保険制度の基本的な考え方に「自立支援」「利用者本位」「社会保険方式」の3つが示された。これ以降「利用者本位」という用語が自治体や福祉施設などで頻繁に使用されることとなった。この利用者本位は、ソーシャルワークの原理では「当事者主権」として獲得すべき理念に位置づけられている。当事者主権とは、本人が主体となって自分のことを判断し決定する権利があるという考え方であり、当事者主権を成り立たせるには、その人格が尊重される必要があり、自己決定権を尊重すること[1]とされている。福祉施設などでは、ソーシャルワーカーが当事者に接する際には「利用者」と呼ぶことが多い。

　「利用者本位」「利用者のために」という概念を言葉では理解できるものの、実際に実践することは戸惑うことも多く、容易に行えるものではない。ソーシャルワーカーが「利用者本位」で目指すのは、自立支援を心がけ、利用者が自らの選択で、生活の課題を解決し、自己実現が保証された**ウェルビーイング**を高めることである。ここでは利用者本位の支援を行う際の自立支援についても理解をしておきたい。

自立支援とは―自立と自律

　自立についてまず思い浮かぶのは、例えば就職を契機に一人暮らしをして親から「自立する」という状況など、身体的、心理的、経済的に他者からの支援を受けず、依存することなく生活・活動していく状態であろう。しかし近年では、障がい者が自立生活の権利を主張した**自立生活運動**により、日常生活動作（ＡＤＬ）の自立から、精神的な自立・社会的な自立をより重んじてとらえるようになっている。さらに認知症高齢者や重度障が

1）田村綾子「ソーシャルワークの理念」日本ソーシャルワーク教育学校連盟編『最新 社会福祉士養成講座 精神保健福祉士養成講座 11 ソーシャルワークの基盤と専門職〔共通・社会専門〕』中央法規出版、p103、2021.

ウェルビーイング
満足のいく状態、安寧、幸福、福祉などを意味する言葉。

自立生活運動
障がいをもった本人こそが一番の専門家であり「自分のことは自分で決める」ことを求めた運動。自立に関して象徴的な言葉として「2時間かけて自分で服を着るよりも、支援を受けて15分で服を着て仕事に行くほうが自立しているといえる」がある。

170

い者などが利用する福祉施設では、支援を受けながらも、それぞれの課題に応じた生活の質（QOL）が保たれる「自律」した状態を自立支援の目的としている。

例えば、高齢者施設において、何とか自力で車椅子を操作する要介護状態の利用者に対して、職員が「リハビリのため、車椅子はできるだけ自分で動かしてください」と言葉をかける場面がある。利用者が機能の維持を目標としているのであればよいが、移動した先に大好きなカラオケサークルがあって、参加を楽しみにしているのであれば、職員は躊躇なく利用者に代わり車椅子を押し、利用者が仲間とともに楽しい時間を過ごすということが本人にとってのウェルビーイングであり、自己実現（自立支援）であると言える。

知的障者がいの支援では、かつて盛んに行われた一律な生活指導や単なる訓練から、利用者の個性や得意分野を活かした自立支援を行うようになってきている。利用者のふだんの行動に着目し、絵を描くことが好きな者による独創的なデザイン作品や小物の販売、繰り返しの作業が得意な者による製品加工、細かい作業に適した者による清掃作業など、エンパワメントによって利用者自らが力を発揮し、社会に参加しながら人とのかかわり、働く喜びを見出すという自立支援を目指している。

自立支援は利用者自身がどうありたいか、どう過ごしたいかによって援助する側のアプローチが異なる。ただし利用者の想いは心身状況や環境により日々変化していることから、利用者の本当の気持ちを理解することは簡単なことではない。

多様化する生活課題と利用者本位

福祉施設の支援計画書では利用者の意向、家族の意向をそれぞれ明記するが、ソーシャルワーカーは利用者本人だけではなく、利用者の家族、住環境、地域とのかかわり、社会全体といったミクロ・メゾ・マクロレベルでの視点が重要であり、全体的な関連性を認識した働きかけを行う。特に複合的に課題が絡み合うケースではニーズを把握することが難しく、利用者本位の支援とは何かが明確に定まらないことがある。

例えば、在宅で要介護者の支援を行う際に、主介護者である家族にも生活課題がある場合、利用者本位という支援が明確に定まらないことがある。介護者が社会的に孤立し追い詰められ虐待に至るケース、介護者が精神疾患を発症するケース、高齢の親が中高年のひきこもり状態の子どもの

世話を続ける「8050問題」、祖父母や親を介護することで学業や進学などに影響を与えてしまう「ヤングケアラー問題」、親の介護と子育てを同時期に行う「ダブルケア」などが近年注目されている。

特にヤングケアラー問題では、子どもが問題自体を認識していないことや親子で**共依存**となっていることもあり、周囲の大人に相談することをためらう子どもも多い[2]。ソーシャルワーカーが介入する際は、一度では支援につながらないとしても、子どもたちと継続的に対話を続けるとともに、子どもの権利を守るべく介護を受ける祖父母や親などへのアプローチも大切である。

また認知機能の低下や精神疾患などで自分の世話を放棄するセルフネグレクトでは、不用品を捨てられずごみ屋敷となり、不衛生で近隣住民とトラブルになるケースもある。疾患、障がい、住環境だけに目を向けるのではなく、リサイクル目的とはいえ、ごみ分別ができることを前提とした自治体のごみ収集システムの弊害であるととらえることもでき、行政や近隣住民との協働を働きかける視点も必要である。

政府の目指す「**地域共生社会**」は、公的支援に「支える側」「支えられる側」という一方向の関係ではなく、「地域に生きて暮らしている以上、誰もが支え・支えられるものである」という考え方をもつことが必要としている。

共依存
特定の相手との関係に依存しすぎる状態のこと。依存しすぎる状態とは、その関係性を原因として生活上の課題が具体化した状態である。

2) 日本総合研究所『令和3年度子ども・子育て支援推進調査研究事業 ヤングケアラーの実態に関する調査研究報告書』2022.

地域共生社会
150頁側注参照

自己決定を促すことの大切さ

本人は前向きではないにもかかわらず、心身状況や家庭環境を理由に入院・入所せざるを得ない場合も少なくない。この場合でもソーシャルワーカーは、利用者の想いも尊重しつつ、これから起こるべく将来、家族や周囲の環境を伝えつつ、**インフォームドコンセント**により、自己決定を促すことが必要である。

利用者が意思表示できない場合もある。持病や身体状況、検査結果などの医療情報とは異なり、利用者の想いは明確に把握することは難しいが、ソーシャルワーカーは利用者に寄り添い、アセスメントで得た利用前の生活歴、趣味や嗜好など利用者の生活をたどることで利用者に代わって気持ちを表現することもある。

看取り期においては、利用者本人のほかにも介護者（家族）の意向への配慮も忘れてはならない。近年、**リビングウィル**やエンディングノートを残す動きも進んでいるが、事前に利用者の意向を確認しているケースはご

インフォームドコンセント
現在の専門家としてのアセスメント、プランニングに関して、丁寧に説明を行うことで利用者に理解してもらうように働きかけ、そのうえで利用者と支援チームが同意し支援をすること。

リビングウィル
終末期医療における事前指示書。

くわずかである。看取りは延命を希望しないと決めていても、いざとなると迷いが生じるものである。ソーシャルワーカーは、利用者本人や家族の気持ちを受け止め寄り添うが、この場合の利用者本位は日々変化するため、ソーシャルワーカーは常に葛藤することになる。これを倫理的ジレンマという。この葛藤は非常に大切なことであり、この気持ちの揺らぎは当然のものであり、利用者本人、家族とともに大いに悩むことが必要である。

利用者本位で陥りやすいパターナリズム

不適切な養育を受ける子ども、発達障がいがある人、配偶者から暴力を受ける母子、身寄りのない高齢者、アルコール依存症などの疾患を抱える人など社会的弱者が利用者の場合、支援する際にはつい感情が移入してしまうことがある。「この親子は当然分離したほうがよい」「適切な医療や公的サービスを受けるべきである」「私がこの人を救うのだ」と、専門知識あればこそ最善の支援を勧めたいものではあるが、ソーシャルワーカーは**パターナリズム（父権主義）**に陥ることなく、常に利用者本位を忘れてはならない。

例えば路上生活者に対して、一見誰もが雨露をしのげる施設の布団で眠りたいと思うものであり、就労を支援し自立させることが最善であると考える。しかし利用者と対話を重ねると、彼らの多くは必ずしも施設での生活を望んでいないないことがわかる[3]。路上で生活していても仲間とともに食べ物を分け合い、情報を共有する文化・コミュニティが存在している。

だからといって、利用者が好きに生活しているのだからどうなっても仕方がないとする**自己責任論**を持ち出してはならない。ソーシャルワーカーは彼らの生活形態も尊重しつつ、困った際に相談できる自立支援センターの存在、炊き出しの情報、就労機会や住居の提供など、丁寧に説明しながら、利用者の主体性を促す支援を行うことを心がける。

このようにソーシャルワーカーは社会の価値観や感情にとらわれることなく、利用者本位の原則を忘れてはならない。そのためにもソーシャルワーカーの倫理綱領を常に意識することが大切で、福祉現場などの組織内においても倫理の遵守を点検するシステムが不可欠である。

ソーシャルワーカーの存在意義

利用者の想いは他者に伝えることが難しいため、多職種協働を求められ

パターナリズム（父権主義）
専門家が代わりに決めてあげる、という支援形態。

3）厚生労働省社会・援護局地域福祉課 生活困窮者自立支援室『ホームレスの実態に関する全国調査（生活実態調査）令和4年3月』2022.

自己責任論
自己責任論の明確な定義はない。基本的にはどのような状態であれ、自分で行ったことの責任は自分でとることを求めること前提とした議論。過激な組織に拘束された邦人ジャーナリストの言動により、報道等でも取り上げられた。

るチーム内で共有することが容易ではない。特に最近は企業だけでなく福祉施設などでも、効率化や生産性向上を優先する傾向にあり、人の気持ちという無形な要素が置き去りになりがちである。

　施設において、深夜に「おなかが痛い」と訴える子どもに対し、職員はバイタルサイン測定を行い、医師の診察を受けさせ、薬を飲ませ観察する、というのが一連の模範的処置である。ソーシャルワーカーの視点としては、医療的な処置・観察だけでなく、子どもに寄り添い、お腹をさすり、言葉をかけ続けることで子どもの安寧を心がけるということを忘れてはならない。誰にでもわかるニーズではなく、利用者のこれまでの生活も理解しつつ、時間をかけて関係性を築き、時には利用者に考えることを促し、共に悩むことで導かれるのが真の利用者本位であり、ソーシャルワーカーにはそれを実践する福祉専門職という存在意義がある。

（魚津亮太）

COLUMN

社会におけるソーシャルワークの専門性の活用

　ソーシャルワークの実践における「当事者主権」「エンパワメント」や、専門性を磨く手段でもある「スーパービジョン」などは、福祉現場における実践だけではなく、一般社会、会社・チームでも活用されている。近年、働き方改革と生産性向上が求められるなかで注目されている「チームビルディング」や「組織マネジメント」は、リーダーがメンバーの能力を引き出すことやメンバーに対する「聴く力」が重要であるとされ、ソーシャルワーク実践と共通する部分が少なくない。また組織でも将来のビジョンを描くことが重要であるとされ、これは福祉（ウェルビーイング）を実現する社会福祉の基本理念そのものであると思えてしまう。

　ＡＩ（人工知能）社会が到来したとしてもシステムを管理するのは人である。人と人の対話が少なくなるなか、当事者主権の視点をもち、共感し、個性を活かして能力を引き出す対人援助実践を得意とするソーシャルワーク（人材）は、これからの時代にはさらに注目されるに違いない。

34 「尊厳の保持」とは どのようなものなのか

国語辞典で「尊厳」を調べてみると、「尊く厳かなこと、気高く犯しがたいこと」と書かれている。「尊厳の保持」は「尊く厳かなこと、犯しがたいことを守り続ける、支える」ということになる。

このことをもう少しわかりやすく、実践的な場面を通して考えていく。

福祉サービスの基本理念

社会福祉法第3条には、福祉サービスの基本理念として、「福祉サービスは、個人の尊厳の保持を旨とし、その内容は、福祉サービスの利用者が心身ともに健やかに育成され、又はその有する能力に応じ自立した日常生活を営むことができるように支援するものとして、良質かつ適切なものでなければならない」とある。

「福祉」は「幸せ」を意味しており、人の幸福（幸せ）のとらえ方はそれぞれだとしても、最も基本となる条件は、まず人として生きることができるということでなければならない。「人としてよりよく生きたい」という思いから福祉ニーズになり、それへの対応が福祉サービスになる。

福祉サービスの対象者（クライエント）への支援を考えるとき、クライエントへの哀れみや保護、恵みなどの気持ちは不適切なのだろうか。哀れみは愛おしむこと、保護することは庇い守ること、恵みは分け合うことであり、これは慈善事業の原型である。クライエントに対し、同じ人間や仲間と思うからこそそのような気持ちをもつことも自然なことと考えることができる。人を見下すことではない「思いやり」という人間関係が存在するのではないか。

ここで大切なのは、哀れみや恵みだけを考える支援者や社会であったならば、社会的な弱者であるクライエントに対するいじめや虐待、遺棄などがまかり通ってしまう危険性がある。クライエントも1人の人間として生きる生活者であり、地域社会の一員であるので、サービス提供は対等な人間関係を築き、その人の自立を支援するものでなければならない、ということである。このことは最も根本的な考えとして意識し続け、決して忘れ

社会福祉法
1951（昭和26）年制定の社会福祉事業法が前身で社会福祉基礎構造改革により2000年に全面改正され、法律名も改称された。社会福祉事業の全分野における共通的基本事項を定めている。

てはいけない。

　福祉サービスは、生活ニーズに即したものである。基本的なニーズには共通的のものがあるとしても、具体的なニーズはそれぞれの心身の状態や状況、家庭状況など個別の事情などを考慮しなければならない。画一的な支援ではなく、クライエントのニーズに即した個別の支援を計画的に行っていくことが重要なのである。

尊厳の保持を支援する

畏敬の念
基本的には身近な存在には「畏敬」という言葉を使わない。しかしここでは、誰もが1人の人間としてかけがえのない存在として絶対的な敬意を受けることを強調するため、あえて「畏敬の念」という言葉を使っている。

　尊厳は、人間の存在そのものに対する**畏敬の念**をもつ意味であり、その対象はすべての人である。人は単に呼吸をして生存していればよいということではなく、人間としての威厳をもった存在であり、このことは人権尊重にもつながる理念である。

　具体的な例として、高齢者や障がい者の身体拘束などが挙げられる。身体拘束は、他人への迷惑行為等の行動を防止するために、車椅子やベッドに拘束するなど行動の自由そのものを奪うことで、拘束を行うことにより、身体的、精神的、社会的な弊害を与える。このことは、人権擁護や生活の質の低下にかかわるため、つまり尊厳を損なう。

　福祉サービスを実践する現場での中心は、クライエントの尊厳であるが、それと同様に家族や支援者の尊厳も守られなければならない。

　支援する立場の者は、例えばクライエントからの暴言や暴力、性的な嫌がらせなどの問題があった場合、「仕方がない」「我慢するべき」と考えられている面がある。しかし、支援者も人間であり、尊厳は保持されるべき存在である。ただ、専門家である支援者として、工夫や創造が大切であり、クライエントの言動の理由や意味を理解しようとするよう努めなければならない。その取組みに関しては、冷静な判断を要し、1人では困難な場合もあり得るので、チームの力を借りることも必要になる。

尊厳の保持の基本的な考え方

　尊厳を損なうことなく豊かな生活を実現するために身体面、精神面、社会面それぞれへの対応が必要である。ここでは、高齢者介護の環境づくりから尊厳を守ることを考えてみる。

　身体面では、怪我や病気の予防や、機能低下の予防をする視点などがあるが、身体拘束や暴力、排泄など生理現象の放置や、我慢の強要、感染予

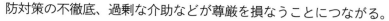

防対策の不徹底、過剰な介助などが尊厳を損なうことにつながる。

精神面では、不安や悲哀を感じさせない、不信感を抱かせないことが尊厳を守る視点となり、放置する、無視する、嘘をつく、約束を忘れる、差別する、孤立させる、決めつける、強要するなどが尊厳を損なうことにつながる。

社会面では、権利を剥奪しない、経済的損失をさせないなどの視点が大切で、人権を守らない、男女平等にしない、無駄な・高価な買い物や消費などは尊厳を損なうことになっていく。

これら環境づくりがされるだけでなく、一人ひとりの人権、価値観や生活の仕方が誰にも侵されることもなく、個人が求める生活が実現できていることが尊厳が保持されている状態といえる。

「らしさ」を尊重したクライエントファースト

さまざまな事情で寂しさや悲しみを感じている人が、生きていることに喜びを感じるだろうか。自分に役割があり、存在が認められていたらどうだろうか。愛情を注ぎ、寄り添うことで自分の価値を感じ、自分らしさを発揮し、他の人にも受け入れられた安心を感じたとき、人は前を向けるのではないだろうか。

人はそれぞれに人格をもっている。「らしさ」とは、その人の主体性の表れなのである。しかしながら、クライエント自身の状態や置かれている環境や状況によって、その主体性が発揮できない場合がある。支援者は、クライエントの主体性を発揮できるよう環境を整える努力が必要となるが、それも困難な場合も少なくない。その際は、現在の姿だけでなく、クライエントの人生の歩みを知ろうと努め、「らしさ」を見出し、意思を尊重しようと洞察する。

ここで重要なのは、支援者の価値観を押しつけることなく、**クライエントファースト**を意識することである。

「当たり前」のとらえ方

生活するうえで「常識」「普通」「当たり前」という言葉を使っているだろう。

常識は、法令を遵守することなど人が社会で生きるための最低限の必要条件で、社会通念ともいわれる。一般の社会人が共通にもつ、あるいはも

クライエントファースト
クライエントを最優先に考えること。欧米におけるレディファーストと同様であり、最優先に考えることとと同時に、クライエントの尊重を前提とすることも重要である。

第3部／ソーシャルワーク　2／相談支援の理念

177

つべき知識や意見、判断力などである。全員が同じ意識で常識をとらえているわけではない。

　それ以上に普通や当たり前はそれぞれのとらえ方に委ねられている。例えば、生活困窮者の生活課題を検討する際、家族がいるのであれば家族が支援することは普通、当たり前なのであろうか。誰が判断する普通なのか、誰にとって当たり前なのか。

　本人の考えや思い、家族自身の事情や考えなどを考慮することは不可欠であり、決めつけてしまうことはよい方向に向かない。個人個人の考え方は違い、価値観は異なる。それを前提として検討することが重要なのである。

唯一無二の存在であるクライエント

　「世界に一つだけの花」というヒット曲がある。この曲に「ナンバーワンにならなくてもいい　もともと特別なオンリーワン」という歌詞がある。誰が一番なのかを争うことはせず、一人ひとり違うのだから、自分らしく一生懸命生きればいい、と。この曲は、一人ひとりの尊厳の大切さを歌っている。まさに、人はそれぞれが唯一無二の存在なのである。

　唯一無二の存在であるクライエントが心身の衰えやさまざまな要因により自己をコントロールできない状態になったり、表明している意思が受け止められない状況になったとき、尊厳が侵される事態になる場合がある。

　そのような状態や状況になったクライエントの「らしさ」を発揮するには周囲の理解や支援を必要とする。支援者がクライエントを理解しようとする姿勢で信頼関係を構築していく過程は、クライエントのみならず周囲に対しても尊厳の保持を伝えることにつながる。

（田中仁）

3／総合的かつ包括的な援助

Q 35 総合的かつ包括的な 援助とは何か

地域における複合的な生活課題

　地域の生活課題では、ひとつの家族に複合的な課題が重複して生じることはよくある。例えば、80代高齢者の介護相談で家庭訪問したところ、介護だけでなく無職でひきこもりがちな50代息子の相談を打ち明けられた8050問題、介護家族の精神疾患よりごみ屋敷となり近隣から孤立する世帯、介護家族が配偶者の暴力と子どもの不登校に悩む世帯、などである。これらの複合事例は、ひとつの分野だけで対応が難しく、高齢、障がい、子ども・家庭等の各分野と、どの分野にも該当しない課題があり、制度の狭間の課題が指摘されている。

ミクロ・メゾ・マクロレベルの 包括的かつ総合的な援助

　このような複合的な事例は、ミクロ・メゾ・マクロレベルによる包括的な対応もまた求められる。例えばミクロレベルの個人や家族への相談支援だけでなく、メゾレベルの近隣地域の孤立予防、多職種・多機関連携、小地域の社会資源開発、マクロレベルの市区町村複合課題対応の運営管理や体制整備、および法律や制度の改善、人権や社会正義が尊重される地域社会の形成まで、複数レベルの対応により課題解決につながる。

　先の8050問題を例にすれば、ひきこもりの50代息子の支援なしに80代の親のケアマネジメントとサービス提供を行っても、この世帯は幸せになるだろうか。仮に親子が互いに同居生活を望むなら、50代息子の自立支援が求められる。しかしながら50代息子のひきこもり支援を行う組織は少ないのが現状である。その際、ソーシャルワークの総合的・包括的な援助より、制度の狭間や分野外を含めて、ミクロからメゾ、マクロまで、分野を超えた取組みが求められる。コミュニティソーシャルワーカーを例に

すれば、大阪豊中市で2000年に配置されて以降、地域の複合的生活課題に向き合い、利用者や家族ニーズ中心に創意工夫を重ねながらその支援を行った。そして、分野を超えた個別と地域支援に取り組み、その実践モデルは全国に広がった。

総合的かつ包括的な援助の理念

　総合的かつ包括的な援助の理念は、対象者ニーズを基本に対象者の願いや望みが実現できるよう、ソーシャルワークの価値・知識・技術を総合的に活用して支援することである。

　2016年に掲げられた地域共生社会の理念では、「制度や分野、支え手受け手を超えて地域住民や多様な主体がつながり地域を共に創る」ことが求められた。そして、「地域住民の複雑化・複合化した支援ニーズに対応」するため、2017年に社会福祉法第106条の3に包括的福祉サービス提供体制を整備が規定された。さらに、2020年には第106条の4で重層的支援体制整備事業が規定された。包括的相談支援、参加支援、地域づくり支援、アウトリーチ、多機関協働が規定され、市区町村ごとの実施を促進する法律改正が行われた。このような法律改正を経て、ソーシャルワーカーが、市区町村ごとに、総合的・包括的な援助を行うことが期待される時代となった。下記の図は、法的根拠とその関係図である。

　地域共生社会の実現に向けて、組織や行政ニーズだけに振り回されることなく、対象者や対象者が生活する地域ニーズを原点にして取り組むよう、ソーシャルワーカーの矜持を大切にしてほしい。

包括的な支援体制の整備と重層的支援体制整備事業の位置づけ
(社会福祉法第106条の3)　　　(改正社会福祉法第106条の4)

地域共生社会の実現(第4条第1項)

地域福祉の推進(第4条 第2項)

地域生活課題の把握、
連携による解決に向けた取り組み(第4条第3項)

包括的な支援体制の整備
(第106条の3)

重層的支援体制整備事業
(第106条の4)

出典：厚生労働省「「地域共生社会」の実現に向けた包括的な支援体制の構築について」2022.

（神山裕美）

Q36 「地域」を知るために行うことは？

地域を把握する

　地域とはそこに人々が「住み」「営み」「学び」「つながる」それぞれの場所である。「市区町村」という自治体単位を基本としながらもその土地に根づいた風習や自然の営みなどに由来して各地区に地域名がついている。そして海、山、川などに囲まれた自然の寛げる空間があり、昔の城下町や宿場町といった面影がある観光地もある。またその場所は農村や商工業、住宅地域であり、そこには学校、企業、福祉施設、病院等も点在している。そしてさまざまな住民同士のつながりや自然とのふれあい、祭り、地域活性化のイベント等を通じて人々が織りなす町になる。

　以上のように、地域はその場所それぞれで特色がある。重ねてそうした町の人口、世帯数、出生数、高齢化率等の基本情報等を調査して課題分析することは、ソーシャルワーカー等の専門職として必要不可欠なことである。そうした一連の調査・分析することを**地域アセスメント**という。

地域アセスメントを行い、地域を探る

　地域の生活課題を探るためには、最初に人口や世帯数等の基本情報のほか、支援が必要な住民層を探るために各種手帳保持者数等の人数を把握する。また、住民を支える公共施設や福祉・保健・医療機関、地縁組織・地域活動団体と、それらの団体の設置数、概要、課題等、社会資源全体を把握することも求められる。

　そして把握した情報をより深く探るために、地域住民や地域団体へのヒヤリングやアンケート調査を実施し、生活のしづらさや地域の強み・弱みといった視点から地域課題を掘り下げてみることが大切な視点である。

　特にヒアリング調査は聴き取りやすい空間を確保し、話しやすい場づくりを演出したい。調査対象は、目的にもよるが、地域団体の定例会やグループ活動、サロン活動、また商店街、銭湯など住民が集う場所に訪問し、実施することも考えられる。実際の町を歩い行う「まち点検活動」で住民

地域アセスメント
地域の概況、生活支援ニーズ、社会資源を調査し、それをさまざまな視点から分析して課題を抽出すること。

や支援者とともに一緒に観察するフィールドワークは参加者全員が課題発見、情報共有できる方法として有効である。

　一方で経済的課題や心身症状の不安定、コミュニケーションが苦手で地域の集まりに参加できない、また孤立やひきこもりといった「生きにくさ」の問題も、個別事例を通じて受け止めておくことは地域共生の視点から大切なことである。

　こうして地域アセスメントで得られた情報を読み解き（分析）、あらゆる視点から課題を見つめ、地域住民、地域団体、学校、企業に情報を提供することは、共に解決に導いていく実践を仕掛けていくことにつながる。

（大竹宏和）

COLUMN

地域アセスメントから生活支援ニーズを把握（その１）

　地域の概況、生活支援ニーズ、社会資源を調査、分析し課題を抽出、そこから見えてくる課題を浮き彫りにすること

1.　生活支援ニーズ

個人、地域が抱える暮らしの課題（地域で生きていくための課題）

2.　生活支援ニーズの把握方法（例）

・ヒヤリング：①住民が集まる場所に出向く（団体・グループの定例会、井戸端会議）、②町会・自治会、民生委員、③銭湯、商店街等、④関係機関、団体、支援団体、⑤個人、他

・その他の方法：①街を歩いてみる（観察）、②行政や他機関のデータを活用、③アンケート調査、等

3.　生活支援ニーズと社会資源を把握するうえでの視点

・共通性、社会性の視点

・市区町村内の状況を把握・整理

・国や都道府県レベルの状況を把握・整理

・顔の見える関係づくりを継続的に行うなかで、支援に活用できるひと、もの、財源、情報のつなぎが見えてくる

Q **37** 地域福祉はどのように変遷してきたのか

「済生顧問」制度の誕生

地域福祉の源流は、19世紀後半まで遡る。貧困家庭宅への訪問や慈善活動団体の調整等を行ったイギリスの慈善組織協会（COS）や貧困地域に住み込み社会の原因を探る**セツルメント運動**、また日本では宣教師アダムスが岡山市で興した育児、教育、医療等の支援活動や片山潜のキングスレー館とともに、Q12、31で詳解したセツルメント活動は地域福祉の源流といわれている。

セツルメント運動
156頁参照

その後の日本では隣保相扶の精神を基本として地域の人々の協力を得て創設した「済生顧問制度」が挙げられる。岡山県知事笠井信一が県内の貧困事情を調査したところ、悲惨な生活状況にある者が県民の1割に達していることが判明、ドイツのエルバーフェルト市の「救貧委員制度」を参考に、1917（大正6）年5月に「済生顧問設置規定」を公布した。その後の民生委員制度の源といわれている。

方面委員から民生委員・児童委員へ

その後全国に「方面委員制度」として拡大、1928（昭和3）年7月時点で全国の方面委員は15,155人となった。この方面委員の最たる活躍例は、1929（昭和4）年に**救護法**が成立したものの、法施行に伴う財源の捻出が困難になり施行のめどが立たなくなっていた際に、全国の方面委員の代表1,116名が連署して「救護法実施請願の表」を上奏したことである。その結果、状況は急展開し1932（昭和7）年1月に救護法が施行される運びになった。戦後1946（昭和21）年10月に民生委員令が施行され、方面委員から民生委員に名称変更となる。また1948（昭和23）年1月の児童福祉法施行により「民生委員法による民生委員は、児童委員に充てられたものとする」と規定され、民生委員はそのまま児童委員に就任した。

救護法
81〜83頁参照

戦後の地域福祉の流れ—社会福祉協議会の創設

終戦直後、800万人の戦災者、遺族、引揚者等への支援を喫緊の課題として1946（昭和21）年2月に連合国軍最高司令官総司令部（GHQ）が「無差別平等」「必要充足」「公私分離」という3つの原則を示した。その後1949（昭和24）年11月にGHQと厚生省は「**6項目提案**」にて具体化し、戦前の慈恵的社会事業を民主化し社会福祉の国家責任を明確にしている。また「団体および施設により自発的に行われる社会福祉活動に関する協議会の設置」が項目に記載され、社会福祉協議会（社協）創設が求められた。一方で1947（昭和22）年、大阪での全国社会事業大会で「連絡調整機能をもった団体」の設立要望等の決議がされている。

最初の社協は1949（昭和24）年に設立された秋田県社協であった。その後1951（昭和26）年1月に中央社会福祉協議会（のちの全社協）が設立され、順次都道府県・市区町村社協発足につながっていった。まさしく戦後の地域福祉の歴史は社協の歴史とほぼ等しい。

住民主体の地域組織化—社協の取組み

1953年ごろから相次いで各市区町村社協が発足した。ある都心部の社協では、発足当初、貧困家庭が顕在化しており、特に子どもを抱える家庭の問題は深刻であった。そうした貧困家庭への支援策として、福祉事務所や民生委員・児童委員協議会（民児協）、社協が共催して衣料品供出運動、また学用品調達のために「芸能大会」を企画し、そこで集めた募金を物品に換えて生活保護家庭や要保護家庭、里親委託保護の学童、施設に入所している学童に贈呈する「学用品プレゼント運動」を展開した。まさしく現代のコミュニティワークの事業展開であった。

1962（昭和37）年、「**社会福祉協議会基本要項**」が策定され、市区町村社協を地域福祉推進の基盤と位置づけて「住民主体の原則」を基本とした。1992（平成4）年にあらためて「新・社会福祉協議会基本要項」が策定され、住民主体の理念の継承と発展、福祉サービス等の企画・実施の強化を示した。

社協の創成期には、全世代のライフステージに合わせて戦後の緊急援護と基盤整備を構築し、現在に至っては誰もが暮らしやすい地域づくりを目指している。その創成期から現在まで、地域住民や地域活動団体、福祉関係機関、行政と連絡調整を図りながら推進、実践を重ねてきた。ただ、社

会福祉法人格をもつ民間組織でありながら、行政から財政面の支援を受けていることから行政色の強い組織となり、柔軟さが失われている社協も散在する。今後も財政支援を受けることは運営上やむをえない状況ではあるが、「地域住民やさまざまな地域団体が集まっての協議体が社協」という認識を社協関係者はあらためて意識する必要がある。地域に溶け込み、制度では対応できない、すべての住民の思いに寄り添う姿勢をつくっていくことが社協への信頼につながるはずである。

（大竹宏和）

`COLUMN`

地域アセスメントから生活支援ニーズを把握（その2）

4. 地域の概況

地域別でも整理

人口、年齢階級別人口、世帯数、出生数（年間）、死亡数（年間）、障がい者数、高齢者数（高齢化率）、外国人数（人口比）、町会・自治会への加入率、高齢者（老人）クラブ、自主防災団体数、民児協数、民生委員・児童委員、主任児童委員、福祉系NPO・ボランティア数、社会貢献活動を行う企業・地域団体数、大学関連のボランティアサークル等の数、地域の祭り事、空き家数、この街の譲れない課題・自慢、地域の強み・弱み、等

生活保護世帯数、身体障害者手帳保持者数、療育手帳（愛の手帳）保持者数、精神保健福祉手帳保持者数、要介護認定者数（高齢人口比）、一人暮らし高齢者数、高齢者のみ世帯数、高齢者虐待数、要対協ケース数、父子世帯数、母子世帯数、学校数、公共施設数、福祉・保健・医療機関等の数

5. 社会資源（一部再掲）

①生活を支援する制度、サービス、事業活動（支えるしくみ）

・行政機関（介護保険サービス、障がい者の自立支援サービス、一般施策、制度等）

・保健・医療・福祉関係機関のサービス　等

②支え合いの趣旨のもと行っている事業活動（支え合いのしくみ）

・町会・自治会、高齢者クラブ（老人クラブ）等の活動

・ボランティア団体等のたすけあい活動

・コミュニティサロン等の集いの場の活動

・有償・無償の家事援助活動（支え合いの要素が大きい活動）　等

Q 38 住民主体の地域支援とは どのようなものか

住民参加のつながりづくり

　地域アセスメントから町の歴史を知り、住民の思いや生活上の不安や期待を紐解き、住民自らがそうした問題に向き合うときをつくることが住民主体につながる最初の一歩になる。では地域における住民主体とは何か。

東京都豊島区民社会福祉協議会のコミュニティネットワーク——地域との連携図（2020.4）

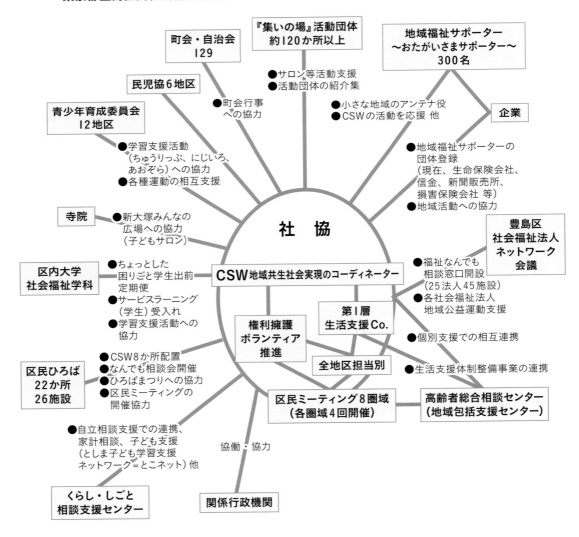

図は東京都豊島区民社協のコミュニテイソーシャルワーカーが取り組んできた主な地域支援活動である。まずは地域に住む個々の生活課題を集約するとともに、地域全体の福祉課題等も把握する。その結果を分析・整理し、社会改良の観点から住民や地域団体、福祉機関、学校、行政等に課題提起を行い、連携・参画・協働して地域福祉推進・実践したものである。

　「住民主体」の構築を図るということは、前提として「まち」に住む個人および地域全体で起きている課題を「我が事」のように思い合い、住民参加の地域のつながりづくリを進めていくことがスタートラインになる。

　しかしながら、すべての生活課題が地域住民の支え合いでは解決しない。すでにある公的制度が適切に行われていることの確認、検証を行い、ときに見直し等の提言を行うことも住民参加の地域づくリを進めていくうえでは大切な視点である。

（大竹宏和）

COLUMN

地域アセスメントから生活支援ニーズを把握（その3）

6. 生活支援ニーズを把握し、地域支援につなげるために

●地域のネットワークづくり	・課題の共有　・新たなサービス創出に向けた基盤としての機能
●新たなサービスの開発	・把握した生活支援ニーズに基づく圏域で必要な資源の創出
●住民活動の支援	・活動の継続と強化への支援（例：集いの場機能の強化・確保）
●住民の福祉意識の向上	・地域の福祉力の向上、住民による緩やかな見守り機能の発揮
●担い手の発掘・養成	・新たな人材の創出と具体的活動へのマッチング

Q 39 現代の地域福祉の課題は何か

地域共生の視点から生活者を見る

　全世代からの相談となると、さまざまな社会生活課題を抱えた家族も出現し、ときには複雑化、潜在化しているためその課題把握にかなりの時間を要する場合もある。コミュニティソーシャルワーカーやボランティアコーディネーター等がそうした事例にかかわっているが、全国的にこうした課題は地域全体に広がっている。ワーカーは個人やその家族、近隣住民の声に十分に耳を傾けて解決に導くことになる。

　地域課題の例として、地域の高齢化で夏祭りなど町会行事が成り立たない、空き家が目立ち隣近所同士の助け合いができない、高齢者クラブの会員数が減少しているため回覧板で募集をかけているがあまり反応がない、住民の孤立を防ぐために「誰でも食堂」を開きたいがどのようなことに気をつけたらいいのかわからない、などがある。地域課題の相談のほかに、地域活動を興したい人たちからの相談・支援などもあり多岐にわたる。

　そうした個人や地域から相談をしっかり受け止めて、時間をかけて一緒に悩みながら適切な助言をしていくことが地域支援にとっては大切なスタンスである。地域共生の視点から地域の生活者の問題を考えていけば、自ずと課題の本質は見えてくる。地域社会が住民の一人ひとりの暮らしや生き方を守るために何ができるのか。経済状況や就労問題、病気や障がいが教育格差や貧困、住居等の問題にもつながり「生きにくさ」を助長している社会になっていると言われる昨今、同じ社会に立つ我々が「誰もが生きやすい社会」に変革していく意識と話し合い、実践が求められている。

（大竹宏和）

4／専門職倫理と倫理的ジレンマ

Q40 「倫理」とはどのようなものか

「倫」には仲間、「理」は物事の道理、指針という意味がある。この2つの言葉を組み合わせた「倫理」とは、仲間の道理、指針である。確かに仲間によって道理や指針は異なる。極端な例でいえば**海賊の倫理**というのもある。ここでは日本のソーシャルワーカーの倫理について見ていく。

ソーシャルワーカーにとっての「倫」

ソーシャルワーカーにとっての「倫」である仲間を考えるうえで、一番基本的となるのは、社会福祉士や精神保健福祉士等の同じ資格をもつ仲間が所属する**専門職団体**である。

さらに専門職団体のひとつである社会福祉士会の倫理基準において、ソーシャルワーカーは、①利用者と専門職という相談支援の関係でつながる仲間、②専門職として所属する組織・職場でつながる仲間、③同じ社会に生きる**共生社会**を目指す仲間、④ソーシャルワーク専門職の仲間の4つの仲間における倫理が示されている。

ソーシャルワーカーの道理と指針

道理、指針とは、実践すべき考え方の方向性である。考え方の方向性が間違っていなければ、個別性や状況に応じて決定および方法は多様であってよい。このことについてリーマーは、倫理は一つの確実な解決を導くものではなく、多様な解釈と決定がある。価値多元性というソーシャルワークの前提からもこの多様性は望ましいとしている[1]。

倫理に関してよくある誤解は、問題が起きたときに倫理審査会等で、罰則が決定されるという印象から、倫理とはそのとおりに実践するもの、または破ると罰則のあるものという考え方である。

例えば、社会福祉士の倫理基準で自己決定の尊重があるが、自己決定を

海賊の倫理
海賊にとっては人のものを奪うことが倫理である。倫理が必ずしも良い行いとされる基準ではないことの例。

専門職団体
ソーシャルワーカーの加入する専門職団体の代表的なものとして、日本社会福祉士会、日本精神保健福祉士協会等がある。有資格者であれば加入は任意である。

共生社会
社会福祉士の倫理綱領では、ソーシャルインクルージョンと書かれている。共生社会は本学の建学の理念であり、包含したうえで活かし合うことを含めるとより適切な表現だと判断した。

1) Reamer, F. G.: *Social work values and ethics*. Columbia univercity press, 1999.（秋山智久監訳『ソーシャルワークの価値と倫理』中央法規出版、2001.）

無条件に尊重する、尊重しなかったら罰則があるというのは、それを絶対視するとなるとかなり偏った考え方になる。あくまでも実践をするための指針のひとつとして利用者の自己決定の尊重をどのように実現していくかを考えるのである。ちなみに罰則は、基本的には罰則規定に定められる。

日本のソーシャルワーカーの倫理

　日本人も仲間のひとつであるならば、日本人としての考え方が欧米と異なってもおかしくない。そうであれば、日本のソーシャルワーカーの特質もあろう。ソーシャルワークの専門職倫理に基づく実践に関しては、F. リーマーやR. ドルゴフ[2] が取り上げられることが多い。しかしこれらはアメリカで検討されたものであり、単純に日本のソーシャルワークに応用することについては、倫理が仲間の理であることを踏まえると違和感がある。

　アメリカのソーシャルワーカーの倫理の背景には、契約内容が実践で重視される契約文化、**ウォーターゲート事件**の影響による職業倫理の厳格さ、専門職としての自立性などの影響が考えられる。そのため専門職業としての倫理規則や個別の契約等が重視される。

　日本ではどうか。アメリカよりも規則や契約について、より柔軟な実践をしている印象がある。これは聖徳太子の「和を以て貴しとなす」を象徴とする、仲間の調和を重んじる文化の影響があるためであると考える。この根拠としては、聖徳太子は紙幣の肖像画としての採用回数が最多であり、日本では重要な人物として影響が強いといえる。

　つまり倫理を考えるときに、アメリカでは個別の倫理基準や契約内容を重視するが、日本では指針の異なる仲間同士でも「そうだよな」、「それしかないか」等、合意、共感できることが、契約や倫理基準よりも重視されているような印象を受ける。

　例えば、がんの末期患者の在宅療養について考えれば、在宅では医療的ケアの機会が減るので生命の危険が高まり、家族はケアの負担が高まり、地域で支える在宅チームも対応が十分にできるかわからない。それでも本人が帰りたいという場合に、帰るにしても帰らないにしても、その個別の状況で関係者全員、つまり仲間が「そうだよな」と共感、妥協できる決定を目指すことが実践の指針、つまり日本のソーシャルワーカーの倫理的機能の特徴といえるのではないかと考える。

（新保祐光）

2）Dolgoff, R. Loewenberg, F. M. and Harrington, D.: *Ethical decisions for social work practice*, 9th ed, Thomson, 2011.

ウォーターゲート事件
アメリカの行政府による複数の部署での業務上の不正やもみ消しなどが行われた。この事件の影響からアメリカでは職業倫理についてより厳しい見方がされた。

Q 41 倫理的ジレンマとは何だろう

ここでは、地域で働く社会福祉士の事例[1] をもとに、倫理的ジレンマについて見ていきたい。

1) 事例の作成にあたっては、個人情報保護のため、倫理的ジレンマの検討という本質に影響が少ない範囲で、事例の内容に変更を加えている。

事例

●主訴

　ソーシャルワーカー（SW）が相談支援を担当するBさんから、「精神疾患のある娘（Cさん）と口論になった後、連絡が取れないので心配である、行き先を知らないか？」との相談があった。

●登場人物

　Bさん（48歳、女性）は、6年前にうつ病の診断を受け、X医院に通院し服薬を継続している。困り事や混乱したときは、障害者生活支援センターのSWに連絡してくる。SWはそのつど情報の整理と傾聴、必要な情報提供を行ってきた。

　Cさん（27歳、女性）はBさんの娘。高校生のときに不登校となり、19歳で統合失調症の診断を受け、Bさんとは異なるY病院に通院し服薬を続けている。状態が悪化すると自傷、他害行為につながる。そのため医療保護入院に至ったこともある。現在はY病院のSWが中心となりCさんの支援を行っている。

●家族関係

　Bさんはシングルマザーとして派遣やパートの仕事をしながらCさんを育ててきた。両親は他界しており、その他の親族はない。Cさんの状態が悪化すると暴言や行動でBさんが振り回されることも多く、その影響でBさんの状態も悪くなることが多い。

●経過

　Bさんより、「Cと口論になり自傷行為をほのめかす発言があった後に、Cが自宅を飛び出してから数日間音信不通になってしまった。行き先を知らないか？」と相談が入る。SWはCさんの関係機関に連絡を取り、安否確認をした。

　関係機関のSWより、Cさんは健康ではあるが、精神的な混乱が生じており「自宅に戻りたくない」と言っているとのことだった。これまでとは異なる状況であり、支援者間で状況の確認と支援方針を共有するために**カンファレンス**

カンファレンス
医療、福祉、介護の領域では、特定の目的を共有する担当者間（多くの場合20名程度までの少人数）の話し合いの意味で使われる。

を行った。その結果、Ｃさんの現在の精神状況や、自宅に帰りたくないという意向、ＢさんとＣさん間の距離を取るために、Ｂさんには「Ｃさんには支援者がかかわっており無事であることのみ伝える」ことが決定された。

　Ｂさんへ電話連絡し、Ｃさんが無事であると伝えたところ、「Ｃはどこにいるのですか？　連絡が取れないのはなぜですか？」と何度も聞かれた。ＳＷは、ＢさんのＣさんを心配する想いを理解しながらも、Ｃさんの意向、それに基づくカンファレンスの決定があるなかで「これ以上のことはわかりません」と答えるしかできなかった。Ｂさんは十分に納得できず、本当にＣさんが無事なのか、なぜ連絡が取れないのか、不安を抱えたまま電話を終了することになった。

どこまで伝えていいのか、母親の想いとワーカーの葛藤

　このケースの前提として、ＢさんとＣさんは唯一の家族としてお互いに対する強い感情がある。そのためお互いを心配する気持ちも強いが、わかってくれないという思いや、甘えたいという強い気持ちもあり、それが複雑に絡み合い、気持ちがかみ合わず対立が起きてしまうことも多い。さらにお互いの精神状態に悪影響を与える可能性が高いという親子関係の積み重ねがこれまでにある。

　この親子関係をＣさんの治療を行っている医療機関では、共依存と見ている。そのためＣさんは主治医の意向もあり、あえてＢさんとの距離をとろうとしているのである。このことがカンファレンスで、Ｂさんには Ｃさんの居場所等の詳細を伝えないということに同意した根拠となっている。

　このような背景を踏まえたうえで、ＳＷは電話での会話のなかで、次のような葛藤を感じていた。ＢさんはＣさんがどこにいるのか知りたがっている。ＳＷとしては、親の気持ちとして当然だと思うのでその気持ちに応えたい。ただしＳＷがＢさんにＣさんの居場所を伝えれば、ＢさんがＣさんに会いに行く可能性が考えられる。Ｃさんは混乱しやすい状況にあるし、会うことで気持ちが高まり、自傷他害のような大きなトラブルに発展する可能性がある。

　また親子間ではあってもＣさんが開示を望まない以上、個人情報を伝えることはできない。また支援者間で行ったカンファレンスでも「Ｂさんには、Ｃさんは支援者がかかわり無事であることのみを伝える」というものだった。自分自身がＢさんの不安を解消したいという気持ちから、このカ

ンファレンスの決定を覆すことはできないという考えも浮かんだ。ただし
Bさんと電話で会話していくなかで、Bさんが非常に強い不安を抱えてい
ることもあらためて感じた。

この事例を倫理的ジレンマとして解釈する

　この事例を倫理的ジレンマとして見ていこう。この事例では、以下の倫
理的判断が重なり合うことで倫理的ジレンマが生じている。

①ワーカー–クライエント関係における倫理

　　クライエントの意思の尊重という倫理がある。この倫理からは、クラ
　イエントであるBさんの希望であるCさんの状況を知りたいという気持
　ちに応えることが求められる。

②人間としての倫理

　　最小限の害、生命の安全という倫理がある。BさんとCさんが会うと、
　気持ちのぶつかり合いから、お互いの精神状態が悪くなるだけでなく、
　自傷他害が起こるかもしれない。それはBさん、Cさんにとって身体的、
　精神的に害が生じる可能性があり、それを避けることが求められる。

③医療専門職としての倫理

　　根拠に基づく実践という倫理がある。Cさんの主治医は、BさんとC
　さんの共依存関係と判断し、その改善のためにBさんとCさんの接触を
　避けるように指示している。医療と連携する専門職として、医学的根拠
　に基づく医師の指導を尊重することが求められる。

④チームの一員としての倫理

　　組織やチームの他メンバーを尊重するという倫理がある。そのため、
　多機関、多専門職によるカンファレンスで決まったことを、安易に反故
　にすることはできない。目の前でBさんがつらそうであっても、カン
　ファレンスでの決定を守ることが求められる。

　ここまでみると②③④の倫理は、「Bさんには、Cさんは支援者がかかわ
り無事であることのみを伝える」という決定の根拠となる。そのためこの
決定に倫理的ジレンマを感じない人もいるかもしれない。

　疑問をもたなかった人は次のことを自己覚知してほしい。自分は根拠が
わかりやすい、または根拠が多いものを正しいと思ってしまう傾向があ
る、ということをである。

　また以上に挙げた4つ以外に気づく倫理もあるかもしれない。スペース
の関係で省略しているが、この4つ以外にも多様な支援にかかわる仲間の

倫理が影響しているものもある。4つ以外に気づいた人は、自分自身の倫理観のなかにその視点に気づきやすい、そこに関心が向きやすいということを自己覚知するとよいであろう。

　そのうえでSWは、人権尊重、当事者主体を倫理とする。クライエント本人の気持ちを尊重することが一番大事である。そのためこの事例でSWは強い葛藤を覚えるのである。

　Q56のところで語られるが、SWは主観的な経験としての生活、生き様を支援する。BさんがCさんにと会うと、お互い傷つき、不安定になることがわかっていても、Bさんは親としてCさんを心配して、会いたいという気持ちを尊重する必要がある。

ではどうすべきだったのか

　倫理は考え方の指針である。倫理という指針から、どうすべきだったかを考えてみる。

　メゾレベルでは、カンファレンスでの対応が考えられよう。倫理は仲間がよいとする基準である。Bさんの支援チームとCさんの支援チームはそもそも異なる仲間であり、複数の支援チームのカンファレンスは、よいとする基準が重なり合わないこともある。

　そのことを前提に、いくらカンファレンスでの判断が多様な根拠に基づくとはいえ、Bさんの担当SWはもっとBさんの権利を擁護するという倫理に則って行動できたのではないだろうか。

　ミクロレベルでは、社会福祉士の誠実という倫理基準からも、SWとBさんとの関係の過程を考えるとBさんにすべての事実を伝えることもあり得たのではないか。Bさんにかかわり続けるのであれば、信頼関係という視点からもその方がベターだったのではないか。この提案をカンファレンスですることもできたのではないかと思う。

　これはBさんを傷つける可能性があるので、難しいかかわりとなる。しかしこれを個人、チームの成長の機会ととらえ、スーパーバイザーやチーム間で相談しながら行ってみるものよかったかもしれない。

　ただ大事なのは、どうすればよかったかの結果論ではない。倫理的な判断と、そのジレンマを感じられることである。上記の提案はCさんのチームの判断とはやはりジレンマ生じる内容である。そのジレンマと向き合いながら、よりよい判断を検討する過程が重要となる。

（上原真理子・新保祐光）

5／貧困とソーシャルワーク

42 貧困や格差をめぐる弾圧と抵抗の歴史とは？

　貧困は時代を問わず社会で生み出され、人々の生存を脅かしてきた。貧困の大規模な発生は、偶発的で予測が難しい疫病・感染症や自然災害、戦争、大火、悪政、経済不況などを原因とした。自然災害は米の凶作に結びつき、飢饉と飢餓が発生した。

　歴史を遡り、貧困にかかわるトピックを取り上げると、飛鳥・奈良時代の四箇院（大阪）をはじめ、鎌倉時代の忍性による施設など、仏教思想の影響下で、窮乏に対する慈善事業が行われている。仏教社会福祉の伝統は脈々と現在に続いていくことになる。被支配者の不安の背景のひとつには貧困があり、人々の行き場のない心を鎮めたいという思いが高まって仏教やキリスト教といった宗教は広まり、人々は必要とした。

江戸時代の弾圧と抵抗

　1637年の島原天草の乱では、キリシタンの農民たちが領主らの悪政（年貢の過酷な取り立て・禁教）に憤った。島原の「原城」を拠点に日本の歴史上最大規模の蜂起—百姓一揆が勃発した。このとき一揆に決起し原城に籠城した約2万7000人は、江戸幕府3代将軍家光により「男も女も子どももすべて殺された」[1]。支配−被支配の社会関係のなかで、尊厳を守ろうとする、命を賭けた抵抗は、ときに政権の基盤を揺るがす脅威となり危険視され、根こそぎの徹底した弾圧が行われることもあった。島原の乱はまた「中世から近世への移行を象徴する出来事」[2]とされ、時代を画するほどであった。

　この後、江戸幕府は絵踏によるキリシタン弾圧の強化を進め、同時に鎖国政策を完成させることになる。キリスト教を弾圧したのは、貿易的に支配されることを避けるためでもあったが、農民が藩主よりも神であるキリストを重んじ、加えて人間の平等を強調していたため、身分制度を敷く江戸幕府にとって都合が悪かったからである。反対に、儒学や朱子学が奨励

1）志岐隆重『ドキュメント 島原・天草の乱』葦書房、p207、1991.

2）神田千里『島原の乱—キリシタン信仰と武装蜂起』講談社学術文庫、p267、2018.

されたのは、身分の上下を重んじる学問が幕府にとって都合がよかったからである。また、江戸時代には冷害、水害、火山噴火を原因とする天明・天保の大飢饉など、甚大な被害とその結果としての貧困をもたらした。

必要以上の過酷な重税をかける悪政、米の買い占め・売り惜しみを行う商人による米価の値上がりは、その悪影響を考えず実行したため、貧困を引き起こし、一揆や打ち壊しなど民衆の抵抗運動が起きた。一揆の際、参加者が団結し、首謀者がわからないようにするために「からかさ連判状」が捻り出された。

日清戦争から第一次世界大戦まで

江戸時代には、問屋制家内工業、工場制手工業（マニュファクチャ）による産業の発展による大量生産が見られていたが（尾張の綿織物、桐生の絹織物、灘の酒など）、近代になると明治政府は殖産興業と富国強兵を進めた結果、大量生産システムのなかでの構造的な失業を起因とする貧困問題として表れてきた。封建制の年貢がなくなっても、今度は産業社会に特有の労働者の貧困が生まれてくることになる。産業における生産力の高まりは大規模な戦争も生む。対外侵略のために、1894年に日清戦争、1904年に日露戦争が始まり、1910年には日露戦争の結果として韓国併合が行われた。社会主義者の幸徳秋水、歌人の与謝野晶子、キリスト者の内村鑑三はそれぞれの表現で日露戦争に反対し、抵抗を示した。韓国併合後には、土地を奪われ貧困に陥った朝鮮半島の人々が日本に移住して、土木建築・鉱山等の労働者となっていった。特に、1920〜30年代に増加し、朝鮮人集落を形成した。そのなかで起きたのが1923年の関東大震災時の在日朝鮮人に対する虐殺であった[3]。東京・神奈川を中心に関東地方で、自警団、軍隊、警察が一体となって、数千人が殺害されたといわれる。

日清戦争から韓国併合にかけて、日本は産業革命を達成した。産業の主力は、製糸業などの軽工業から、鉄鋼、機械、造船、化学といった重工業へと移行し、農業国から工業国に転換した。農村の若者は、産業の担い手となるために、次々と産業の集積地の都市や鉱山に移り住み、農民から労働者となっていった。この飛躍的な生産力を背景に、1914年に始まる第一次世界大戦が勃発した。大戦景気により成金が生まれ、三井・三菱・住友・安田といった財閥が大きな利益を得た。

3) 姜徳相『関東大震災』中公新書、1975. 近世以降関東大震災までの民衆の動きについては、藤野裕子『民衆暴力』中公新書、2020を参照。

大正デモクラシーと治安維持法

　1917年のロシア革命、**大正デモクラシー**の気運といった、時代の画期
となる出来事が起きるなか、大きな社会変動や民衆運動・労働運動の高ま
りが見られた。1918年には全国で米騒動も起き、日本国内は内乱状況と
なった。米騒動は、1918年のシベリア出兵（ロシア東部）を原因する。
ロシア革命によって社会主義が国内で広まることを恐れた日本・イギリ
ス・アメリカは大軍を送り込み、革命を失敗させようとした。それほど、
資本主義陣営にとっては共産主義が脅威となっていた。だが、この出兵は
失策となった。このとき、商業資本の買い占めによって米市場が騰貴し、
困窮者が生まれ、警察や軍隊が弾圧した。この責任をとり、寺内正毅内閣
は総辞職することになり、立憲政友会の原敬内閣になる。

　1920年には第1回メーデーが東京で開かれ、平塚らいてう、市川房枝
は女性の政治参加と男女平等を求めて女性解放運動を展開した。1922年
4月には賀川豊彦たちが日本農民組合を結成した。このころ労働争議や小
作争議も頻発していた。同年3月には、全国水平社が結成され「全国に散
在する吾が特殊部落民よ団結せよ。人間を尊敬することによって自ら解放
せんとする者の集団運動を起せるは、寧ろ必然である。水平社は、かくし
て生まれた。人の世に熱あれ、人間に光あれ。」と京都で宣言した。

　大正デモクラシーは、政党政治を実現させる気運を作り、1925年に普
通選挙法成立へと導いた。ところが同年、社会運動を広範囲に弾圧する治
安維持法が成立し、言論や思想で戦争に反対し表現する人々に対して跳梁
跋扈して暗躍し続けた。

民衆視点の歴史観

　このように、疫病、災害、戦争、産業化などの背景があって貧困は生ま
れていくが、常に施策は追いつかず、後追いであった。一方で、文字とし
て残されないことも多くあったが、残された記述からは、人々が貧困に対
してときに命をかけて抗い、尊厳を取り戻そうとする歴史を読み取ること
ができる。その意味では、支配者の観点から書かれた歴史だけではなく、
民衆史や貧困史には学ぶべきことが多い。もちろん関東大震災時の虐殺の
ように民衆が加害者にもなる史実を考えると、支配－被支配の二分法で単
純化するわけにはいかない。

（松本一郎）

大正デモクラシー
日露戦争後の1905年
ころから、1931年の
満州事変前夜までの
間に見られた、言論活
動・社会運動の大きな
展開、政党政治実現の
動きを指す。成田龍一
『大正デモクラシー』
岩波新書、2007を参
照。

Q43 「貧困と尊厳」が焦点となった朝日訴訟とは何か

ここでは、現代の高度経済成長期、生活保護制度を利用しながら結核療養所で治療を受けていた朝日茂氏（1913〜64）の人間の尊厳をかけた闘い[1]について、手記[2]をもとに触れておきたい。すでに新憲法は成立していたが、基本的人権や人間の尊厳を考えるうえで重要な裁判であり、利用者の視点についても後世に残してくれた事例である。

1) 訴訟の記録については、朝日訴訟運動史編纂委員会編『朝日訴訟運動史』草土文化、1971を参照。

2) 朝日訴訟記念事業実行委員会編『人間裁判―朝日茂の手記』大月書店、2004.

朝日訴訟の経過

☑ 提訴以前

朝日氏は、重度の結核患者となり生活保護（医療扶助と生活扶助）を受けながら、岡山県津山市の国立岡山療養所に長期入院中であった。朝日氏の生活水準は、月600円で、「肌着2年に1着、パンツ1年に1枚、ちり紙1月に1束、手拭い年に2本」というものであった。ちなみに、週刊朝日編『戦後値段史年表』によれば、「駅弁」（幕の内普通弁当並）が100円（1954年）、「カレーライス」（都心での普通並）が100円（1955年）であった。津山市福祉事務所は、音信不通であった朝日氏の次兄（宮崎市在住）に1500円の仕送りを求めたうえで収入認定し、**入院患者日用品費**600円の支給を打ち切り、医療費一部負担金を900円とする保護変更決定を行った（「月1500円のうち900円は医療費自己負担に、残り600円で生活するように」）。このとき、朝日氏は自著で次のように書いている。

入院患者日用品費
生活保護利用者が入院した場合、居宅とは異なる生活であるため、入院生活に合った生活扶助費としてこの名称で支給される。

> これ（筆者注：保護変更決定通知書）を受けとった私は驚きとともに、せっかくの肉親の兄が、重症の弟に栄養品の一つも食べさせようと思い、苦しい生活の中から無理して送金してくる千五百円を、六百円だけしか本人に渡さず、九百円を国庫にとりあげるとは血も涙もないむごい仕打ちではないかと怒らずにいられなかった。そしていかにお役所仕事とはいえ、あまりにもしゃくし定規な、非人間的なやりかたではないかと憤慨した。（中略）私は、（これだ！

これをやらなければいけない。泣きねいりしていては、いつまでたっても救われない）と心の中で叫んだ。いままで、どんなに多くの人びとが法律のことをよく知らないために、低い生活保護基準に苦しめられ、そのまま泣きねいりしたことであろう。私たちの療友も、古い田舎の慣習にとらわれたり、家の面子にこだわったり、虚栄のため、受けられる保護も受けず、また、受けたとしても、ただ、お上からのお恵みとして受け取り、民主憲法で保障された当然の権利として考えていた人は少なかったのではなかろうか。私は（中略）権利として、生活の実態に見合う保護をあくまで闘いとる決意を固めたのであった。

当時の生活保護法による保護基準はあまりにも低劣であって、健康で文化的な最低限度の生活を営む権利（生存権）を侵害するとして岡山県知事へ**不服申し立て**（1956年8月6日）をするが、県は却下した。さらに厚生大臣へ再審査請求（同年12月3日）するが、却下された。このとき、朝日氏は「厚生大臣の不服申し立ての却下は、私の憤りをいっそうかりたてた。こんなばかなことがあるものか。法律は、人間の幸福を破壊するためにあるのか、幸福を守るためにあるのか。（中略）私の怒りは、決して私一人だけの怒りではない。多くの貧しい人びと、低い賃金で酷使されている労働者の人びと、失業した人びと、貧しい農漁村の人びと、この人びととはみんな私と同じように怒っているはずだ。」と手記に書き、彼にとっての訴訟は貧しい人々、苦境に立たされた人々との連帯のためでもあった。

> **不服申し立て**
> 生活保護制度では、福祉事務所の行政処分に不服があるとき、不服申し立てができる。まずは審査請求を行うが、不服がある場合さらに厚生大臣（現・厚生労働大臣）に再審査請求を行うことができる。その行政処分にも不服がある場合には裁判所に審理を求めて裁判を起こすことができる。朝日氏はこの手続きに則って争ったのであった。

☑ 提訴以後

朝日氏は、1957年8月12日に、憲法第25条と生活保護法では健康で文化的な最低限度の生活を営む権利を無差別平等に保障しているのであって、「日用品費月額600円はあまりに低額で、憲法第25条の健康で文化的な生活に違反する」と提訴した。

1960年10月19日、東京地裁は原告の主張を全面的に認めて、日用品費月額600円は「低額すぎ、違法である」とした。原告は控訴し、東京高裁は1963年11月4日、保護基準が明白な違法性がない限り司法審査になじまず、日用品費月額600円は「すこぶる低額だが違法ではない」とした。1964年2月14日、小林健二・君子夫妻が養子として入籍し裁判を継続しようとした。その直後、朝日氏は死去した。1967年5月24日、最高裁は原告の死亡により養子による訴訟の継承は認めず、訴訟は終了したとした。

朝日訴訟が問いかけたもの

　朝日訴訟は、「人間裁判」と呼ばれ訴訟支援運動が起こった。結果として、裁判上では勝訴とはならず終了した。しかしながら、東京地裁の全面勝訴判決後に保護基準が大幅に引き上げられた。1961年4月、入院患者の日用品費支給額を月705円から1035円へ上げた（46.8％増）。翌年1962年も24.2％引き上げて、1285円にした。2年分合わせ82.3％の引上げであった。当時の官僚は生活保護基準が低すぎることをよくわかっていたのである[3]。

　また、国民の間に社会保障や社会福祉の権利とその保障を求める意識が高まるインパクトを与えた。制度が実態に追いついていない場合があること、しかも制度があっても貧困状態（健康で文化的な生活を送れていない状態）になりうること、権利と尊厳を守るためには社会運動などによって制度にフィードバックする回路が必要であることを物語っている。

（松本一郎）

3）小川政亮によれば、当時生活保護基準の作成する厚生省の担当者であった小沼正が次の回顧をしている。「あれは何といっても朝日さんのおかげです。朝日さんがああいう訴訟を起こして一審判決が出たから保護基準の大幅引き上げが出来たのです」（小川政亮『増補新版 社会保障権』自治体研究社、p120、1995）。

COLUMN

前略　ジョン・レノン

　大学進学し、洋楽が好きだったこともありビートルズ研究会という怪しげなサークルに入った。活動の中心はビートルズの詩の研究であった。Rubber SoulやRevolverを全曲分担して解読し、冊子にして大学生協や大学祭で販売した。大真面目だった。

　私はジョン・レノンが一番好きで、音楽性、詩、ユーモアに惹かれた。1963年のコンサートのとき、王室の出席もあるなかで、何と「安い席の方は拍手をしてください。それ以外の方々はよろしければ宝石を鳴らしていただけますか」と、子どもみたいにはにかみながら言った。

　ビートルズ解散後のジョン・レノンにもシビれた。ベトナム戦争反対の声を挙げ、Give Peace a Chance（1969）、Power to the People（1971）と叫んだ。Mother（1970）で慟哭のような心をそのまま歌った。私が「権利」「社会問題」を意識し始めたのはこういった経緯があったから、と今そう想う。

Q 44 貧困に対する 社会的支援の課題は何か

支援制度の歴史

　貧困問題に対する支援制度を歴史的に見ると、時代性を帯びながら制度は作られてきたのがわかる。戦後には、最低生活保障と自立助長を目的とする**生活保護法**が作られ、近年では、2002年に**ホームレス自立支援法**、2013年には**子どもの貧困対策法**と**生活困窮者自立支援法**が成立した。生活保護法をはじめとする社会保障制度では支援が足りず、追加的な制度を作った。これらの制度にはすべてソーシャルワークが必要不可欠である。また、野宿者支援、学習支援・子ども食堂・**フードパントリー**など、制度とは独立して、あるいは制度を活用して活動するNPOや任意団体も貧困にかかわり、日々支援を行っている。

　ソーシャルワーカーには制度そのものの正確な理解がまず必要となるが、具体的な支援の展開について憲法や法律に明示されているものではない。社会福祉士・精神保健福祉士の教育（講義・演習・実習・書籍）、入職先の研修やOJTなどで学ぶことになるが、制度運用を主導する厚生労働省から発する指針は支援者にとって羅針盤となる。以下、そのひとつを紹介する。

3つの支援制度

　2000（平成12）年に社会福祉事業法から題名改正された社会福祉法では、福祉サービスの基本理念を「福祉サービスは、個人の尊厳の保持を旨とし、その内容は、福祉サービスの利用者が心身ともに健やかに育成され、又はその有する能力に応じ自立した日常生活を営むことができるように支援するものとして、良質かつ適切なものでなければならない」と規定した。また、2004年には、「生活保護制度の在り方に関する専門委員会」が以下の3つの自立支援を定義し、生活保護法における「自立助長」の指針とした。

生活保護法
昭和25年法律第144号

ホームレス自立支援法
平成14年法律第105号、正式名称「ホームレスの自立支援等に関する特別措置法」

子どもの貧困対策法
平成25年法律第64号、正式名称「子どもの貧困対策の推進に関する法律」

生活困窮者自立支援法
平成25年法律第105号

フードパントリー
食料品等が不足している人に対し、会場を借りて必要な物品を無料で配布する相互扶助の活動。フードバンク、フードドライブ、企業、農家から提供されることが多い。また、その場で相談になることもある。

> 就労による経済的自立のための支援（就労自立支援）のみならず、それぞれの
> 被保護者の能力やその抱える問題等に応じ、身体や精神の健康を回復・維持し、
> 自分で自分の健康・生活管理を行うなど日常生活において自立した生活を送る
> ための支援（日常生活自立支援）や、社会的なつながりを回復・維持するなど
> 社会生活における自立の支援（社会生活自立支援）をも含む[1]

1）社会保障審議会福祉部会「生活保護制度の在り方に関する専門委員会報告書」2004.

「自立」というと、これまで就職活動を行い安定的な収入を得て生活保護の利用をしなくなることだけを意味しがちであった。人は、就職が希望どおりかなえられなかったり、就職活動自体を諦めてしまったりすることもある。高齢者であったり、病気を抱えていたり、子どもが幼く子育てに集中しなければならない世帯もある。人の能力や生活は実に多様であり変化もし、それに応じて適切なアセスメントが行われることで、「健康で文化的」な人間らしい生活を送ることもできる。この3つの自立は、就労自立に一元化しない自立の多様性の打ち出し、およびそのすべての充足、制度を利用しながら自立することの肯定を意味していた。この実現のためには、個別性に応じた多様な支援をどう作り出せるかが焦点となろう。実際に個別性に応じた「自立支援プログラム」を作成し実施する流れとなった。

実態を「知る」ということ

しかしながら、そもそも筆者自身の活動経験でも、医療機関や社会福祉制度へつながっていない人に対して、「なぜ医療保険料を払っていないのか」「生活保護だってあるのになぜ役所に相談にいかないのか」「結局本人のどこかに問題があるからだ」というような他罰的な理解をする人が多いことを知った。これは、人が自分の経験基準あるいは身の周りの人を基準で物事を考えるからである。実際には、収入が少なく、医療保険料を払うよりも先に住居費・食料品・水光熱費に充当する生活を送っているのかもしれない。医療保険料の免除申請を知らないのかもしれない。それは本人に聞いて生活実態をつかむしかない。

糸口となるのは、「知る」こと、情報を集めることである。自宅を訪問し、野宿生活者であれば野宿場所を訪問し、直接話しを聞く。貧困の原因と結果を、すべて本人に帰責させてしまわないように客観性や背景を探ることである。困窮者自身も生活に余裕がないなか、自分や自分の過去に帰責する隘路に入り、自業自得観念、因果応報観にまでなり、今直面してい

る困窮や病気による苦しさがさらに深まってしまう。最初は、混乱、当惑、錯綜が全面に出ていたとしても、ゆっくりと話しを聞いていくことによって、こんがらかった糸をほぐしていける可能性が出てくる。

社会のマジョリティの通念だけに身を置く限り、こうした事情に気がつくのは難しい。貧困にかかわるとき、民衆史・貧困史やミクロ・メゾ・マクロの社会福祉実践に学びつつ、貧困を生み出し固定化する社会構造を常に考え続けること、スティグマが生じやすい性質をもつ貧困問題の特性をわかったうえで、人だけでもなく環境だけでもなく、両方を視野に入れ貧困の解消のために動くことが求められている。また、朝日訴訟であぶり出されたように、制度そのものが貧困を固定化する場合もある。制度の目線で人を見るのではなく、生活の実態からまず考える必要があろう。

新型コロナウイルスのパンデミックにおいて

近年では、2020年より日本で蔓延した新型コロナウイルス感染症パンデミックが猛威を振るっている。昔から疫病は貧困の原因のひとつであった。全社協の報告書によれば、2020年3月に開始し、2022年9月に終了した「コロナ特例貸付」は、困窮者向けの貸し付けであったが、約379万件の決定があり、貸付総額は1兆4289億円（速報値）で未曾有の規模であった。同報告書では「コロナ禍は、新たな生活困窮者層を顕在化させた。社協のコロナ特例貸付窓口等では、これまではギリギリながらも生活を営んでいた人たちが、コロナ禍のなか、休業やシフト減、雇止め等によって経済的困窮に陥り、コロナ特例貸付の窓口にたくさんの人びとが押し寄せる事態に全国各地で直面することになった」と指摘している[2]。

パンデミックが連鎖的に貧困を生み出しているが、もともと貧困リスクが高かった人々を追い込んでいったと理解するべきであろう。ここでも非正規労働者・自営業・フリーランスの「働く人々の貧困問題」が顕在化した。パンデミックは安定と思われていた生活を不安定化し、生活の不安定をより不安定にし生活問題を複雑化する。コロナ特例貸付など、日本は既存の制度を弾力的に拡張して対応したが、極限的な状況になった。マクロの社会変動に対しては貸付けと個別支援のセットだけでは限界があり、今まで本格的に導入されなかった住宅手当や家賃補助など、起きている現実に対応できるような、新しい政策の創出を社会に突きつけている。

（松本一郎）

2) 全国社会福祉協議会「コロナ特例貸付からみえる生活困窮者支援のあり方に関する検討会報告書 中間とりまとめ」2022.

Q45 高齢者を どう理解するか

高齢者ではなく「人」としての理解

　一般に高齢者とは、65歳以上の者とされているが、支援を考える場合、それだけでは対象者をとらえることは不可能である。

　高齢者白書では「各種意識調査で従来の65歳以上を高齢者とすることに否定的な意見が強くなっていることから、75歳以上を高齢者の新たな定義とすることが提案されている」[1]との記載がある。

1) 内閣府「コラム「高齢者」とは」『令和4年版 高齢社会白書』p3.

　では、高齢者とは何なのか。そもそも子ども、障がい、高齢と便宜上分けられているが、我々が支援するのは「人」「人間」であるということを忘れてはならない。ともすると実習目標として「高齢者とのコミュニケーションの方法」等と挙げられることがあるが、「人」とのコミュニケーションである。高齢者の場合、身体障がいや認知症等の障がいや疾患を抱える人も多く、病気の特性を理解しておくことは必要である。しかし**高齢者特有の疾患**だからと疾患で利用者をくくってしまうこともいかがなものかと思う。

高齢者特有の疾患
加齢に伴い、身体機能低下が徐々に生じるために、さまざまな疾患に罹りやすくなる。そしてその症状や経過が典型的ではないという特徴がある。また合併症を併発しやすい。

　高齢者は社会的弱者ととらえがちであるが、高齢者でも要介護・要支援認定を受けている人は3割程度である。残りの7割は元気な高齢者と考えられる。では7割の人が支援を必要としていないのかというと、そうではない。

　高齢者は長い人生を生きてきた。その長い人生のなかで、さまざまな経験や体験を重ね、それらを通して、人格、性格、人生観、価値観を築き上げられてきた人たちである。高齢者分野では、支援者の大半は、要支援者より人生経験が浅い。人生の大先輩である高齢者の体験や経験は、支援者にとっては未知のものも多いと思われる。

　高齢者支援にあたっては、その歴史背景を理解すること、また多種多様な疾患を抱えていることも事実ではあるので、疾患の知識は必要である。しかし、最も大事なのは、その「人」を理解することである。その「人」

の人格や性格の理解にとどまらず、人生観、価値観を理解しておくことである。支援者側の価値観だけで判断し、支援を考え、提案しても、受け入れていただくことは難しい。

　支援を受け入れてもらえない場合には、その「人」を理解しているかをもう一度振り返ってみる必要がある。

（工藤正樹）

COLUMN

アセスメントシートの生活歴

　アセスメントシートには生活歴等の個人のエピソードを記入する欄がある。プライベートな部分なので、確認しにくかったり、機械的に項目を埋めることで終わってしまっていることもあるのではないだろうか？

　確認する場合に、配慮が必要な部分ではあるが、個人を理解するうえでは大切な項目である。

　関連する内容に話題を広げたり、訪問した際には、自宅に飾られている品や写真等をきっかけに話題を広げるなどの工夫をしてみてほしい。また面接の終了後等、利用者がホッとしたときに、「そういえば〜」と聞くのもひとつの手である。

46 高齢者のその人らしさを 守る支援とは？

自立支援？　自律支援？

「尊厳」とは、自己決定できること、年齢を重ねても、病気や障がいを抱えても、家族や地域が支えることで、その人らしい生活（人生）が送れること、そしてその権利を他者から侵害されないことである。それが人間が個人として尊重されることになるのである。

支援のなかで、「自立」という言葉が使われる。この「自立」という言葉が、「何でも自分で行うこと（できること）」と解釈されていることも多いと思う。しかし支援でいう「自立」とは「自律」ではないかと考える。自立の解釈が誤って使われるようになったのには、アセスメントシート等の評価項目に「自立」という文言が使用されてからではないだろうか。自らが行っていることを意味している（ように思われる）ため、「自立した生活」とは「自分で行うこと」と解釈されてしまったと思われる。

支援の評価のなかで「自立していない」という状況には、さまざまな状況がある。「できるのにやらない（介助を受けている）」「できないのにやろうとする（介助を望まない）」等が一例である。前者は身体能力とは別に、精神的に依存している状態である。後者も精神性に基づいているように思われる。

「自立」とは、心理的な他者への依存ではなく、自らの意思で決定し、行動でき、何らかの役割をもって活動できることである。そしてその根拠となるのが「自律」ではないだろうか。

「自律」とは「自分らしさ」だと考える。たとえ自ら行動することができなくとも、自らの意思決定により、他者へ依存ではなく、協力を求めてでも活動できる。そして、その決定・行動に対しては、自ら責任を負う、それが自己決定を尊重すること、尊厳を守るということである。

「自立」と「自律」は異なる言葉のようで、実は切り離すことができない。「自立」の根拠が「自律」である。それをきちんと理解することが必要である。

身体拘束や虐待の原因理解

個人の尊厳を守る手段として、現在は権利擁護や虐待防止等のしくみが充実しつつある。**身体拘束**廃止や寝たきりゼロ、おむつの廃止などの取組みも行われてきた。身体拘束の廃止は現在でも行われている。寝たきりゼロは介護予防等の取組みによって現在も引き継がれている。

身体拘束や虐待等が尊厳を侵害する危険因子であることは間違いないが、身体拘束や虐待の防止や早期の対応が目的ではなく、手段であることを心しておく必要がある。もちろん立場によっては、それを目的とすることもあるが、実際に支援にあたる者としては、その状況のみに目を奪われることがあってはならない。

そのような状況に遭遇したときには、その背景にも着目することも重要である。なぜ身体拘束が行われたのか、なぜ虐待という状況に至ってしまったのか。

利用者の尊厳・権利を守ることは大前提であるが、利用者だけを守っても問題が解決するわけではない。それを取り巻くさまざまな状況にも目を向け、根本となっている原因を理解し、支援にあたらなければ、表面的な解決で、本当の解決に至らない。

（工藤正樹）

身体拘束
徘徊や他人への迷惑行為等のいわゆる問題行動などを防止するために、車椅子やベッドに固定するなど、高齢者の行動の自由そのものを奪うこと。

COLUMN

セルフネグレクトも見逃さずに！

セルフネグレクトとは、生活環境が悪化しているにもかかわらず、必要な行動を自分自身で行えず（行わず）、また他人に助けも求めない（求められない）状態のことである。

認知症高齢者の場合、記憶障がい等の為ために、服薬や通院を忘れる、病識がない（不足している）、食事をしないしない（忘れている）等のことで、自身の健康管理ができないことがある。また片づけができず、いわゆる「ごみ屋敷」状態で不衛生な状況にある等の場合がある。身体的な虐待等と併せて注意をしてほしい内容である。

Q47 高齢者の ありのままの生活とは？

高齢者の生活と介護

高齢者白書によると、65歳以上の一人暮らしの者は男女とも増加傾向にある[1]。1980（昭和55）年には、65歳以上人口に占める割合は男性4.3％、女性11.2％であったが、2015（平成27）年には男性13.3％、女性21.1％となっている。

では、その暮らし向きについてはどうかというと、やはり同白書のなかでは、経済的な暮らし向きについて心配がない65歳以上の者は68.5％という数字が出ている[2]。また労働力人口に占める65歳以上の者の割合は13.4％と上昇し続けているというデータがある[3]。

介護という側面からその生活を見ていると、家族が介護者となっているケースが多く、しかも大半は女性が担っている場合が多いという状況は変化が見られないように思われる。高齢化に伴って、ここ数年は「**老老介護**」「**認認介護**」という状況も増えている。

支援は要支援者個人だけを支援するのではなく、同居の有無を問わず、その家族や近隣住民、地域等も視野に入れた支援を考える必要がある。独居だから課題が多い、同居家族がいるから支援は充実しているととらえるのは大きな誤りである。独居でも安定して生活している人もいれば、同居家族がいてもその生活は実質的には独居と変わらない、またはさらに問題を複雑化しているという状況は多々ある。

話を聞くということ

支援にあたり、家庭を訪問し、話を聞くことが多いが、事業所への来所等自宅外で相談を受ける場合もある。

訪問先の室内は情報の宝庫である。飾ってある写真や置物等は、その人の人生や家族のかかわり等さまざまな状況を表しており、「（自分たちの）話を本人に聞いてくれ！」とこちらに催促してくるように思える。本人が話さなくとも、そこから情報を得ることができる。また話をしたがらない

---

1) 内閣府『令和4年版高齢社会白書』p10.

2) 前掲1）、p15.

3) 前掲1）、p20.

老老介護
高齢者の介護を高齢者が行うこと。高齢の夫婦や親子、兄弟などのどちらかが介護者であり、もう一方が介護される側となるケースを指す。

認認介護
高齢の認知症患者の介護を認知症である高齢の家族が行うこと。老老介護・認認介護とも増加しており、介護する側の深刻な実態が浮き彫りになっている。

208

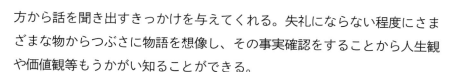

方から話を聞き出すきっかけを与えてくれる。失礼にならない程度にさまざまな物からつぶさに物語を想像し、その事実確認をすることから人生観や価値観等もうかがい知ることができる。

　事業所等家庭外で話を聞く際には、機械的にアセスメント項目を尋ねるのではなく、それをきっかけにしながらも、その人の生活がイメージできるような話をすることが必要である。例えば食事の話を聞くのに、「何時に食べますか」「調理をしますか」等で終わるのではなく、食事前後にどのような行動をしているのか、その用意は誰が行っているのか、ご自身で行っているのであれば、どのような物を作っているのか、などである。認知症のある人の場合、実際に料理を行っていなくても行っているように話をする場合がある。可能であればそのレシピや買い物先など、より具体的な話が聞けると整合性が見えてくることもある。また食事の話から家族間の関係性が見えてくることもある。誰が用意をしてくれているのか、それに対して本人はどのように思っている（感じている）のか、などである。

　インフラの整備されたこの時代でも、その設備のない家で生活をいる人、さまざまな状況から路上で生活されている人、いわゆるごみ屋敷で生活している人、「事実は小説より奇なり」というが、そのような状況は決して珍しい状況ではない。そのような状況にいる人の支援には、表面的な対応では継続して支援を行うことは困難である。現在の状況に至った背景、本人の想いを丁寧に聞き理解する必要がある。

（工藤正樹）

インフラ
インフラストラクチャー（infrastructure）のこと。高齢者を支えるインフラとしては、介護保険サービスや各自治体で実施している食事サービス等もある。また地域特有のインフォーマルなサービス等がある。例えば、電球の交換やカーテンの取り外し等、訪問介護や有料のサービスを使うほどでもなく、かといって近くに頼める家族などがいない場合、住民協議会等が窓口となって、近隣の登録した住民を手配する「ちょこっとサービス」を実施しているところがある。

Q48 現代の高齢ソーシャルワークの課題は何か

多種多様な取組みのなかから柔軟な対応力を養う

　個々の支援では、個々の状況に応じた対応が必要であるが、ひと口に対応といっても、その方法は1つとは限らないのが高齢者支援である。

　身体的にも加齢による廃用性症候群からさまざまな身体疾患、認知症やうつをはじめとした精神的な疾患、その合併症等、医療ひとつとっても連携する機関が多機関に及ぶことはまれではない。生活面でも生活保護や権利擁護、虐待やDV、8050問題等々、要支援者個人に絡むさまざまな背景が隠れている。

　それらに対応するには、支援者にもさまざまな知識が必要となる。しかしソーシャルワーカーは「何でも屋」ではない。ケースごとに関係する機関とチームを組み支援にあたる必要がある。そのチームを組むにあたって、例えば自治体には、介護保険に関することは介護保険課、生活に関することは高齢者支援課や介護保険課、健康面に関することは健康課や保健所とさまざまな箇所に連絡をする必要がある。連絡することはやむをえないとしても、それが個々の支援にとどまらず地域の課題となった場合、横のつながりがないことから、各部署での調整の後、全体の調整を行うなど、かなりの時間を要するのが実情である。

　ソーシャルワーカーにはそのような状況下でも、振り回されず、本人に寄り添いながらも、客観的かつ柔軟な対応力が求められる。

経験がなくてもできること

　社会的な状況もさることながら、日々対応に追われるソーシャルワーカーが注意しなければならないのは、日々に流され、対応のための対応になってしまうことである。常に自らを振り返り、他のために尽くすことができているかを自身でも確認すること。うまくいかなかったことも「失敗した」と落ち込むのではなく、その原因を見極め、次への対応策を考え実行する。「うまくいかなかったという経験を積んだ」と前向きにとらえ、挑

戦する気持ちを常に持ち続けることである。

　経験に優る手段はない。スキルは知識だけでなく、実践のなかから一つ
ひとつ積み上がっていく。経験がないからできないのではない、経験がな
くともできることは必ずある。どんな小さなことでもできることをきちん
と誠を尽くして行うこと、それがソーシャルワーカとして成長する一番の
方法である。

（工藤正樹）

COLUMN

ソーシャルワーカーの専門性（武器）は？

　ソーシャルワーカーの専門性とは？　これはかつて**橋本泰子**氏に投
げかけられた命題である。医師には医療や治療、看護師には看護、療法
士にはリハビリ、介護福祉士には介護等、ある意味その職種が専門性を
明確にしている。では社会福祉士（ソーシャルワーカー）は？

　明確な専門性を表していないことがソーシャルワーカーの専門性では
ないかと考える。

　国家試験の範囲が示すとおり、福祉的な内容にとどまらず、医療や法
律等多岐にわたっている。これはソーシャルワーカーがさまざまな知識
をもつことで、要支援者に対してだけでなく、支援チームに対しても、
対等で中立な立場に立ち、要支援者にも支援チームメンバーに対しても
寄り添えること。要支援者の想いを要支援者の価値観に基づいて支援
チームに伝える、支援チームの想い（支援内容）を噛み砕いて、要支援
者が理解できるように伝えることができることではないだろうか。

橋本泰子
1935〜2022
大正大学名誉教授。公
済ケアセンター初代所
長。認知症ケアの研究
や、介護保険制度の創
設に各種委員としてか
かわり、現在の高齢者
福祉に多くの貢献をも
たらした。

7／障がいソーシャルワーク

Q
49

障がい者を
どう理解するか

障がいをどのように見るか

世界保健機関（WHO）は、1980年に明示した国際障害分類（ICIDH）を、2001年に**国際生活機能分類**（ICF）に改訂した。ICFは、障がいを「心身機能／構造」「活動」「参加」の3つのレベルでとらえ、さらに障がいの発生と変化に影響するものとして、個人因子だけではなく環境因子の重要性を強調する循環モデルを採用している。

また、**BPSモデル**は、精神科医のエンゲル（Engel, G. L.）によって提唱された理念で、当事者（以下、本人と同義）の置かれている困難な状況を、生物的（Bio）、心理的（Psycho）、社会的（Social）の3側面に分けて、当事者自身や取り巻く社会環境を把握する必要性を強調している。このモデルでは、3側面それぞれが独立しているではなく、相互に関連し、複合的に作用しているととらえる。状況を当事者の課題解決に向けて包括的にアセスメントすることに特長がある。

これらの考え方に基づくと、アセスメントに必要な視点は、当事者の抱える課題（「できないこと」）にとどまらず、その背景にある人間関係や利用可能なサービス等の社会資源も視野に入れて、状況把握や課題整理をすることになる。Q22で「社会モデル」について説明したが、社会環境は、障がい当事者の障がいに影響を及ぼす場合があり、だからこそ社会のあり方が問題となる。つまり、環境を変えることにより、本人は、障がいを意識せず生活することができるようになる。加えて、当事者の主観的体験としての障がい（受容のプロセス）への理解を深めることも非常に重要である。

ソーシャルワーカーとは何をする人なのか

障がい当事者を支援するソーシャルワーカーには、入所や通所施設等事

国際生活機能分類
この考え方を活かした支援計画の作成に関しては、大阪障害者センター『ICFを活用した介護過程と個別支援計画―高齢者・障害者の意思決定支援と本人中心型の計画づくり』かもがわ出版、2019を参照のこと。

BPSモデル
このモデルを活かしたアセスメントは、近藤直司『医療・保健・福祉・心理専門職のための アセスメント技術を高めるハンドブック 第3版』明石書店、2022に詳しい。

業所職員や相談支援専門員（以下、専門員）がいる。ここでは、地域生活支援者としての専門員の活動を中心に、その実践を説明していく。

　父親と2人で暮らす自宅にて、十年来のひきこもり生活を送っていた知的障がいがある女性Aさんは、初回面接にて「ずっと自宅にいたい」「何もしたくない」と話した。言葉どおりに受け止めると、支援を必要としていない印象を受ける。しかし、彼女は専門員による自宅訪問を拒否はしない。訪問を繰り返すなかで、父親との関係性や今までの生活について聴き取りを深めていくと、最初に発信された言葉には、認知症状が見られ始めた父親が心配で目を離したくない、近所のコンビニエンスストアで注意をされた経験があるので外出は不安という思いが隠されていた。大切な父親の様子の変化に戸惑い、外出ができない悔しさを抱えていた。

　このように、事実の裏には、複雑な思いや事情が隠れていることがある。表面化された課題やニーズにばかり目を向けてしまうと、画一化されたサービス調整となる危険性がある。同じ資源を活用するとしても、理由や目的は人によって異なる。その後、彼女は居宅介護や移動支援のサービスを利用することになるが、そこには「お父さんの健康を守るおいしい食事が作れるようになりたい」「外に出て困ったときに助けてくれる人に傍にいてほしい」という思いがある。その思いは専門員からホームヘルパーに引き継がれ、栄養バランスを調べて献立を考えること、外出時は本人の横でそっと見守ることを大切にした支援を行った。

支援の視点と方法

　本人の希望や意向を一つでも多く把握するためには、支援の受け手としてそれを言葉にする機会が限定されてきた背景を考えなければならない。本人が主体的に支援を自己選択・決定し、その支援に対する評価を行っていくことには困難を伴うのである。本人がその意思を率直に表出できる環境を醸成することと、言語にとどまらない多様な意思表出を読み取る技術を高めること等の**意思決定支援**が求められている。

　専門員は、ケアマネジメントの手法を用いて、過去の経験、現在の状況、今後の希望と時間軸を網羅したアセスメントから、プランニング、実施、モニタリングまでの一連のプロセスを実行し、本人の思いを軸とした共通目標を支援者間で共有していくための支援チームづくりを行う。

（沖倉智美・糸井詩織）

意思決定支援
支援の実際に関しては、沖倉もかかわって作成した、日本知的障害者福祉協会『現場で活かせる意思決定支援』2017、同『知的障害者の支援者のための意思決定支援ワークブック』2020等を参考にしてほしい。

Q50 障がいのある人の尊厳とはどのようなものか

障がい者の権利をうたった法整備が進む一方、尊重されるべき命の尊厳や幸福追求権が、障がいがゆえに奪われている。2016年には**相模原障がい者殺傷事件**が発生し、**優生保護法**をめぐる訴訟では被害者への損害賠償を国が不服として控訴している。この状況を打開するためにも、虐待・差別・貧困の3側面から、障がいのある人の人権擁護のあり方を検討する。

相模原障がい者殺傷事件
2016年7月、神奈川県相模原市の障害者支援施設「津久井やまゆり園」にて、元職員の植松聖（現死刑囚）が入居者19人を殺害、26人に重軽傷を負わせた事件。戦後最大の殺人事件としてだけでなく、優生思想が根強く残っていることを如実に示し、社会に衝撃を与えた。

優生保護法
昭和23年法律第145号、現「母体保護法」。平成8年に改正、改題された。1948年から1996年まで優生保護法の名称で存在した。第1条に「優生上の見地から不良な子孫の出生を防止する」と定めがあり、優生手術、結婚の制限、隔離が認められ、本人の同意なしに不妊手術を行っていた。

虐待を防ぐためには

グループホームで暮らす知的障がいのあるBさんは、職員の高圧的な言動に困り、訪問看護の看護師に「いつも怒られる」「話を聞いてもらえない」と訴えた。報告を受けた相談支援専門員（以下、専門員）は、行政職員に虐待事案として通報した。職員への聴き取り調査を行った結果、背景には「施設のルールを崩さずに対応ができる職員がすごい」「自分が利用者のことを一番理解している」といった思い込みが潜在していた。そのため、専門員は地域の他施設の実践を情報提供するほか、Bさんの生活歴や入居に至る支援経過を振り返るなど、職員の視野を広げる取組みを行った。

事業所での虐待を防ぐためには、一生懸命向き合っているがゆえの落とし穴があることを自覚し、支援の点検が大切である。密室性の高い生活の場においては、閉鎖的な人間関係や考えに陥りやすいため、日ごろから地域の関係機関と協働し、意見交換ができる機会を確保していくことが必要である。

差別をなくすためには

身体障がいがあり車椅子を使用するCさん（40代、女性）は、買い物のためバスに乗り込もうとすると、運転手から「乗車方法がわからないから、別のバスに乗って」と言われた。

医療的ケアが必要なDくん（3歳、男の子）は、公共交通機関を乗り継いで通院をしている。母親は軽度の体調不良は近隣病院を受診したいと考

214

え、過去に一度受診をした病院に連絡をすると、「うちでは診ることができ
ない。カルテも処分した」と言われた。

　CさんもDくんも住み慣れた地域で当たり前の生活を望んだが、それが
かなわず、相手の拒絶に傷つきその場での交渉を諦めた。**障害者権利条約**
の「総括所見」の勧告事項のひとつとして、障がい者を人権の主体、平等
な市民として見ていないとの指摘があった。理由を相手に伝わるように説
明する、解決方法を一緒に考えることをせず、ただ一方的に拒絶をするこ
とに疑問をもたない、一人ひとりの意識のもちようから変えていく必要が
ある。

障害者権利条約
115頁側注参照

貧困から生じる困難

　兄弟3人と暮らす知的障がいのあるEさん（30代、女性）は、学齢期に
いじめを受け、人とのかかわりを避けて自宅で過ごしていたが、母親の死
を機に心身の不調を訴えるようになった。心配した親族から相談があり、
専門員が介入を開始した。兄弟は次男のみが正規雇用で働き、他2人は最
低賃金で週数回のアルバイトをしていた。全員が破れた衣類を身にまと
い、生活は苦しい状況にあった。また、限定的な生活圏と人間関係のなか
で暮らしていた。

　専門員はEさんや兄弟との関係をつくるとともに、利用可能な社会資源
の説明を行い、Eさんは療育手帳の取得と障害者年金の受給に至った。現
在は障がい福祉サービスを活用して日中の居場所を見つけ、友人関係を構
築している。また、年金の使い道を支援者や兄弟と相談し、自身のお金で
生活をやり繰りしている。

　貧困の背景には、経済的な要因だけではなく、社会的な要因が隠れてい
ることが多い。人間関係の希薄さゆえに、必要な情報を得ることができず、
当事者だけで問題を抱え込む。貧困から生じる問題を防ぐためには、金銭
面の支援だけでなく、孤立しがちな人と支援者がつながることができ、共
に問題を解決していくための関係づくりに重点を置いた取組みが必要であ
る。

（糸井詩織・沖倉智美）

Q51 障がいのある人の暮らしとはどのようなものか

障がいのある人が地域で暮らすということ

　障がいのある人は、その意思とは関係なく、世論や施策により、暮らし方を変えざるを得なかった。「**異形信仰**」により、特別な才能を持つとされた一方で、社会とのかかわりを断絶した私宅監置が主流となった。1960年代には措置制度が開始され、入所施設が主たる生活の場となる。その後、1980年代には**国際障害者年**や**国連・障害者の十年**などの影響もあり、暮らしの場を施設から地域へと移す流れが徐々に強まっていった。

異形信仰
異形とは、顔や身体の形が普通とは違っていることを指す。異形がゆえに通常の思念を超える力があると信じ、大切にされていた。現代社会でも目にする「幸運を招く福助人形」は、江戸時代の見世物小屋で評判となった背丈70cmほどの男性がモデルとなっている。

国際障害者年
143頁側注参照

国連・障害者の十年
国連は1983年から1992年までを「国連・障害者の十年」と定めた。

> **事例**
>
> 　知的障がいと精神疾患のあるFさん（40代、男性）は、両親の死後、実家での単身生活を続けていたが、近隣住民との間にはたびたびトラブルが生じていた。また、電気料金値上げへの理解が難しく、電力会社にだまされていると考え、電気をとめてしまった。しだいに自宅内は物やごみであふれ、不衛生な環境になった。近隣に住む弟夫婦が生活の手助けをしていたが、たび重なるトラブルへの対応に疲弊し、相談支援事業所に助けを求めた。当初は警戒していたFさんであったが、訪問を繰り返すうちに、訪問日にはひげをそり、服を着替え、話したい内容を用意して待っているようになった。そして、過去に学校や職場でひどいいじめを受けていたことなど、過去のトラウマや対人関係への不安に苦しんでいることを語った。一方で生活状況はさらに悪化し、Fさん自身の体調にも不調が生じ始めた。
>
> 　相談支援専門員（以下、専門員）は、このままではFさんの安心と安全を守れないと判断し、心身の治療を目的とした入院を提案した。入院当日は「ずっと誰かに助けてほしかった」と話し、自らの足で病棟に向かった。専門員はこの入院を新たなスタートととらえ、面会を重ねた。病棟で会うFさんは、支援者が傍にいる環境に居心地の良さを感じており、穏やかに今後の暮らしについて話し合うことができた。Fさんには、長男として自分の手で実家を守り続けたい願いがあったが、同時に支援者が常に傍にいる環境も望んでいた。そのため、専門員は継続的に検討していくことを約束したうえで、体調が万全ではな

216

いFさんの身体的介助を担ってくれる入所施設をいったんの退院先として紹介した。入所にあたっては、施設職員にFさんの生活歴や思いを引き継ぎ、身体機能の回復を見守ってもらった。体調が落ち着いたころ、弟が実家を大切に保管していることを知ったFさんは、「（過去に）にらみつけてしまったことを謝りたい」と話し、弟夫婦との再会がかなった。今後は、あらためて暮らしの場を考えていくことになる。その選択肢は世論や施策が決めるのではなく、Fさん自身と専門員を中心とした支援者たちで考え、作り上げていく必要がある。

ライフステージを通した支援

　障害者権利条約では「居住地を選択すること」「どこで誰と生活するかを選択する機会を保障すること」「特定の生活様式の生活を義務づけられないこと」を規定している。暮らしの場や様式を選択する機会を保障するためには、意思決定支援が必要である。障がいのある人が望む暮らしを続けるためには、ライフステージで途切れることがない支援体制の構築が重要となる。乳幼児期には、専門職や同じ悩みをもつ親との出会い、療育支援による子どもの育ちが、親を安心させ、親子関係を安定したものにする。学齢期が近づくと、就学先の選択にあたって、乳幼児期からの橋渡しをしつつ親の決定を支えていく。就学後は、子ども本人の友人関係や行動範囲が広がることで、本人の希望や意思を尊重した支援がより重要となる。本人と親の意向が異なる場合には、本人の決定を支え、共に見守り続ける支援者がいることで、親は安心して我が子の選択を見守ることができる。青年期になると、暮らしの場や日中活動、就労の検討にあたって、これまでと支援者が大幅に変化する時期であるため、移行期における支援者間の情報共有が必要となる。壮年期では、親は本人の支援を他者に託すことに躊躇し、本人は親の高齢化による生活の変化を受け入れづらいという課題が生じるが、親の支援者とも連携を図り、暮らしの場や様式の検討を行っていく必要がある。

（糸井詩織・沖倉智美）

障害者権利条約
115頁側注参照

Q52 現代の障がいソーシャルワークの課題とは？

障がい者ソーシャルワークの基盤

　事業所におけるソーシャルワーク実践は職員集団により成立し、地域に拠点を移すと、複数の支援者による複数のサービスをマネジメントすることで、当事者の生活を組み立てていく。支援の一貫性や持続性を担保するためには、個別支援計画やサービス等利用計画（以下、支援計画や利用計画）作成が欠かせない。障がい者福祉の理念として、互いの違いを認め合い、あるがままを受け入れ、ともに生きる社会の創造を目指した**インクルージョン**がある。地域共生社会の実現に向けて、障がいのある人もない人も、誰もが住み慣れた地域で普通の生活を営み、活動できる社会を構築することを目指すためには、専門職だけではなく、住民もともに、障がい当事者と支え合える地域をつくる必要がある。以下、ミクロ・メゾ・マクロレベルでの実践のあり方を確認する。

ミクロレベルでの個別支援計画の作成および実施

　支援計画作成にあたっては、完成した計画への承認を求めるだけではない。作成過程で意見聴取する当事者との協働作業は、エンパワメントにつながる。**本人中心**の考え方は、本人をよく知る人々が集い、本人とともに、本人の強みを見極め、取り戻し、強化し、それを活用することで、「どのような支援があれば本人の希望が実現できるのか」に焦点化しつつ、社会資源や関係者の役割を検討していく、本人の生活の質（QOL）を高めるための計画の開発方法である。

　当事者の計画作成会議への参加は、多数の職員に囲まれた空間で、情報の非対称性を抱えながら、自分の考えを率直に述べるには困難を伴い、何の配慮もないままではお客様的参加を余儀なくされる可能性もある。会議への参加支援には、担当職員による事前説明や意見聴取、当日発言用のメモの作成補助といった事前準備や、わかりやすい会議進行、内容理解の随時確認等の会議場面での支援、そして会議後の会議内容の振り返りといっ

インクルージョン
Inclusion　ノーマライゼーションとともにインテグレーション（統合）の理念が生まれ、障がい児教育等で実践されてきた。しかし、意識変革が伴わないまま単に一緒に置かれる限界があった。そこで多様な人によって構成され、個々人がその人らしい暮らしを築いていく社会のあり方としてインクルージョン（社会的包摂）が提案された。現在では、政府や企業でも、この考え方の普及を重要課題のひとつとして位置づけるようになっている。

本人中心
Person-Centered　本人のもつ強さ（strength）と大きく関連がある。ラップ, C. A.、ゴスチャ, R.J.著、田中英樹監訳『ストレングスモデル 第3版─リカバリー志向の精神保健福祉サービス 第3版』金剛出版、2014に詳しい。

た一貫した支援が必要となる。この際に、事業所内外の当事者がピアサポーターとして当事者参加を支えることは、権利擁護としても有効である。

メゾレベルでのサービス等利用計画の作成および実施

支援計画実施を確固たるものにするには、管理職のリーダーシップとともに、職員個々人の支援力を組織的に発揮するための素地が求められる。実践知を共有し、同僚と学び合う関係性が必要であり、これを醸成するためには、実践場面に即して、価値や倫理、方法を確認し合う職場内研修や会議を設定すると同時に、個人情報に配慮しつつ、日常的に職員間で情報・意見交換ができる雰囲気を作り出すことが重要である。

利用計画作成・実施には、相談支援専門員（以下、専門員）当事者ニーズを把握すると同時に、自らとその所属組織の支援力を再確認すること、インフォーマルも含めた、地域に在る人的・物的資源を把握すること、当事者仕様に活用・改善しながら、資源間の連携・協働を促進していくこと、それでもなお解消できないニーズに対しては、新たな資源を生み出していくことが求められる。互いの顔が見えるネットワーク構築の前提には、単独事業所でサービス提供を完結するのではなく、複数の支援者が連絡を取り合い、対等な立場で目的のために行動する、実質的な連携・協働が日常的に保持されていることが重要である。

マクロレベルでの協議会活動と障害福祉計画の作成

障害者総合支援法第89条の3は、地域自立支援協議会（以下、協議会）の設置を求めている。協議会は、地域の関係者が集まり、個別の相談支援の事例を通じて明らかになった地域課題を共有したうえで、解決に向けた地域サービスの基盤整備を進めていく役割を担う。具体的には、①情報機能、②調整機能、③開発機能、④教育機能、⑤権利擁護機能、⑥評価機能の6機能がある。定例会や専門部会等を設置し、その議論から得られた地域全体の課題に関して、全体会で政策提言等を行う重層的な仕組みであり、市町村や相談支援事業者が担う事務局会議が運営の鍵を握っている。

障害者総合支援法
235頁側注参照

協議会は、障害福祉計画に掲げられた数値目標や具体的取組み、その進捗状況が、地域の実態に合致しているか否かを日々の実践をもとに検証し、必要に応じ意見具申することが不可欠である。当事者の参加は必須であり、この際も会議への参加支援が重要になる。

障がいソーシャルワークの可能性

　事例を紐解いていくと、幼少期や学童期に困難があったにもかかわらず、支援が行き届かないまま、より困難な状況になってから福祉につながることが多いことに気がつく。専門員はライフステージを見通した支援が可能であるからこそ、伴走者、代弁者、関係者間の調整役として、常に本人の傍らに寄り添い続けることができる。

　専門員は、個別の相談支援だけではなく、協議会活動を核とした地域づくりにも連続性と整合性をもって取り組むことができる人材であり、地域を基盤とした実践を展開するソーシャルワーカーである。目の前で起きている出来事に向き合いつつ、当事者のこれまでの人生を踏まえた「先見性」に基づく「ライフステージの移行期におけるつながる支援」（縦のマネジメント）と、当事者の持ち得る人間関係や生活環境を視野に入れた「俯瞰性」に基づく「支援ネットワークの構築」（横のマネジメント）の２つが織り成す実践こそが、障がいソーシャルワークの醍醐味である。

（沖倉智美・糸井詩織）

8／子ども家庭ソーシャルワーク

Q53 「成長・発達」とはどのようなものか

　子どもの権利の実現のためには、子どもがどのように成長・発達するのか、その過程を正確に理解する必要がある。子どもが特定の養育者との間に形成する情緒的な絆を「アタッチメント」という。「アタッチメント」は、子どもの自分自身と世界に関する認知や他者とのかかわり方等の土台となるものであり、子ども期に養育者とどのような「アタッチメント」を築いていたのかは、その後の人生に極めて大きな影響を与える。「児童虐待」については、「アタッチメント」がどのように傷ついているのかに着目してとらえていくことが大切である。

アタッチメント

　「アタッチメント」とは「愛着」とも訳されることがあるが、単なる情緒的なつながりではなく、子どもの生存・発達上の基本的な仕組みを意味する。生まれたときは全く無力であるが、養育者から心身共に自らの必要を満たされケアされることによって、「自分はかけがえのない存在である」「この世界は生きていってよい場所である」という「**基本的信頼感**」を育む。そして養育者を「安全基地」として、外界へ探索へと出ていくことができるようになる。外界で不安や恐怖即ち安心感や生存を脅かされるような出来事に遭遇した場合は、「安全基地」である養育者の元へ戻り、「くっつく（attach）」ことによって、不安や恐怖を解消し、エネルギーを取り戻して外界へ出ていくのである。

　また子どもは、養育者とのやりとりのなかで、さまざまな身体感覚および感情の調整方法や他者の気持ちを推し量る能力等を獲得していく。自分を愛してくれる「養育者」を内在化させていくことによって、「○○ということをしたらお母さんが悲しむ」という思いが育ち、社会規範等を身に着けていくという側面もある。子どもは養育者との「アタッチメント」のなかで、「かけがえのない、まとまりのある一貫した自己」を形成し、他者と

> **基本的信頼感**
> エリク・H. エリクソンが提唱した概念。養育者への人格的な信頼を通して子どもが獲得する、自分の存在や世界への肯定的な感覚をいう。

221

の適切なかかわり方を含めた「世界」での生き方を学んでいくのである。

「アタッチメント」はトラウマ体験に対しても「防波堤」となり、子どもが大きく傷つくことを防ぐ役割を果たす。またしっかりとした自己肯定感が人格の土台にある子どもには、さまざまなダメージから立ち直る柔軟な力（レジリエンス）が培われていくことも忘れてはならない。

レジリエンス
resilience　もともとは「跳ね返る力」「弾性」等の物理学等で用いられていた用語だが、子どもを対象とする分野において子どもが困難な環境や危機に耐えて立ち直る力を指す。

児童虐待を読み解く概念 ―「複雑性PTSD」と「愛着障害」

非常に広範で複雑な事象である「児童虐待」を読み解くためには、この2つの知見が不可欠となる。

「トラウマ（心的外傷）」については、研究の最初は戦争や災害等が人の心に与える大きなダメージとしてとらえられ、トラウマ体験後に生じてくるさまざまな心身の症状は「PTSD（心的外傷後ストレス症）」と呼ばれる。「複雑性PTSD」とは、単回のトラウマ体験によってではなく、ドメスティックバイオレンスや児童虐待のように、長期にわたる反復的なトラウマによる諸症状を指す。単回のPTSDの症状としては「再体験（フラッシュバック等）」「脅威の持続的な知覚（過覚醒や驚愕反応）」「再体験の回避・麻痺」等が主であるが、「複雑性PTSD」の場合は、その他に「感情制御の困難」「否定的自己概念」「対人関係障がい」等の多様で深刻な症状があることが見出されている。児童虐待とは、発達期に生じる反復的な「複雑性PTSD」によって、子どもの愛着が障がいされることである。

児童虐待は、子どもの脳の発達にも甚大な影響を与える。また児童虐待を原因として「発達障がい」のような諸症状が表れることも知られるようになっている。さらに子ども期の虐待体験や虐待的環境（**小児期逆境体験**）が、成人後の非行・犯罪、アディクション等社会的排除につながってしまうような状況とも強い因果関係があることもしだいに明らかになっている。子ども家庭ソーシャルワーク実践は、子どもたちのその後の長い人生にも深くつながっているのである。

小児期逆境体験
Adverse Childhood Experiences：ACEs
虐待やネグレクトだけでなく、精神疾患やアディクションのある家族、服役中の家族の存在等も含む、子が育つ家族の機能不全という側面にも強く着目した概念。

近年「ソーシャルペダゴジー（社会による子育て）」という概念が注目されるようになってきている。困難な環境下で育つ子どもたちに対して、福祉や教育等分野ごとの縦割り対応を見直し、子どもを「社会で育てる」際に共通する理念、価値、実践を考えていこうとする包括的概念である。「アタッチメント」「複雑性PTSD」等の知見は、そのような流れにおいても基礎的なものとして重視されている。　　　　　　　　　（村田紋子）

Q 54 「子どもの権利擁護」を どのように展開していくか

　近年子どもを取り巻く厳しい状況に対応すべく、諸施策が次々と提案されている。しかし真に子どもの福祉を実現できるかどうかは、「権利擁護」のあり方にかかっていると言っても過言ではない。権利擁護のためには、そもそも「権利侵害」とは何かが明確にされること、子どもにとって有効に機能する権利擁護の「しくみ」が不可欠である。

マルトリートメント

　子ども虐待は「児童虐待防止法」の定義においては「身体的虐待」「心理的虐待」「養育放棄」「性的虐待」として分類されるが、近年は「虐待」よりもさらに広義の「マルトリートメント（不適切な養育）」という概念が用いられるようになってきている。「子どもの健やかな成長・発達に害になることをする（abuse 虐待）」ことと「子どもの健やかな成長・発達に必要なことをしない（neglect 無視・怠慢）」ことという2つの領域に区別される概念である。前者には身体的虐待や心理的虐待、性的虐待、後者には衣食住や医療、安全、教育、また愛情や支持、認知、成長発達に必要な刺激を与えないことがあたる。「虐待」という言葉は「一方的で残虐な行為」をイメージさせがちであるが、「マルトリートメント」の概念は「neglect」の側面を明示している点が非常に重要である。

　マルトリートメントは養育者の側に子どもへの加害の意図や動機があるかどうかにはかかわりなく、子どもにとって有害かどうかで判断される。これは子どもがどう語っているか、どう感じているかということに直接的に結びついていない場合があることを十分理解しておかなければならない。子どもは親のすることを「よいもの」として「正当化」しがちだからである。「愛していればこそ真剣になぐってくれた」「悪いのは自分のほうだった」等と、絶対的な関係性の中で生き延びるために、自分が本当は何を感じているのかを封印しそのような解釈をしてしまう。支援者は子どもが「安心、安全を感じられているか」「自分の気持ちを尊重し自己決定できているのか」「自分を大切な存在として感じられているか」という視点から

児童虐待防止法
平成12年法律第82号、正式名称「児童虐待の防止等に関する法律」

対応していかなければならない。

　中井は「いじめ」において「孤立化」「無力化」「透明化」というプロセスがあると述べている[1]。いじめに限らず児童虐待を含む権利侵害において、被害者は周囲の人から少しずつ切り離され、助けを求めることを諦めさせられ、被害は気づかれず見えなくなっていくという点で共通している。子どもの権利侵害の概念やその進行プロセスを、ソーシャルワーカーが明晰に意識化することが肝要である。

1) 中井久夫『いじめのある世界に生きるきみたちへ』中央公論新社、pp25〜64、2016.

子どもの権利ノート
施設や里親に措置される子どもたちに、「子どもの権利条約」にのっとりどのような権利が保障されるべきかを伝えるために配布されている。

体罰によらない子育てのために
厚生労働省「体罰によらない子育ての推進に関する検討会」が2020年に公表した。

倫理綱領
保育所や社会的養護施設などの各団体で「権利擁護」「専門性の向上」「地域との協働」等、養育者が実践上守るべき規範として定め、公表している。

運営指針
「保育所保育指針」と同じく、社会的養護施設の施設種別ごとに基本的な理念、養育や施設運営の方法などを定めた運営指針が示されている。里親やファミリーホームは「養育指針」を定めている。

子どもの人権110番
いじめや体罰、不登校や保護者による虐待等の問題に対応する法務省が設置運営する相談窓口。

子どもの権利条約
123頁側注参照

子どもの権利擁護—展開と課題

　子どもの権利擁護のためのしくみとして、具体的には、①法的な規制、②子ども自身への「子どもの権利」の周知（「**子どもの権利ノート**」等）、③親や子どもにかかわる者への「子どもの権利」の周知（「**体罰によらない子育てのために**」「**倫理綱領**」「**運営指針**」等）、④子どもが相談できる窓口の設置（「**子どもの人権110番**」等）がある。

　諸施策の根幹となる法的な規制としては、2016（平成28）年に児童福祉法に**子どもの権利条約**の理念が明記されて以降、2020（令和2）年には「体罰の禁止」が同法および児童虐待防止法に明文化された。民法においては「親権」の解釈とその行使が児童虐待に大きくかかわっていることから、「親権の喪失」「親権停止」などの制度が2012（平成24）年に設けられた。2022（令和4）年10月の民法改正においては「懲戒権」が削除され、「子の人格を尊重するとともに、年齢および発達の程度に配慮しなければならない」こと、「体罰その他の子の心身の健全な発達に有害な影響を及ぼす言動」を禁止することが明記されたのは画期的である。近年子どもの権利擁護のため重視されているのは「意見表明権」の保証であり、特に「子どもアドボカシー」について具体化が図られている。

　「都道府県社会的養育推進計画」にも「子どもの意見聴取、アドボカシー」の項目があるが、2022（令和4）年の児童福祉法改正では、さらにその整備が盛り込まれた。アドボカシーとは、自らの意見を表明できない社会的に弱い立場にある者の意見を守り代弁するという意味であり、アドボケイトとはそれを行う人をいう。子ども家庭ソーシャルワーカー養成のあり方については、特に児童虐待対応を念頭においた議論が多角的に蓄積されているが、「アドボケイト」としての専門性も兼ね備えた最前線の専門職を、どのように養成するかは今日的な大きな課題となっている。

（村田紋子）

Q55 「自己覚知」「チームワーク」とはどのようなものか

自己覚知

☑ 共依存の危うさ

　ソーシャルワーカーは、自分がどのような「育ち方」をしてきたのか、自分が当然のこととしている価値観や志向とは何なのか、より深く理解することが求められる。

　「自分自身の弱さや無力感」を無意識的であっても補償するものとして「人を助ける仕事」を選んでしまう場合がある。仕事のなかで自らの「有能感」を確認してしまうのである。また生い立ちのなかで満たされてこなかったものを、仕事のなかで満たそうという危うさも生じる場合があろう。

　仕事がもし自分自身の必要や満足のためであったとしたら、「誰かを支える自分」「誰かに必要とされる自分」を必要としているとしたら、子どもを尊重し自立を支える関係とはならない。「**共依存**」や「**関係嗜癖**」等の言葉を、現場では支援を必要とする人たちの「課題」としてよく語られるが、ソーシャルワーカーは、常に振り返って自らを顧みなければならない。

☑ 言葉を語るということ

　自己覚知としてもうひとつ重要なのは、自分が今までどのように自分の気持ちを取り扱ってきたか、どのように気持ちを語ってきたかということについての振り返りである。子どもが自分の気持ちを認識し言葉にするには、批判なくそのまま受け止めてくれる大人との関係が必要である。ソーシャルワーカー自身が、生い立ちのなかで自分の気持ちをありのままに認めて大切にされたり、語れるように周囲の大人からサポートされてきたというような経験があるなら、子どもの気持ちも聞き取りやすくなるだろう。

　特に児童虐待にかかわる場面では、被害を語れることは非常にまれである。何が起こったかを認識できない、または語る言葉がわからない、圧倒

共依存
172頁側注参照

関係嗜癖
人間関係嗜癖ともいわれる嗜癖（アディクション）のひとつ。共依存をはじめとする人間関係にはまりこむ嗜癖のことをいう。

的な力関係のなかで黙さざるを得ないということもある。

　ソーシャルワーカーとの関係において、子どもが語る言葉を見出していくプロセスのなかで、状況を客観視し、気持ちを整理し、回復していくことができるのである。

チームワークの意義

☑ バーンアウトの防止と回復のために

　ソーシャルワーク実践は、ソーシャルワーカーそれぞれの自己覚知を踏まえたうえで、どのようにチームで機能できるかで決まるといっても過言ではない。ソーシャルワークは個人プレーでは絶対成立せず、チームで複数の視点をもって多角的に対応することが求められる。

　「何が起きているのか」「何をなすべきか」を、チームで見極めないと判断を誤ることがある。児童虐待対応等の切迫した状況の際には、楽観的な材料が過大に評価されてしまいリスクを認識できなくなることもある。そのような「**正常化の偏見**」を乗り越えるためにはチームでの検証が必須なのである。さらにソーシャルワーク実践においては、相談者の被害を支援者が聞くことにより、「**二次受傷**」が生じる場合がある。「バーンアウト」にもつながりかねないため、チームでその防止と回復を図らなければならない。

　特に虐待を受けてきた子どもの回復には長期的な視点が必要となる。ある一時期のソーシャルワーカーとの個別的な関係だけでなく、いろいろな社会資源とのつながりのなかで、支援者間でも引き継ぎながらサポートすることが重要である。

正常化の偏見
正常化バイアスと同じ。自分に距離が近い事柄において、リスク等を過小評価してしまう認知傾向こと。災害時の逃げ遅れ等にも関与しているとされる。

二次受傷
二次的外傷性ストレスと同じ。トラウマ体験を負った人の話を聞くことで、支援者生じる。被害者と同様のPTSDのことを指す。

☑ 健全なチームを構築するために

　チームで働くということには、相互の仕事を適切に評価し合うという側面もある。ソーシャルワーカーが自分と子どもとのかかわりを、常に開示し説明責任を果たしているか、チーム内で適切な相互チェックが働いているかどうかは、子どもの権利擁護にも深く関連する。

　子ども家庭ソーシャルワークにおける社会的責任を意識しつつ、健全なチームワークのあり方を常に見つめ直していかなければならない。

(村田紋子)

9／医療ソーシャルワーク

56 「病い」をどのように とらえればいいのか

病気・疾患・病い

　多くの人は、「病気」や「疾患」「病い」という言葉を同じ意味で使用するであろう。ただし実際に病気とともに生きる当事者からは、異なる意味として使うことが提案された例がある。健康な高校生であった得永は、突然交通事故に遭い、長い闘病生活を余儀なくされる。その経験から、「『病気』は、知覚された全体としての身体および意識の状態である」「『疾患』は、『病気』を論理的・客観的に構造化した説明概念である」「『病い』とは、『病気』であると知覚するに到ったか、『疾患』に罹っていると認識している人、あるいはそれらの両方である人の生きられた経験のことである」と、それぞれをあえて異なる意味で用いている[1]。

1) 得永幸子「『病い』の存在論」池湧社出版、p37〜41、1984.

医療ソーシャルワークの対象としての「病い」

　医療ソーシャルワーカーは、当事者の立場、ものの見方を大事にする専門職である。そのためこの得永の、あえて異なる意味で用いることを尊重したい。そのうえで、医療ソーシャルワーカーの対象とは何かを考えてみよう。

　医療ソーシャルワーカーとして、医療相談室という名称の場に配置されるとき、得永の「病気」や「疾患」の内容に関することを相談に来る人がいる。しかしながらソーシャルワーカーの医療相談とは決して「病気」への対応や、「疾患」の診断、治療の相談を受ける場所ではない。これらは医業を業務独占とする医師、または「**診療の補助**」を行う医療関連専門職の業務である。

　医療ソーシャルワーカーが行う相談は、「病気」や「疾患」とともに生きる経験、つまり得永のいう「病い」にかかわる相談である。「病い」の経験としての生活や自分の生き様の相談を受けるのである。このことを考える

診療の補助
医師の医業の補助として、「保健師助産師看護師法」（保助看法）に規定されている業務である。基本的に医師の指示のもとに行われる業務であり、リハビリテーションや検査なども含まれる。

と、徳永が「病気」「疾患」「病い」を異なる意味づけにしていることは、医療ソーシャルワーカーの役割を、よりわかりやすくしている。当事者の「病気」「疾患」を対象とするのではなく、それらとともに生きていくという経験、をする人を対象とする。それが当事者の立場やものの見方を尊重する医療ソーシャルワーカーの役割である。

「病い」の経験、病者の役割

　心身への不調は人に対してさまざまな変化を強いる。その影響で今まで何気なく送っていた日常は非日常となる。ちょっとした発熱で、通勤の電車に乗ることや人の話を聞くことすら困難にする。大きな疾患であれば、行動制限や意識障がいなど、想像もつかないほどの変化が強いられる。

　それと同時に、人と環境は常に影響を与え合っていることを忘れてはならない。人は、意識的あるいは無意識のうちに、各々の場所で自分の役割を演じている。例えば、学生、会社員、父、母、子ども、友人、恋人など、ある場所、ある相手にしか見せない顔がある。病いという状態に陥ったとき、人はそうした周囲からの期待や要求に十分に応えることが困難となり、自己に課せられた役割を果たせなくなる。患者は自身のコントロールできない心身の状態に基づく変化だけでなく、社会的役割の強制的な変化についても経験する。それらは多くの場合、今までできていたことを困難にし、多様な**喪失体験**とともに、苛立ちや無力感などをさまざまな感情を経験する。

　そのうえで、患者は病者という役割を背負うことになる。治療を受けるもの、支援を受けるものとしての役割も強制的に付与される。

　さらに視野を広げて考えてみる。周囲の環境や風潮から病者という役割にさらに**スティグマ**がついてしまう場合がある。ハンセン病を患った人たちの病いの体験を例に挙げる。ハンセン病は現在、完治する疾患となったが、治療法が未確立であった時期があり、さらに感染症であることで多くの人が恐れた。その時代のネガティブなイメージがなかなか払拭されず、その後も無知、誤解、無関心、または根拠のない恐れから、何千万人もの回復者およびその家族までもが、ハンセン病に対する偏見に今なお苦しんでいる。このほかにもHIVや精神疾患などもいまだに偏見の残る疾患がある。このように、「病い」の経験は、単なる「病気」や「疾患」の経験にとどまらず、社会から偏見の目で見られることも場合によってはあるのである。

喪失体験
喪失は、悲嘆（グリーフ）を伴うことが多い。狭義の悲嘆は、死に伴う喪失であるが、ソーシャルワーカーは社会的役割の喪失体験なども重要な出来事ととらえ、喪失に伴う悲嘆のケアを行うことが必要であろう。

スティグマ
「烙印づけ」といわれる。実態がどうであるか、それが正しいかどうかに関係なく、対象に対して「こうである」と決めつけたものを、本人たちの同意に関係なく、他者がそう理解するような形で貼り付けるのである。

「病い」へのかかわり

　「病い」という経験にかかわるうえで、大事なことがある。それは経験というものが極めて主観的なものだということである。心身への影響や社会的役割の変化は、喪失という体験を伴うことが多く、人生の分岐点になりうるといっても過言ではない。病気に罹らなければ得られたものもあっただろう。

　しかし経験である「病い」をソーシャルワーカーが支援対象とするのであれば、病気に罹ったことを「不幸だ」と決めつけて介入することは間違っていると得永はいう。経験は本人の主観であり、ある特定の症状について、それがある人にとっては苦悩になりうるし、ある人にとっては苦悩でないということがありうるからだ。

　つまり「病い」とは、個々の体験であり、患者が病い（という体験）についてどのように受け止めているのか、「病い」についてどういった意味を見出しているのかが重要である。これは本人に確認し、認識をできる限りすり合わせる努力を必要としており、周囲の人間はたとえ専門職でも知る由もないことは前提なのである。

　「病い」とは、単純に「疾患」、「病気」ではない。病者を一人の人としてとらえ、「病気」「疾患」と共にある、その人個人の経験としての生活、生き様なのである。医療にかかわるソーシャルワーカーは、この「病い」について理解することを一番大事にしなければならない。

（佐藤織葉・新保祐光）

57 「病い」に対する支援を どのように行うか、 課題は何か

「病い」に対する支援

1) 227頁参照

「病い」という経験を支援する以上、やはり当事者の立場に立つということが重要となる。これができないと必ずかみ合わなくなる。徳永の例[1]ではないが、共通の理解に基づいているつもりで、全く違う世界を見ているからである。

介護保険サービスについて話をすると、「そんなの必要ないよ」と言われることがある。医療ソーシャルワーカー（MSW）に相談に来る前に、今回の入院の経過と今後の見込みに関する説明を受けて、その理解を前提にしているにもかかわらずである。

☑ パーキンソン患者の事例

具体例を挙げると、一人暮らしで仕事もしていた男性が、自宅で動けなくなり、入院したケースがあった。検査の結果、主たる体調不良の原因は脱水であったが、そのきっかけは**パーキンソン病**による動きにくさであった。

パーキンソン病
神経難病のひとつ。静止時の振戦（手足の震え）、筋固縮（筋肉が固くなる）、寡動・無動（動きが鈍くなる）、姿勢反射障害（体のバランスがとれなくなり、転びやすくなる）を特徴とする。

脱水は点滴治療でよくなったが、実際には、歩行時に足が出にくいため、転びそうになったり、入浴や着替えが1人ではできなかったりと退院後何かしらのサービスは必要な状態であった。ここでなぜ「そんなのいらないよ」と思うのかを聞かなければならない。

本人は、自宅に戻れば前のように仕事に行けるようになり、入院前の生活に戻れると思っていた。脱水は改善し食事もとれるようになり、多少動きにくさはあるものの、動けるようにもなった経験をしているからである。この経験を根拠にすれば、「そんなのいらないよ」も納得である。

ただしここで「そんなのいらないよ」に同意してしまっては、本人に不利益が出る可能性がある。そのため本人に退院後の生活についての希望を聞くこととした。

☑ 生活課題を考える

　本人が望む生活としては、今までどおり仕事に行きながら自宅で生活することであった。MSWとしてその思いを尊重し、その意思をかなえるために、これから起こりえる生活課題について共有を行った。

　仕事前の着替えはどうするか、入浴はどうするかなど、生活の具体的場面で困る事を一つひとつ相談した。仕事前に着替え等の身体介護の訪問介護を利用、仕事へはお迎えに来てもらうなど従業員の協力で出勤し、仕事がない日は入浴介助の訪問介護や、体調確認・排便コントロールの訪問看護サービスを調整した。

　医療者側から見たら今の状況では生活に変化があるといくら思っていても、患者自身が生活に変化があると思っていなかったら、同じ目標をもてない。利用者本位ではなく、援助者本位の支援になってしまう。まず本人は今の状況をどのように思っているのか、それはどのような経験からくるのかを確認し、患者と目線を合わせる。専門職として、この病気・疾患は本人の生活に今後どのくらい影響するのかを医師や看護師、その他の職種から情報収集し、課題を整理する。そして患者が主観的に見えていない部分、いわゆる**半歩先**を見せ、患者自身がさまざまなことに気づき、考えてもらうことが「病い」に対する支援ではないかと考える。

☑ 患者の主観を大切にする

　今まで頼れる人がいなかった患者にとっては「病気」「疾患」になってかかわるところができ、サービスや制度を知る場所が病院であったともいえる。病院のかかわりは、患者にとって人生の一部に過ぎない。入院をきっかけにさまざまな制度や関係機関につなげるのも大切だが、「病気」「疾患」について学び、生活レベルに置き換えるとどのような影響があるのか、世間ではこの疾患がどう思われていて、患者自身がどういう思いになるのかを理解することも大切である。「しゃがめないと靴が履けないな」「そうするとお風呂で足も洗えないな」等の細かいけれどもこれから生活していくうえで困る事を共有し、患者自身で考えることができるようなきっかけを作ることがMSWとしての支援ではないだろうか。

　つまり患者の主観的に見えている世界に対して、生活と治療をつなぐ立場からさまざまな気づきの機会を提供し、可能な限り患者が見ている主観とすり合わせる努力をするのである。

半歩先
三毛美代子によると、医療ソーシャルワーカーの役割として、専門職として今後起こるであろう変化をクライエントに伝え、その準備をするという機能がある。それを「半歩先を見せる」と名づけている（『生活再生にむけての支援と支援インフラ開発―グラウンデッド・セオリー・アプローチに基づく退院支援モデル化の試み』相川書房、2003）。

医療ソーシャルワークの現代的課題

☑ 環境の「制約」をあてはめる支援

　ここまで「病い」を経験する人としてかかわることの重要性を述べてきたが、現代の医療ソーシャルワークにおいて、人と環境の交互作用への介入を考えた場合、環境（社会）を「制約」としてとらえ、制約に基づく判断をしているような危惧がある。

　例えばMSWは転院支援でかかわることが多い。転院をする患者のなかには、長期の療養のなかで必要な栄養を口から摂れなくなった人も多くいる。その場合に今後の栄養をどう摂るかについて、医師や家族との相談が始まる。

　このときに**療養型病床**の入院基準に栄養の摂り方によって制約があることをMSWから説明する。この説明が、転院先がなくなるのでこちらの選択がいいですよと、選択を誘導してしまっているのではないかと感じてしまう。また払える医療費によって選択肢が限られてしまうこともある。

　実際にこれらは選択のうえで重要な情報であり、事前に説明する必要がある。しかしその内容が選択に強い影響を与えていることに、MSWとして「本当にこれでよいのだろうか」「この選択肢しかないから仕方がない」という2つの気持ちの間で揺れ動いている。

　本人の主観的な思い、望む生活を支援するのではなく、社会資源や制度や本人のもつ財産等の「制約」を基準に、あてはめる支援をしているのではないかと考えてみる必要がある。

☑ 医療機関の事例

　医療機関のなかでも、「病気」「疾患」ではなく、その成り立ちから「病い」を対象としてきた医療機関もある。1910（明治43）年8月、隅田川の決壊による大洪水の水害による避難者の救護を目的として浅草寺境内念仏堂に救療所ができた。この救療所が浅草寺病院の始まりである。その後も関東大震災や戦争などの災害救護所、あるいはふだんの診療の場として無料で医療を提供してきた（コラム参照）。このように浅草寺病院は、災害や戦争のために生活の変化を余儀なくさせられる経験のなかで、必要なものとしての医療を提供してきたのである。

　また浅草寺病院の利用者には、自然災害や戦争といった個人ではどうにもならない圧倒的な出来事に対し、無力さを感じ、何らかの救いを求めている人も少なからずいたであろう。この救いを求める人々には、浅草寺の

療養型病床
慢性疾患等により、入院期間の条件なく入院できる病床。疾患、病態による入院制限がある。その制限のなかに栄養の摂り方の基準がある。

境内に立地しているという浅草寺病院の特性も相まって、スピリチュアルケアの要素も果たしていたものと思われる。

　このように、患者を「疾患」「病気」の対象に限定するのではなく「病い」の経験として全人的な対応をしようとする浅草寺病院のあり方は、MSWをかなり早い時期から配置していたことにも見られる。

　浅草寺病院は、大正時代から患者に対し家族数や月額の家計収入、家賃部屋代等状況の調査をする担当のMSWがいたという歴史がある。昭和初期には、入院時から社会状況を把握し、退院時には方面委員（現在の民生委員）などの関係機関と協力して患者支援をしている様子があった。

　またMSWは社会に対する不安・不満を抱えている患者に対し、これを解決するために人の心遣いが大切だとされた。リッチモンドよりは少し遅れるとはいえ、社会診断や友愛を基盤とする面接をかなり早い時期から行っていた。

　医療は機関、組織の機能分化が進んでいる。しかし浅草寺病院の歴史を見ると、医療的な回復だけでなく、生活やスピリチュアルな側面にも配慮した、人間全体を包含する全体性を踏まえることも重要だと考える。

（成島有希・新保祐光）

COLUMN

無料低額診療

　すべての国民が医療を受ける権利を、経済的理由によって侵害されないように、無料または定額で医療を受けられるようにする制度。社会福祉法第2条第3項第9号に規定されている。

　無料低額診療は、指定された医療機関（全国約700か所）で実施されている。多くの場合医療ソーシャルワーカー等が配置され、医療費の経済的支援にとどまらず、生活相談も行っている。

Q 58 精神障がい者をどう理解するか

医療モデルと社会モデル

精神保健福祉法
昭和25年法律第123号、正式名称「精神保健及び精神障害者福祉に関する法律」、昭和62年「精神衛生法」から「精神保健法」に改題、平成7年現行の名称に変更。

社会モデル
116頁参照

精神障がいの概念を大きく分類すると障害者基本法に基づく定義と**精神保健福祉法**に基づく定義に分けることができる（図）。精神保健福祉法では医学的な障がい概念に基づいているのに対して、障害者基本法では「**社会モデル**」に基づいている。「社会モデル」と共通する考え方として、「生活モデル」としてのとらえ方で「生活のしづらさ」がある。障がいを個人的側面に焦点化するのではなく、主観的側面に合わせて、環境的側面を整備するという考え方である（表）。

精神障がい者の概念および精神保健と精神障がい者福祉の関係

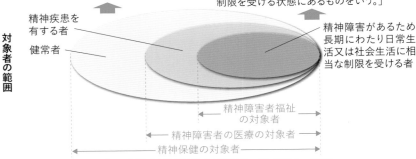

施策の分野	《精神保健施策》 ・予防 ・治療 ・医学的リハビリテーション	《精神障害者福祉施策》 ・社会復帰の促進と自立と社会参加の促進のための援助 （社会適応訓練事業、障害者自立支援法による障害福祉サービス事業等）
精神障害者の概念	《医学的な障害概念》 精神疾患を有する者 （mentally disordered） ・精神保健福祉法第5条 「この法律で「精神障害者」とは、統合失調症、精神作用物質による急性中毒又はその依存症、知的障害その他の精神疾患を有する者をいう。」	《生活能力に着目した障害概念》 精神障害（精神疾患）があるため長期にわたり日常生活又は社会生活に相当な制限を受ける者 （mentally disabled） ・障害者基本法第2条 「この法律で「障害者」とは、身体障害、知的障害、精神障害（発達障害を含む。）その他の心身の機能の障害（以下「障害」と総称する。）がある者であって、障害及び社会的障壁により継続的に日常生活又は社会生活に相当な制限を受ける状態にあるものをいう。」

対象者の範囲

精神疾患を有する者
健常者

精神障害があるため長期にわたり日常生活又は社会生活に相当な制限を受ける者

精神障害者福祉の対象者
精神障害者の医療の対象者
精神保健の対象者

出典：精神保健福祉研究会監『三訂 精神保健福祉法詳解』中央法規出版、p74、2007. を一部改変

医療モデルと生活モデルの比較

	社会復帰活動（医療モデル）	生活支援活動（生活モデル）
主体	援助者	生活者
責任性	健康管理をする側	本人の自己決定による
かかわり	規則正しい生活へと援助	本人の主体性への促し
とらえ方	疾患・症状を中心に	生活のしづらさとして
関係性	治療－援助関係	共に歩む・支え手として
問題性	個人の病理・問題性に重点	環境・生活を整えることに重点
取組み	教育的・訓練的	相互援助・補完的

出典：谷中輝雄『生活支援』やどかり出版、p178、1996.

☑ 精神障がいのある人の生活のしづらさ

　精神障がいのある人の「障がい」は「疾病と障がいを併せ持っている」がゆえに固定しているものではなく、環境の側面に大きく影響を受け変化する。「生活のしづらさ」や「人生の生きづらさ」をもっている人としてとらえる必要がある。

　1つは、長期入院等によって生み出された意欲や希望の減退という生活力が奪われてきたことと、社会の偏見、周囲の無理解等による社会的障壁によるものである。2つは疾病と障がいが併存していることから、それらが互いに影響し合う。例えば、生活リズムが崩れることにより不眠になり疾病に影響が出る場合がある。反対にピア（仲間）の支え合いがあることで、ストレスが高くても疾病の影響から回避することができることもある。

☑ 精神保健ソーシャルワークの範囲

　精神保健福祉の対象は図のとおり、広範囲に及び「精神保健の対象者」は予防の対象として国民全体となり、「精神障がい者の医療の対象者」は精神疾患を有する者である。そして、「精神障がい者福祉の対象者」は障害者基本法や**障害者総合支援法**に基づく範囲である。

　それは、広く精神保健福祉全般にかかわるソーシャルワーク専門職として位置づけられ、MHSW（mental health social worker、精神保健ソーシャルワーカー）とされるゆえんである。

（坂本智代枝）

障害者総合支援法
平成17年法律第123号、正式名称「障害者の日常生活及び社会生活を総合的に支援するための法律」、平成24年「障害者自立支援法」を改題。

Q59 精神障がい者の尊厳についてどのような歴史をたどってきたのか

隔離収容時代から医療の対象へ

　我が国では精神障がいのある人への処遇は、1900（明治33）年の精神病者監護法から長らく隔離収容の時代が続いた。そこでの政策の主軸は「**私宅監置**」であった。そして、その「私宅監置」の実態を調査した呉秀三は『精神病者私宅監置ノ実況及ビ其統計的観察』（1918）において「我邦十何万ノ精神病者ハ実ニ此病ヲ受ケタルノ不幸ノ外ニ、此邦ニ生レタルノ不幸ヲ重ヌルモノト云フベシ」と述べ、精神病者に対する劣悪な実態を明らかにして、治安の対象ではなく医療の対象として治療を受けることができるように提言した。そして、1919（大正8）年に精神病院法よって治療の対象となるも「私宅監置」は、その後も戦後1950（昭和25）年の精神衛生法の成立まで続いた。

医療の対象から精神保健福祉の対象へ

　1970年代から始まった公設リハビリテーション施設や「**やどかりの里**」等の民間の法定外における先駆的な地域生活支援の実践活動は、精神障がいのある人の生活支援の理念や精神保健福祉施策に大きく影響を与えた。そして、精神衛生法から精神保健法になり、**社会復帰施設**の設置、その後、法改正を経て地域生活支援事業が制度化された。

精神障がい者の生活支援の理念

当たり前の人として	患者としてではなく、生活者として
当たり前の付き合い	責任能力がある人として、当たり前に付き合う
当たり前の生活	権利として当たり前の生活の保障
ごく当たり前の生活	ありのままの姿として、その人なりの生活を認めていく

出典：谷中輝雄『生活支援』やどかり出版、1996をもとに筆者が作成

　1993（平成5）年の障害者基本法の制定により、施策として精神障がいのある人々が社会福祉の対象となった。1995（平成7）年に精神保健法から「精神保健及び精神障害者福祉に関する法律」（精神保健福祉法）に

私宅監置
私宅に設けられた監置室にて監護すること。精神病者監護法では、精神障がいのある人々を、行政庁の許可を受けて、親族などの監護義務者の責任において病院の精神病室ないし私宅監置室にて監護することを義務づけた。

やどかりの里
1970（昭和45）年に開設された。埼玉県大宮市（現・さいたま市）に精神科ソーシャルワーカーの谷中輝雄が精神障がいのある人の「ごく当たり前の生活の実現」求めて、仲間づくりを基盤とする地域生活支援の拠点を創った。現在も「一人ひとりが主人公」の理念を掲げ創造的な活動を展開している。

社会復帰施設
1987（昭和62）年の精神衛生法の改正で、精神障がい者の人権擁護、適正な医療と保護の確保および社会復帰の促進を目的に生活訓練の場としての生活訓練施設と授産施設（通所・宿泊）が創設された。それらの総称をいう。

改正され、法の目的に「自立し社会参加促進のための援助」が加えられた。さらに、1999（平成11）年の改正で「精神障害者の人権に配慮した医療の確保」と「保健福祉の充実」等の内容も盛り込まれた。

　1997（平成9）年には、精神保健福祉士法が制定された。その対象者は「精神科病院その他の医療施設において精神障害の医療を受け、又は精神障害者の社会復帰の促進を図ることを目的とする施設を利用している者」と「医療」と「福祉」にまたがる範囲が対象であることが規定された。

地域移行から人権保障への展開

　「入院中心から地域生活中心へ」と精神保健福祉施策の改革は、2002（平成14）年社会保障審議会の「今後の精神保健医療福祉施策の改革について」の報告に始まった。そして、2004（平成16）年に「精神保健医療福祉の改革ビジョン」を発表し、10年間に約7万人の「社会的入院者」の解消を数値目標として掲げた。同年障害者基本法が成立し、障がい者の範囲に身体障がい、知的障がい、精神障がいの3障がいが規定された。その後、3障がいは「障害者総合支援法」の対象となり障がい者福祉施策として整備されてきた。一方、国際的に立ち遅れている日本の精神保健福祉政策に対して、2006（平成18）年の国連が採択した「**障害者の権利に関する条約**」（障害者権利条約）を2014（平成26）年に批准したことから、精神障がい者の人権保障が必須となったのである。

　一方、我が国の地域生活支援システムの展開は急速に進められてきたものの精神科医療対策は遅々として進まないなか、2017（平成29）年2月8日に「精神障害者にも対応した地域包括ケアシステムの構築」が提示された。そこでは精神障がいの有無や程度にかかわらず、誰もが安心して暮らすことができるよう、障害福祉計画に基づき、障害保健福祉圏域ごとの保健・医療・福祉関係者による協議の場を通じて、精神科医療機関、その他の医療機関、地域援助事業者、市町村などとの重層的な連携による支援体制を構築することが示されている。

（坂本智代枝）

障害者の権利に関する条約
115頁側注参照

60 精神障がい者の 地域生活支援とは どのようなものなのか

ストレングスとリカバリーの視点

精神保健ソーシャルワークにおいて、精神障がいのある人が潜在的にもっている能力に焦点をあてるストレングス（強み）を評価して活用する支援が求められている。

ストレングスとは、ラップ（Rapp,C.A.）とゴスチャ（Goscha,R.J.）によれば、①特性、人柄、個性、②才能、技能、能力、③家族、隣人、地域などの環境、④願望、希望、目標の４つがあり、相互に関連し合う特徴がある[1]。ストレングスに基づく支援は、精神障がいのある人が自分自身の人生に向き合い、自分なりの人生を歩むというリカバリーの視点である。

リカバリーとは、アメリカのセルフヘルプ運動から生まれたもので、当事者である研究者のディーガンによればリカバリーを「一つの過程であり、生活の仕方、姿勢であり日々の課題への取組み方である。それは完全な直線的過程ではない。（中略）願いは、意味ある貢献ができる地域で生活し、仕事をし、人を愛することである」と説明している[2]。リカバリーとはあくまでも精神障がいのある当事者の視点であり、当事者自身が創り出すものとしてとらえる必要がある。

当事者主導の地域生活支援システム

地域生活支援の構成要素として、石川到覚は精神障がいのある人の生活に欠かせない要素として「医・職・住・仲間」を挙げている。特に「仲間」について「同じ障がいのある仲間同士で話し合い、助け合う場」としてのセルフヘルプグループや当事者活動を加えている。精神障がいのある人の地域生活支援においては、生活課題を支援する者と支援を受ける者という二者関係にとどまらず、ピアサポートである当事者活動やセルフヘルプグループが要素に入ることで、当事者主体の生活支援のとらえ方が創出されていくのである。

1）チャールズ・A.ラップ、リチャード・J.ゴスチャ、田中英樹監訳『ストレングスモデル 第3版—リカバリー志向の精神保健福祉サービス』金剛出版、2014.

2) Deegan,P.E.,*Recovery:The Lived experience of rehabilitation*,Psychosocial rehabilitation journal,Ⅱ（4）.p15,1998.

さらに、石川は理念としての生活支援論にとどまることのない、援助者（専門職）と被援助者（当事者）という二者関係で構造化された福祉実践ではなく、福祉実践の基礎構造において市民性を土台にした生活支援の協働循環志向モデルを提言している（図）。

それらは、「専門性」を有したプロフェッションである専門職（精神保健福祉士など）、「当事者性」を発揮する当事者主導のセルフヘルプ活動（障がい当事者・家族）やピアサポート活動、「素人性」をもったボランティアの3領域を対等に関係づけし、それらの共通基盤を「市民性」として、3者が各々の役割を発揮しながら協働していくモデルを提示している。これは、**共同創造**（Co-Production）の実践に通底するモデルである。

共同創造
サービス提供者とサービス利用者が、対等な立場で取り組むことをいう。保健医療の現場や保健医療政策づくり、研究の場面で重要視されるようになっている。

生活支援の協働循環志向モデル

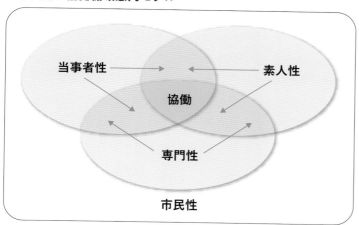

出典：石川到覚「精神保健福祉士の関係力による福祉実践の創造」『日本精神保健福祉士協会誌：精神保健福祉』通巻71号、Vol.38 No.3、p190、2007.

（坂本智代枝）

COLUMN

「当事者性」を活かしたピアサポーター

精神疾患などの同じ経験のある仲間（peer）同士の支え合いをピアサポートと呼び、ピアサポートの価値を基盤に対人支援サービスを担う人をピアスタッフやピアサポーターなどと呼ぶ。所属する機関と雇用契約を結び有給で働く人をピアスタッフ、雇用契約はなく登録制などで働く人をピアサポーターと区別する場合もある。それらは、「経験の知識」である「生きた経験」（lived experience）を専門性としてもつ強みである。

基本文献

■臨床家としての基本的視点

中村雄二郎『臨床の知とは何か』岩波新書、1992.

清水哲郎『医療・ケア従事者のための哲学・倫理学・死生学』医学書院、2022.

■思想・価値・倫理の実践としてのソーシャルワーク

長谷川匡俊『長谷川良信の生涯―トゥギャザー・ウィズ・ヒム』淑徳大学長谷川仏教文化研究所、2020.

嶋田啓一郎監修『社会福祉の思想と人間観』ミネルヴァ書房、1999.

木原活信『J. アダムズの社会福祉実践思想の研究―ソーシャルワークの源流』川島書店、1998.

古川孝順・岩崎晋也・稲沢公一・児島亜紀子『援助するということ』有斐閣、2002.

谷中輝雄『生活支援』やどかり出版、1996.

■ソーシャルワークの基本的枠組みの理解

H. M. バートレット、小松源助訳『社会福祉実践の共通基盤』ミネルヴァ書房、2009. (Bartlett, H. M.（1970）*The Common Base of Social Work Practice*. NASW Press.)

岡村重夫『社会福祉原論』全国社会福祉協議会、1997.

佐藤豊道『ジェネラリストソーシャルワーク研究』川島書店、2001.

■ミクロ、グループ、コミュニティ、セルフヘルプといった代表的なアプローチ

カレル・ジャーメイン他、小島蓉子編訳『エコロジカル・ソーシャルワーク』学苑社、1992.

岩間伸之『ソーシャルワークにおける媒介実践理論研究』中央法規出版、2000.

大橋謙策『地域福祉とは何か―哲学・理念・システムとコミュニティソーシャルワーク』中央法規出版、2022.

久保紘章・石川到覚編『セルフヘルプ・グループの理論と展開』中央法規出版、1998.

(新保祐光)

編集後記

　大正大学社会福祉学科（以下、本学科）では、2022年度入学生から社会福祉士ならびに精神保健福祉士養成の新カリキュラムがスタートした。この新カリキュラムスタートに合わせた2022年秋に、この『新・社会福祉原論』を刊行する予定であった。しかし、その刊行を延期しなくてはならないことが起こった。2020年が明けてまもなくの1月中旬、新型コロナウイルス感染が、国内で初めて確認された。2月にはダイヤモンド・プリンセス号の乗客乗員の感染、3月大正大学では学位授与式中止、その後3月24日東京オリンピックの延期決定、4月大正大学入学式中止、そして4月7日には東京をはじめとする7都府県を対象に特別措置法に基づく緊急事態宣言発令、16日には対象範囲が全国となった。

　そうした事態を受けて、大学では急遽オンラインによる授業を実施、ポータルサイトを活用した授業資料や課題提出の準備に追われることとなった。さらに、配属実習ができないため、学内実習プログラムづくりも求められ、発刊を遅らせることとなった。

　他方、本学科は、1993年に創設された人間学部の改組により、2020年度から社会共生学部社会福祉学科となり、新たに歩み出したところ、再度学部改組となり、2024年度からは新・人間学部社会福祉学科になる。この改組もまた本学科教員が短期間で取り組まなくてはならず、本書の原稿執筆も思うようにいかない状況が生じたことも思い出される。

　社会事業研究室が開設された1918年は、スペインかぜが大流行し始めた年であり、図らずも100年後に、新型コロナウイルス感染拡大の事態が起こるとは思わなかった。そのようなことで、先達の社会を改良していこうとする熱き想いを本書から吸収してほしい。それは、この新型コロナウイルス感染拡大を経て、変貌していく日本社会をはじめとする世界の国々、そのなかで人々の生活課題を解決するために挑戦していく姿勢、それこそが「大正福祉マインド」である。このマインドを培ってソーシャル

ワーカーとして活躍を願っています。

　それにあたっては、本学科の学生たちは仏教の思想と福祉の思想がつながっていることの理解が大切である。そうしたことから、本書では社会福祉の学びの浅い学生たちにも理解できるように、本学の仏教学科の先生方へご執筆をお願いしたところ、快くお引き受けくださり、ありがとうございます。

　つぎに社会福祉学科の先生方には、新カリキュラム導入、学部改組、学科の引っ越しなど多忙を極めるなかでご執筆いただいたこと感謝申し上げる。それぞれに授業では伝えきれないことを執筆くださっているので、副読本として活大いに用できるものとなった。

　また、執筆している卒業生十余名は、現場実践をしているソーシャルワーカーで、実践経験年数は40年超えの人から、5年程度の人まで幅広い層に執筆いただいた。ありがとうございます。学生が、卒業生の書いたものを読んで、将来、私も書いてみたい、書けるようになりたいと思ってくれることを願っています。

　さらに、出版までこぎつけるまでの段取りに時間がかかり、多くの執筆者への対応や原稿が集まるまで短期決戦のなか、集中して熱心に編集作業を進めてくださった澤誠二さんには、心より御礼を申し上げます。

　最後に、本書は、大正大学社会福祉学会設立90周年に向けた記念事業として刊行するものです。その本書が、大正大学創立記念日に、大正大学出版会から刊行できることにつきまして、大正大学出版会ならびに大正大学総務課の職員の方々のご協力にも感謝申し上げます。

2023年11月5日

『新・社会福祉原論』編集委員会　宮崎牧子

編集・執筆者一覧

編集委員・担当箇所

石川到覚 (いしかわとうがく)　大正大学社会福祉学会

宮崎牧子 (みやざきまきこ)　大正大学社会福祉学科 ……………………… 第1部

松本一郎 (まつもといちろう)　大正大学社会福祉学科 ……………………… 第2部

新保祐光 (しんぽゆうこう)　大正大学社会福祉学科 ……………………… 第3部

執筆者・執筆分担

石川到覚 (いしかわとうがく)　編集委員 …………………………………… Q01,07,27

塩入法道 (しおいりほうどう)　大正大学仏教学科 ………………………… Q02

堀内規之 (ほりうちのりゆき)　大正大学仏教学科 ………………………… Q03

佐々木大樹 (ささきだいじゅ)　大正大学仏教学科 ………………………… Q04

曾根宣雄 (そねのぶお)　大正大学仏教学科 ………………………………… Q05

長澤昌幸 (ながさわまさゆき)　大正大学仏教学科 ………………………… Q06

金田寿世 (かねだひさよ)　浅草寺福祉会館 ………………………………… Q07

江島尚俊 (えじまなおとし)　田園調布学園大学人間福祉学部共生社会学科 …… Q08,09

吉水岳彦 (よしみずがくげん)　浄土宗光照院 ……………………………… Q10

鷲見宗信 (わしみむねのぶ)　社会福祉法人梅雲保育園 …………………… Q11

渋谷哲 (しぶやさとし)　淑徳大学総合福祉学部社会福祉学科 …………… Q12

藤森雄介 (ふじもりゆうすけ)　淑徳大学アジア国際社会福祉研究所 …… Q13

西岡修 (にしおかおさむ)　社会福祉法人白十字会白十字ホーム ……… Q14

宮崎牧子 (みやざきまきこ)　編集委員 …………………………………… Q15,20

松本一郎 (まつもといちろう)　編集委員 ………………………………… Q16〜19,42〜44

神山裕美 (かみやまひろみ)　大正大学社会福祉学科 …………………… Q21,28,29,35

沖倉智美 (おきくらともみ)　大正大学社会福祉学科 …………………… Q22,49〜52

金潔 (じんじぇい)　大正大学社会福祉学科 ……………………………… Q23

倉石智帆 (くらいしちほ)　総合病院医療相談室 ………………………… Q24

新保祐光 (しんぽゆうこう)　編集委員 …………………………………… Q24,40,41,56,57

鈴木孝典 (すずきたかのり)　大正大学社会福祉学科 …………………… Q25

田幡恵子 (たばたけいこ)　大正大学社会福祉学科 ……………………… Q26

坂本智代枝 (さかもとちよえ)　大正大学社会福祉学科 ………………… Q30〜32,58〜60

魚津亮太 (うおずりょうた)　社会福祉法人恩賜財団東京都同胞援護会 … Q33

田中仁 (たなかひとし)　社会福祉法人東京蒼生会 ……………………… Q34

大竹宏和 (おおたけひろかず)　社会福祉法人豊島区民社会福祉協議会 … Q36〜39

上原真理子 (うえはらまりこ)　茅ヶ崎市鶴嶺西地区地域包括支援センターみどり … Q41

工藤正樹 (くどうまさき)　三鷹市高齢者センターけやき苑 …………… Q45〜48

糸井詩織 (いといしおり)　社会福祉法人みぬま福祉会埼葛北障害者
生活支援センターたいよう ……………………… Q49〜52

村田紋子 (むらたあやこ)　自立支援相談事業センター ………………… Q53〜55

佐藤織葉 (さとうあやは)　医療法人慈光会東武丸山病院 ……………… Q56

成島有希 (なるしまゆうき)　社会福祉法人浅草寺病院医療福祉相談・連携室 … Q57

新・社会福祉原論

2023年11月5日　発行

編　集　大正大学社会福祉学会

発行者　神達知純

発行所　大正大学出版会
　　　　東京都豊島区西巣鴨3-20-1
　　　　03-3918-7311（代）

印刷所　新津印刷株式会社

ブックデザイン　mg-okada

ISBN978-4-909099-82-2